MORALES PROVISOIRES

Raphaël Enthoven est professeur de philosophie tant qu'il peut, et sur tous les supports qu'on lui prête. Rédacteur de « La morale de l'Info » sur Europe 1 d'août 2015 à juillet 2018, il est notamment l'auteur de *Little Brother* (Gallimard), *Anagrammes pour lire dans les pensées* (Actes Sud), *Le Snobisme*, avec Adèle Van Reeth (Plon-France Culture), *Dictionnaire amoureux de Marcel Proust*, avec Jean-Paul Enthoven (Plon-Grasset) et *Matière première* (Gallimard).

Paru au Livre de Poche :

LA DISSERTATION DE PHILO (dir.), 2 vol.

RAPHAËL ENTHOVEN

Morales provisoires

ÉDITIONS DE L'OBSERVATOIRE

ISBN : 978-2-253-25743-1 – 1re publication LGF

Pour Adèle, qui change la vie

« Ainsi il va, il court, il cherche. Que cherche-t-il ? À coup sûr, cet homme, tel que je l'ai dépeint, ce solitaire doué d'une imagination active, toujours voyageant à travers le grand désert d'hommes, a un but plus élevé que celui d'un pur flâneur, un but plus général, autre que le plaisir fugitif de la circonstance. Il cherche ce quelque chose qu'on nous permettra d'appeler la modernité ; car il ne se présente pas de meilleur mot pour exprimer l'idée en question. Il s'agit, pour lui, de dégager de la mode ce qu'elle peut contenir de poétique dans l'historique, de tirer l'éternel du transitoire. »

Charles BAUDELAIRE,
Le Peintre de la vie moderne.

AVANT-PROPOS

Le spectateur engagé

> « Homère est nouveau ce matin, et rien n'est peut-être aussi vieux que le journal d'aujourd'hui. »
>
> Charles Péguy

Elle s'appelait Emma Morano et elle a pesé sur la même Terre que Nietzsche ou Oscar Wilde. Elle est décédée le 15 avril 2017, à l'âge de 117 ans – ce qui fait d'elle, née le 29 novembre 1899, l'ultime personne à avoir connu les années 1800… Et avec sa disparition (tellement importante et si discrète), la totalité des humains qui ont arpenté la Terre pendant le XIXe siècle a fini de s'éteindre : « Tout ce qui se réjouit sur une grâce reçue, ou ce qui s'attriste et se désespère sur un refus, tous auront disparu de dessus la scène[1]. » C'est comme ça.

---

1. La Bruyère, *Les Caractères* (1688), Flammarion, 1880, p. 186.

Il faut prendre la mesure de cet anéantissement. Nous sommes les spectateurs insoucieux d'une extinction de masse. Un beau jour de 2130, le dernier humain à avoir respiré au XXe siècle disparaîtra probablement de la même manière, dans une indifférence goguenarde. Tous les ordinaires auxquels nous accordons tant d'importance aujourd'hui auront sombré dans la longue série des soucis oubliés et sembleront à nos descendants, dans le meilleur des cas, de vieilles simagrées d'acrobates au bord du vide. *Tout tombe*. Nous en sommes là. Entre l'infini qui le précède et le vide qui l'attend, l'individu est dans une situation peu brillante. Comment, à l'échelle d'une vie, ne pas se sentir réduit à néant par un tel néant ? Tant de néant, ce n'est pas rien !

Du point de vue de l'espèce, les choses sont différentes. La feuille qui tombe a tort de se plaindre, explique Schopenhauer, car son cadavre fertilisera le sol. Elle se lamente sur sa fin prochaine au lieu de trouver consolation en songeant à la verdure qui au printemps reviendra habiller l'arbre[1]. La vérité de ce monde, c'est la mort, mais le lit de la mort est fécond : sans la mort, la vie étoufferait. Chaque individu qui s'estompe est une cellule du corps social dont l'apoptose est nécessaire à la survie.

---

1. Arthur Schopenhauer, *Le Monde comme volonté et comme représentation* (1819), PUF, coll. « Quadrige », 2014. « Ô feuille imbécile ! Où penses-tu aller ? Et d'où crois-tu que viennent les autres ? Où est donc ce néant dont tu redoutes tant le gouffre ? Reconnais donc qui tu es, cela justement, qui est si rempli de la soif de vivre, reconnais-le dans la forme intime, secrète et puissance de l'arbre, la *seule* et la même durant toutes les générations de feuilles, insensible aux naissances et aux morts. »

Par conséquent, si le monde se renouvelle, il ne change pas. Il évolue mais ne fait pas de progrès. Les époques diffèrent autant qu'un même sol d'un automne à l'autre. Les matières alternent, les manières subsistent : rien de nouveau sous la pluie.

Nul ne peut sérieusement demander à qui que ce soit de bénir – comme la feuille se plairait à nourrir la terre – le martyre fécond de sa disparition. Seuls les sages y parviennent, mais les sages n'ont (littéralement) aucun intérêt. On peut exiger, néanmoins, d'un esprit ce qu'on n'ose demander à un vivant. À défaut d'être le grain dont la mort donne le jour à tous les fruits, il est loisible de traverser l'existence comme l'intercesseur d'idées plus intéressantes que soi et le greffier des impressions qui enjambent les siècles. Si la roue tourne – et sur elle-même –, alors reviennent, avec elle, les mécanismes auxquels, comme les galets d'une même plage, nous sommes soumis à tour de rôle : « Les êtres vont d'une comédie vers une autre, écrit Céline. Entre-temps la pièce n'est pas montée, ils n'en discernent pas encore les contours, leur rôle propice, alors ils restent là, les bras ballants, devant l'événement, les instincts repliés comme un parapluie, branlochants d'incohérence, réduits à eux-mêmes, c'est-à-dire à rien[1]. »

Malgré le lexique du désarroi, tenir le monde pour une scène de théâtre où chacun s'avance à l'heure de paraître n'est pas une façon de lui tourner le dos ni de baisser les bras devant la vanité des vanités, mais,

---

1. Louis-Ferdinand Céline, *Voyage au bout de la nuit* (1932), Gallimard, 1952, p. 268.

au contraire, de saisir en flagrant délit les logiques à l'œuvre sous l'irruption des événements, les stratégies sous la litanie des complaintes, et les sournoises convictions derrière le choix des arguments. Le réel est déconcertant mais passionnant d'être immuable. Ceux qui s'en chagrinent gagneraient à fréquenter davantage les pousseurs de pierres qui y voient l'occasion de saisir sur le vif, dans des textes antiques, l'examen des questions que les *nouvelles* leur ont posées le matin même. « Toutes ces petites tragicomédies qui se jouent, à chacune de leurs représentations, infiniment nombreuses, sont toujours interprétées par de nouveaux acteurs et ne cessent par conséquent point d'avoir des spectateurs intéressés [...]. Ce sont les nouveaux acteurs qui importent et si peu la pièce[1] ! »

En cela, le *présent* et l'*actualité* sont, exactement, de faux amis, ou des antonymes grimés en homologues.

L'actualité n'est jamais la même et, pourtant, les matins se ressemblent. Les sujets se succèdent à la vitesse du son, mais leur traitement est homogène.

Le présent, lui, est stationnaire, néanmoins (de l'amour à la mauvaise foi, en passant par la haine ou pire : les bons sentiments) les passions qu'il revisite indéfiniment sont originales.

Le travail du présent rend surprenant ce qui est familier ; l'expérience de l'actualité rend prévisible ce qui est inédit. Le présent désigne autant les mécanismes que la *présence* du monde : l'appréhender

1. Friedrich Nietzsche, *Humain, trop humain*, t. II, *Le voyageur et son ombre* (1878), Denoël, deuxième édition, 1975, p. 262.

suppose à la fois de le comprendre et de s'en étonner. Il ne s'agit pas d'accrocher les phénomènes au ciel des idées, mais d'employer comme un scalpel l'outil bivalent du décryptage et de la candeur.

A-t-on raison de déplorer que les *médias* soient hantés par l'*immédiat* ? Oui, quand les médias s'y soumettent et sacrifient la réflexion au réflexe – ou le présent à l'*actu.* Non, si par « immédiat », on entend l'art souverain de regarder le monde indépendamment des préjugés qui l'anesthésient, ou des mauvaises questions et des faux problèmes qui l'encotonnent. Surmonter le quotidien ne consiste pas à s'en éloigner, mais à traquer les constantes sous les bégaiements et le souvenir d'une lame de fond dans le vague d'un événement.

Le présent ne transcende pas l'actualité – à la façon dont une idée néglige le réel – mais il s'y trouve, comme l'ail dans sa gousse. L'en extraire est délicat : la métaphysique a des pieds d'argile et la tenaille d'un savoir ingénu est difficile à manier. Aussi l'enjeu de ces petites chroniques, si brèves, composées pour Europe 1 chaque matin pendant deux ans n'était-il pas de prendre de la hauteur, mais de *prendre du temps*. La longueur du temps n'étant pas affaire de quantité mais de durée, mon cahier des charges était (et reste) d'injecter deux, trois minutes de temps long, ou d'inactualité dans les trépidations de l'*horror* quotidienne.

Le jour où j'ai entamé ce travail de chroniqueur, ma crainte était d'avoir à trouver chaque matin quelque chose à raconter. Le lendemain, mon problème était d'avoir à choisir un sujet aux dépens de mille autres… Car tout est passionnant, du plus infime au plus considérable, « des meetings sportifs où des femmes bien habillées baignent dans la glauque lumière d'un hippodrome marin, pouvaient être pour un artiste moderne motifs aussi intéressants que les fêtes qu'ils aimaient tant à décrire pour un Véronèse ou un Carpaccio[1]. » Le choix ne dépend pas de l'importance objective d'un phénomène. En lui-même, le monde est neutre et s'offre à qui le mange des yeux : « On peut faire, dit encore Proust, d'aussi précieuses découvertes que dans les *Pensées* de Pascal dans une réclame pour un savon[2]. » Ouvrir les yeux, tendre l'oreille, laisser venir les sensations… Le contemplatif est milliardaire en événements : « On a beau le remplir, jamais il ne déborde[3]. » L'exercice de la chronique est un *non-agir* intensif, où le chercheur d'or est aussi alchimiste.

Imaginez un papillon qui tourne autour de la flamme d'une bougie. Fasciné par les battements du feu, le papillon voudrait connaître la flamme, de l'intérieur, toucher ce qu'il admire, épouser la chaleur, joindre à l'image de la lumière la sensation du chaud… Mais si, « avide de la connaître encore mieux, il vient imprudemment à pénétrer dans la flamme elle-même, que restera-t-il de lui sinon une pincée de cendres ? » se demande Jankélévitch. En un mot, le papillon *joue avec le feu* : « Connaître la flamme du dehors en ignorant

1. Marcel Proust, *À la recherche du temps perdu*, vol. V, *La Prisonnière* (1923), Gallimard, 1992, p. 121 (conseils d'Elstir au narrateur).

2. *Id.*, vol. VI, *Albertine disparue* (1925), Gallimard, 1992, p. 165.

3. Lao-tseu.

sa chaleur, ou bien connaître la flamme elle-même en se consumant en elle, savoir sans être, ou être sans savoir – tel est le dilemme[1]. » Nous sommes trop près des choses pour les penser. Et trop loin pour les sentir. Le monde ignore celui qui prétend le connaître. Mais il dévore celui qui prétend le sentir.

Un tel dilemme est également celui du « spectateur engagé[2] » que Raymond Aron se donne pour ligne de conduite : « Comment, français, juif, situé à un moment du devenir, puis-je connaître l'ensemble dont je suis un atome, entre des centaines de millions ? Comment saisir l'ensemble autrement que d'un point de vue, un entre d'autres innombrables[3] ? »

Que faire ? Comment rencontrer le monde dont je fais déjà partie ?

Comment me tenir à bonne distance là où la connaissance n'est pas entravée par l'émotion ni l'émotion sacrifiée à l'étal de l'objectivité ? Comment prélever ce qui dure au sein de ce qui passe ?

« Je devinais peu à peu mes deux tâches, précise Aron dans ses *Mémoires* : comprendre ou connaître mon époque aussi honnêtement que possible, sans jamais perdre conscience des limites de mon savoir ; *me détacher de l'actuel sans pourtant me contenter du rôle de spectateur*[4]. »

---

1. Vladimir Jankélévitch et Béatrice Berlowitz, *Quelque part dans l'inachevé*, Gallimard, 1978, p. 23-24.

2. Raymond Aron, *Le Spectateur engagé. Entretiens avec Jean-Louis Missika et Dominique Wolton* (1981), de Fallois, 2004.

3. Raymond Aron, *Mémoires. 50 ans de réflexion politique* (1983), Robert Laffont, coll. « Bouquins », 2010, p. 84.

4. Raymond Aron, *Mémoires*, *op. cit.*

Entre l'incommode monde sensible et le royaume incolore des idées, le spectateur engagé choisit les deux. Et comme certaines terrasses de plain-pied offrent tout de même une vue panoramique, ce régime de double appartenance, cette *binationalité* du chroniqueur, donne les moyens de contempler l'ensemble depuis le milieu de l'agora. Dans l'intranquillité d'un esprit aux prises avec la matière se trouve une méthode d'investigation qui combine les avantages de la loupe et du télescope : prélever un atome d'anodin, le poser sur une lame, et voir (en s'y penchant) les trésors qu'il recèle, comme un ingénieur du son trouve une cathédrale dans le pépiement qu'il déplie – après l'avoir capté.

Certains des textes qui composent ce recueil remontent à 2015. *Datent-ils* pour autant ? Les paradoxes qu'ils décrivent sont-ils réductibles à l'événement qui les suscite ? Si c'est le cas, si la chrysalide d'un événement reste close et ne permet pas qu'on s'en éloigne en le pensant, alors ce gros livre n'a aucune raison d'être. Mais si les problèmes que posent (ou ressuscitent) les événements l'emportent sur leur *prétexte*, si l'événement n'est qu'un feu follet où le tison du chroniqueur cherche une bûche, alors peut-être le lirez-vous sans perdre votre temps. La vérité ne s'atteint pas, ne se détient pas et se *délivre* encore moins. Comment s'extraire de l'événement sans déserter le monde ? Comment s'élever sans perdre pied ? Cette ambition contradictoire est la raison d'être des quelques principes – ou « morales provisoires » – qui gouvernent la démarche du spectateur engagé :

Tirer une morale et non faire la morale. Le moraliste n'est pas un moralisateur. Et qui voudrait ajouter une énième opinion à toutes celles qui se ressemblent tant ? La plupart des opinions se regardent en bouledogue de faïence et s'aboient à la gueule au lieu de constater qu'elles se ressemblent. Leurs face-à-face sont autant d'esquives. Le spectateur engagé a une opinion mais il la méprise et veut en réduire l'influence sur son propre discours. Car nos opinions n'ont pas d'importance (seule compte la préservation du système qui permet d'en avoir), mais elles sont inévitablement à l'œuvre sous les théories qu'on se donne. L'esprit est volontiers leurré par le corps : une vérité qu'on brandit est une certitude qui prend le pouvoir.

Penser contre soi-même : « Quand j'entends une théorie séduisante, je procède dorénavant à ce que j'appelle pour moi la réduction aronienne : quelles sont toutes les objections de bon sens qu'on peut opposer à cette théorie avant de céder à ses charmes[1] ? » Une théorie ne doit pas être un bouclier mais une cible, en particulier quand on y adhère. Penser avant de croire et réfléchir avant de penser : ces règles valent pour le spectateur engagé comme pour ses contempteurs. Le bénéfice de l'autocritique est de désamorcer toute tentative d'étouffer les questions en disqualifiant celui qui les pose. Si les procès d'intention le font sourire, c'est que le moraliste est, à ses dépens, bien familier du procédé.

Douter. Refuser de savoir. Et, par là même, refuser cette forme d'ignorance qui consiste à croire qu'on

1. François George, « Un trop bref dialogue », *Commentaire*, vol. VIII, nº 28-29, *Raymond Aron. 1905-1983. Histoire et politique*, février 1985, p. 111-113.

sait. L'homme qui doute est un cauchemar pour ses congénères, parce qu'il est seul à vivre sans la béquille d'une certitude. Effrayés par le doute, tous les boiteux pétris de croyances regardent comme un infirme celui qui marche droit sans qu'une vérité le soutienne. « Appelons de nos vœux la venue des sceptiques s'ils doivent éteindre le fanatisme[1] », recommande Aron à la fin de *L'Opium des intellectuels.* Le doute est un courage qu'il est rassurant de mépriser.

Raison garder. Non pas taire les sujets qui fâchent (au contraire), mais appliquer, en toute discussion, les préceptes de la rationalité, convaincre au lieu de persuader, et employer des arguments qui ne soient pas d'autorité. Avoir la raison en partage, plutôt qu'avoir raison de l'autre : « À chaque opposition, on ne regarde pas si elle est juste, mais, à tort ou à raison, comment on s'en débarrassera. Au lieu de lui tendre les bras, nous lui tendons les griffes [...]. Je me sens bien plus fier, dit Montaigne, de la victoire que je gagne sur moi, quand en l'ardeur même du combat, je me fais plier sous la force de la raison de mon adversaire : que je ne me sens gré, de la victoire que je gagne sur lui, par sa faiblesse[2]. »

Inappartenir. « Je n'suis qu'un militant/Du parti des oiseaux/Des baleines, des enfants/De la terre et de l'eau[3] », dit Renaud. C'est déjà trop ! La politique n'est pas faite pour ceux qui combattent une théorie

1. Raymond Aron, *L'Opium des intellectuels* (1955), Hachette, coll. « Pluriel », 2002, p. 334.

2. Michel de Montaigne, *Essais III* (1580), Folio, 2009.

3. Renaud, « Le déserteur », *Morgane de toi*, 1983.

après avoir scrupuleusement passé en revue tous les arguments qu'on peut émettre en sa faveur. Comment souscrire au *confiteor* d'un parti tout en adoptant ce genre de discipline ? Raymond Aron lui-même ne prit sa carte, à contrecœur, que deux fois. Jeune homme de gauche dans les années 1920, il devint socialiste au nom de la défense des opprimés. Après guerre, au nom de l'anticommunisme, et pour ne pas donner du grain à moudre à ceux qui lui reprochaient d'avoir été antigaulliste pendant la guerre (alors qu'il dirigeait La France libre), Aron prit sa carte au RPF en 1947. « Dans les deux cas, rappelle son biographe[1], il ne parvint jamais à se plier aux comportements de l'homme de parti, que tout son être comme son esprit critique condamnaient. » En 1956, il refuse l'offre qui lui est faite par Antoine Pinay d'être le candidat des indépendants, et en 1969 il répond à Jacques Chancel qu'il aurait certainement refusé d'être ministre de l'Éducation si on le lui avait proposé[2]. Et ce fut tout. « Dans la jungle, admet-il, la velléité ne pardonne pas[3]. »

Travailler (pour reprendre la distinction de Montaigne) *la « manière » d'un discours, plus que sa « matière »* : non pas la surface contre la profondeur, mais l'intelligence contre le sentiment de savoir. Mieux vaut la compagnie d'un homme qui se trompe en tentant de penser que l'arrogance de celui qui

---

1. L'économiste Nicolas Baverez (*Raymond Aron. Un moraliste au temps des idéologies*, Flammarion, 1993).

2. Entretien entre Raymond Aron et Jacques Chancel, *Radioscopie*, France Inter, 23 juin 1969.

3. Michel de Montaigne, *Essais III*, chap. VIII.

trouve la vérité par hasard. Le contenu d'un discours a moins d'importance que sa probité ou la rigueur du raisonnement qui le porte – ce qui permet d'expliquer que, sous des antagonismes de façade, les extrêmes se ressemblent tant. Montaigne encore : « Autant peut faire le sot celui qui dit vrai que celui qui dit faux[1]. »

Toujours se demander, selon le mot d'Aron, *ce qu'on « pourrait faire à la place de celui qui gouverne*[2] ? » N'être encarté nulle part ne dispense pas de réfléchir en connaissance de cause. Le refus des responsabilités n'est pas le gage d'une pensée frivole mais, à l'inverse, d'une parole hermétique à la démagogie comme à la tentation d'opposer le souhaitable au réel.

Mettre les pieds dans le cambouis (ou les mains dans le plat). Viser les zones les plus douloureuses du corps social. Débusquer la mauvaise foi à coups d'analogies. Rappeler au défenseur du burkini qu'à rebours de la liberté qu'il brandit il est moins prompt à défendre le port du string sur les plages saoudiennes ou les rues iraniennes, ou bien au partisan de la liberté d'expression qu'il défend rarement le droit d'exprimer l'opinion qu'il combat. Il n'est pas agréable mais il est nécessaire de déplaire aux gens qui pensent avec une jambe et vous défient à la course, à ceux qui[3] croient savoir sans savoir qu'ils croient, ou aux militants qui, organisés en meute, excluent de leur cercle les gens qui sont moins tolérants qu'eux. Qui sait ? Peut-être la

---

1. Michel de Montaigne, *Les Essais*, édition complète, Gallimard, coll. « Quarto », 2009, p. 1124.
2. Raymond Aron, *Mémoires*, *op. cit.*
3. Pour reprendre la belle expression d'Alain Besançon.

rage qu'on en retire est-elle l'équivalent de la montée de fièvre qui suit un vaccin ?

Répondre, enfin. Ne pas fuir l'affrontement avec les moutons volontaires qu'il faut brutaliser avec précision pour éveiller en eux le souvenir de l'individu qu'ils renoncent à être. Peu importe, encore une fois, le contenu d'un discours… Malgré les apparences, qu'on soit végane, fasciste, réac, salafiste, insoumis, suprémaciste, saoudien, filloniste, féministe, antisémite, bourguignon, zadiste, inclusiviste, indigène, macronien, frontiste, corse, chaviste, américain, socialiste, catholique ou périgourdin, tout le monde est intelligent. Certains mettent juste leur intelligence au service du désir d'être idiots.

L'interlocuteur qu'on a coincé, dont la mauvaise foi ne fait plus de doute à ses propres yeux, commence par vous maudire avant de se taire ou, s'il est honnête homme, de passer au vouvoiement. Or c'est l'essentiel. La politesse est une épiphanie. Et l'enjeu n'est pas de convertir mais de conduire, loyalement et sans ménagement, à cet état du dialogue où la contradiction n'est plus vécue comme une offense.

« Eh bien, madame, les chiffres mentent… »

Ainsi répondit Marine Le Pen à Anne-Claire Coudray et Gilles Bouleau, qui lui faisaient observer, sur TF1, lors d'une émission diffusée dans l'entre-deux tours[1], qu'au moment du passage à l'euro l'inflation n'avait pas explosé, contrairement à ce qu'elle disait…

Une phrase qui doit trouver sa place dans la longue série des dénégations hilarantes.

En l'occurrence, les chiffres « menteurs » sont les chiffres de l'inflation, que personne ne conteste. Et pour cause : les chiffres *sont* ceux-là. L'inflation n'a pas augmenté avec le passage à l'euro.

Et ce qui est merveilleux, c'est que Marine Le Pen elle-même, en affirmant qu'ils sont « menteurs », ne les contredit pas. Elle dit que ces chiffres (tout à fait exacts) mentent quand même… Non parce qu'ils sont faux, mais parce qu'ils ont le défaut de ne pas correspondre à l'idée que la candidate se fait du réel. Le mensonge n'est pas dans l'inexactitude des chiffres (qui sont vrais) mais dans l'*existence même des chiffres* ! Ces chiffres infâmes n'ont pas le droit

1. « Élysée 2017 », le mardi 25 avril 2017.

d'exister, puisqu'ils détruisent une argumentation qui repose uniquement sur l'idée fausse que l'inflation a augmenté avec le passage à l'euro. En les déclarant menteurs, Marine Le Pen ne les conteste pas, elle les répudie.

Aussi la future députée en appelle-t-elle aussitôt au « témoignage » des Français qui, dit-elle, « voient bien » que les prix ont augmenté : l'éventuel souvenir d'une hausse des prix qui, dans la mémoire collective, remonterait à 2001 est-il un indicateur plus fiable que les chiffres eux-mêmes ? Autant en appeler au témoignage du corps humain pour en conclure que la Terre est plate…

Comme l'essentiel des dénis dont l'humanité est capable, cette réplique folle trouve son équivalent dans *À la recherche du temps perdu*.

À la fin du *Côté de Guermantes*[1], on trouve le duc de Guermantes désolé d'apprendre que son cousin, Amanien d'Osmond, est sur le point de mourir (« Pauvre Mama ! »), non car il est attaché à son parent, mais parce que l'annonce de cette mort le priverait du bal costumé où il se réjouit de se rendre, et pour lequel il a fait tailler un costume d'Isabeau de Bavière à l'intention de la duchesse. Autrement dit, Amanien peut mourir quand il le souhaite, mais pas ce soir – ou alors discrètement.

Après avoir séquestré ses propres domestiques, et réussi (comme on passe entre les gouttes) à échapper à toutes les personnes susceptibles de lui annoncer le

---

1. *À la recherche du temps perdu*, vol. III, *Le Côté de Guermantes* (1920-1921), Gallimard, 1992.

décès, tandis qu'il s'apprête à monter dans sa calèche, le duc est interpellé *in extremis*, pour son malheur, par deux dames qui (telle Anne-Claire Coudray montrant les chiffres de l'inflation) lui annoncent, en guise de réel, que le « pauvre Amanien » vient de « passer ». Alors, aussi déterminé à se rendre à sa fête que Marine Le Pen l'est à présenter l'euro comme la cause de l'inflation, le duc (aux yeux de qui le réel n'est recevable que s'il lui convient) a cette réplique inoubliable : « Il est mort ? Mais non ! *On exagère, on exagère !* »

Le déni et la fureur

> « Tu n'as donc pas d'imagination ? Il y a plusieurs réalités ! Choisis celle qui te convient. Évade-toi dans l'imaginaire. »
>
> Eugène Ionesco, *Rhinocéros*

La haine prospère sur la lâcheté.

Dans *Rhinocéros* (1959), Eugène Ionesco décrit, pas à pas, la métamorphose des humains en périssodactyles, c'est-à-dire en fascistes.

Au début, comme toujours, personne ne s'inquiète. Le premier rhino qu'on croise dans la ville surprend un peu les clients d'une terrasse, mais ne les empêche pas de finir leur pastis en dissertant longuement sur la question de savoir si les rhinos ont une ou deux cornes sur le nez, comme si le problème était là. Bref, au commencement, ça discute, ça papote, ça blablate et ça décrète que l'épidémie de rhinocérite n'existe pas. D'ailleurs, on n'a pas encore de preuves que c'est une épidémie…

Ce qui permet d'en faire un mythe propagé par les méchants médias. Comme dit le personnage de

Botard : « Je ne crois pas les journalistes. Les journalistes sont tous des menteurs [...] qui ne savent quoi inventer pour servir leurs patrons dont ils sont les domestiques[1] ! » Évidemment, Botard se transformera lui-même très vite en rhinocéros car, s'il y a bien un vice qui donne une tête à cornes, c'est la haine des journalistes[2].

Arrive alors, dans la pièce, l'épisode du chat écrasé par un rhino. Mais, là encore, à coup sûr, les journalistes dramatisent ! Ils exagèrent pour vendre du papier... On est si mal renseigné ! Qu'est-ce qui prouve, d'ailleurs, que ce chat écrasé par un rhino n'est pas, *en réalité*, une puce écrasée par une souris ? *Fake news ?* Qui sait ?

À mesure que la rhinocérite gagne du terrain, le déni passe du scepticisme à l'indifférence, c'est-à-dire l'indifférence du voisin qui, tant qu'on ne le dérange pas, tant qu'il est chez lui, se fiche éperdument de ce qui arrive juste à côté, jusqu'au moment où les rhinocéros deviennent majoritaires, et alors là, le discours change enfin. Mais, au lieu d'affronter le péril rhinocérique, les humains, qui sont d'incorrigibles dégonflés, pratiquent alors une nouvelle forme d'esquive : après avoir dit que les rhinos n'existaient pas, ils expliquent soudain qu'il faut *accepter leur culture.*

---

1. Eugène Ionesco, *Rhinocéros* (1959), Gallimard, 1989, p. 94-97.

2. Comme dit Nadine Morano (dont la typologie occupe une place éminente dans la pièce de Ionesco) : « Vous nous emmerdez, les médias, toujours à poser des questions. »

C'est vrai : qu'est-ce qui nous permet de dire que nous valons mieux que ces animaux-là ? Pourquoi les tenir pour des ennemis ? Tolérons leur *différence* ! Et l'ouverture d'esprit, trop tard venue, scelle ainsi le tombeau où l'humanité s'enterre.

Ainsi se défendit François Fillon : comme il put

« La séquence des boules puantes est ouverte[1]. » C'est en ces termes que François Fillon a réagi aux accusations d'emploi fictif de son épouse, Penelope, émises dans un article du *Canard enchaîné* jugé « méprisant et misogyne[2] ». Or qu'est-ce qu'une boule puante ? Un accessoire destiné à vous faire croire à la présence d'un œuf pourri alors qu'il n'y en a pas. C'est du fumet sans feu. C'est l'odorama de la calomnie. Ça pue, mais ce n'est pas moi ! Et comme je n'ai rien fait qui pue, comme la pestilence n'est pas de mon fait, le vrai sujet n'est pas ici l'emploi (fictif ou non) de mon épouse, mais bien l'abjecte manœuvre polico-journalistique destinée à m'abattre à trois mois de la présidentielle, via *Le Canard enchaîné*, en montant en épingle une pratique hyper-légale… Voilà tout ce qu'il y avait dans cette métaphore.

François Fillon dénonce aussi la « misogynie » de l'article… Mais si Fillon avait été marié à un homme, *Le Canard enchaîné* n'eût pas été plus tendre

1. Lors d'un déplacement à Bordeaux le 25 janvier 2017.
2. *Ibid.*

– peut-être, à ce moment-là, le candidat eût-il invoqué l'homophobie, d'ailleurs ?

Et l'article du *Canard enchaîné* ne présume pas que Mme Fillon n'est bonne qu'à faire du tricot en gardant les enfants. Il rapporte juste que les limiers du journal n'ont trouvé aucune trace d'un travail de Penelope Fillon qui correspondrait à ses émoluments déments. Rien de plus.

En pointant du doigt des « officines » et en fustigeant des méthodes journalistiques, François Fillon se conduit exactement comme celui qui, en cas d'odeur suspecte émanant d'un groupe, s'empresse de désigner le type qui est à côté de lui. Ce n'est ni une manœuvre dilatoire ni une façon de détourner l'attention, rien qu'un problème d'odorat. Comme dit Érasme, « chacun aime l'odeur de *son* fumier[1] » : notre propre puanteur nous rassure. On la connaît. On s'en régale ou bien on ne la sent plus. Avec elle, *à vue de nez*, le monde est familier.

Alors que la puanteur d'autrui nous menace et nous rappelle à l'étrangeté du monde. « Si nous avions un meilleur nez, dit Montaigne, notre ordure devrait nous sembler plus puante que les *autres* parce qu'elle est *nôtre*[2]. » Mais c'est trop demander à l'homme :

1. C'est dans les *Adages* érasmiens qu'on trouve cette odorante intuition, au milieu de remarques plus célèbres, comme « Au royaume des aveugles, les borgnes sont rois » (*In regione caecorum, rex est luscus*), « Qu'ils me haïssent pourvu qu'ils me craignent » (*Oderint, dum metuant*), « Vivre au jour le jour » (*In diem vivere*), « Avoir un pied dans la tombe » ou encore « Laisser la proie pour l'ombre »… Érasme, *Adages*, livre III, chap. II.

2. Michel de Montaigne, *Essais*, livre III, chap. VIII.

le parfum capiteux d'une voisine sera toujours plus désagréable que l'odeur de ses propres flatulences, tout comme les méthodes (« misogynes ») des journalistes semblent plus fétides à François Fillon que ses propres turpitudes. François Fillon ne *sent* pas ce qu'il admet avoir fait. Il ne *sent* pas que, quelles que soient les conclusions de l'enquête, il restera de tout ça le sentiment (pestilentiel) qu'un professeur d'intégrité a stipendié son épouse pour un travail qui (dans le meilleur des cas) était hautement dispensable.

Socrate journaliste

Dans le cadre d'une enquête sur la souffrance au travail diffusée en septembre 2017 lors du magazine « Cash investigation »[1], la journaliste Élise Lucet a confronté Denis Maroldt, vice-président des relations sociales de Lidl France, à l'enregistrement d'une discussion très violente où un manager menace un salarié de lui pourrir la vie au travail.

L'enregistrement est accablant pour l'entreprise.

Mais le vrai spectacle est la réaction de Denis Maroldt et l'échange hallucinant qui s'ensuit avec la journaliste. Quand Élise Lucet lui demande si le manager qui menace de torture morale un salarié travaille toujours dans le groupe Lidl, Denis Maroldt répond : « Il n'est plus en France. » Or, comme ce n'est pas ce qu'elle lui demande, elle lui repose la question quatre ou cinq fois et reçoit immanquablement la même réponse, de telle sorte que la vérité (à savoir que le type travaille toujours chez Lidl et qu'on l'a juste éloigné un peu, le temps que ça se tasse) se donne à entendre et se grave dans la mémoire

1. Diffusé le mardi 26 septembre 2017.

collective. Qu'il le veuille ou non, Élise Lucet a fait accoucher son interlocuteur.

La mère de Socrate était sage-femme, et Socrate se flatte d'exercer le même métier que sa maman – à la différence qu'elle accouchait les corps et que lui ne s'occupe que des esprits. On appelle ça la « maïeutique ». Socrate et Élise Lucet la pratiquent différemment.

Socrate questionne son interlocuteur. Alors qu'Élise Lucet l'interroge.

Ce que Socrate recherche, c'est le moment désagréable où, sous le poids de ses propres contradictions, son interlocuteur, s'apercevant qu'en fait il ne connaît rien à rien, se met à douter, et donc à penser.

Ce qu'Élise Lucet recherche, c'est le moment (encore plus désagréable) où son interlocuteur, s'apercevant qu'en fait tout le monde sait tout, comprend qu'il ne peut plus cacher le secret qu'il croyait être seul à détenir.

L'enjeu du questionnement socratique est d'aider l'autre à ne plus se mentir à lui-même et, qui sait ? à accoucher du savoir véritable qu'il porte en lui, dont l'existence lui a été cachée jusqu'ici par des préjugés.

L'enjeu des interrogatoires lucetiens est de contraindre l'autre à ne plus mentir aux autres, en lui disant la vérité qu'il voudrait taire ou en manifestant, par son silence, qu'il ne veut pas dire ce que chacun a découvert.

C'est toute la différence entre une quête et une enquête.

Entre une recherche et une investigation.

Ou entre une formation et une information.

Mais les deux poursuivent le même but : permettre, par l'inconfort, un dialogue qui ne soit pas seulement le face-à-face inutile de deux opinions.

Aucun agresseur n'est la victime de sa proie

« Posez-vous la question de savoir si *vous* n'avez aucune responsabilité[1]. » C'est en ces termes que François Fillon répondit, pendant la campagne présidentielle, aux journalistes qui s'étaient indignés d'être insultés, humiliés ou carrément molestés lors de ses meetings. Ce qui a permis à Fillon d'excuser (presque) ses violences.

Que laisse entendre le candidat ? Vous, les journalistes, vous faites taper dessus, cracher dessus, jeter dehors, etc., mais ces débordements (certes regrettables) sont l'effet direct de l'acharnement qui les a causés. Si vous n'aviez pas juré ma perte avec le *Penelopegate*, on n'en serait pas là !

Le candidat réclame que l'on comprenne (avant de les juger) les réactions de ses militants. Ce qui se comprend. On peut entendre qu'un militant convaincu (à tort ou à raison) que son candidat est la victime des médias ait envie de taper sur des journalistes.

1. Lors d'une interview sur Europe 1, le 18 avril 2017, au lendemain d'agressions contre des journalistes en marge d'un de ses meetings à Nice.

De façon générale, on peut choisir de faire prévaloir la compréhension sur le jugement, et considérer que, pour évaluer correctement un crime (ou un délit – comme frapper un journaliste), il convient d'abord de l'inscrire dans la série des causes qui lui donnent le jour. Seulement si l'on pense comme ça, si c'est de cette manière qu'on choisit d'interpréter les événements, alors il faut le faire sur tous les sujets.

Et quand, en toutes circonstances, sur tous les sujets, on choisit de comprendre avant de juger, si l'on estime que, quand un journaliste reçoit un coup, la première question qui se pose est celle de sa propre responsabilité dans l'agression qu'il subit, alors, de la même manière, quand un dessinateur se fait assassiner, la première question qui se pose est celle des dessins impies qu'il a commis, et de l'huile qu'il a jetée sur le feu !

Si, sur tous les sujets, l'examen des raisons d'agir précède l'évaluation des actes eux-mêmes, alors, quand un pays est victime d'un attentat islamiste, la première question qui se pose est celle de sa politique étrangère, qui en est (peut-être) l'origine.

Dire qu'il faut comprendre un agresseur avant de le juger, ou qu'il faut entrer dans ses raisons avant de s'indigner, c'est affirmer que, quand une jeune fille se fait violer dans le métro, la première question qui se pose est celle des tentations inévitables qu'en toute irresponsabilité sa minijupe a éveillées chez son bourreau.

Mais, bizarrement, ce sont là des discours que, *pour le coup*, François Fillon refuse de tenir. La prévalence de la compréhension sur le jugement ne vaut que pour les agressions de journalistes.

Étrange privilège : si l'agresseur du journaliste (et seulement celui-ci) doit être compris avant d'être jugé, c'est que les journalistes eux-mêmes sont jugés avant d'être compris. Si le seul à bénéficier de l'indulgence du jury c'est le type qui s'en prend à la presse, c'est que, dans l'esprit de l'indulgent, le seul à n'avoir aucune circonstance atténuante, c'est le journaliste lui-même.

Qu'est-ce qu'un candidat du peuple ?

Il y a les candidats de droite, les candidats de gauche, et il y a ceux qui (de droite ou de gauche) s'autoproclament « candidats du peuple ». Une médaille aussi vieille que la politique, dont la particularité, néanmoins, tient au fait que c'est toujours le candidat lui-même qui se l'attribue – ce qui est commode. « *Je suis* le candidat du peuple » est une déclaration performative : on l'est parce qu'on le dit.

Comme ce n'est jamais le peuple qui l'intronise, l'expression résonne comme un aveu : la « candidature (autoproclamée) du peuple » est une manière de s'approprier le pouvoir en feignant de le rendre à ceux qui vous le donnent.

C'est la raison pour laquelle le mot même de « peuple » change de sens selon celle ou celui qui se présente comme son *candidat*.

Pour Jean-Luc Mélenchon, le « peuple », c'est la gauche profonde.

Pour Marine Le Pen, ce sont les « patriotes » (contre ceux qui voudraient noyer leur pays dans l'Europe et la drogue).

Pour Nicolas Sarkozy, dernier « candidat du peuple[1] » autodéclaré, ce sont les « Français libres[2] » (et de droite), dont il espérait les suffrages au premier tour de la primaire.

À cet égard, qu'ils le soient effectivement ou non, tous les *candidats du peuple* sont marxistes : ce n'est pas le contenu de leur discours qui les *marxise*, mais la méthode qu'ils emploient. Karl Marx est le premier à avoir *annexé* le peuple à son profit, quand il a décrété que, par l'universalité de ses souffrances, le prolétariat était seul fondé à représenter l'*humanité tout entière*[3]. De fait, tous les (nombreux) candidats du peuple (de Marine Le Pen et Mélenchon à Donald Trump) ont en commun de réduire le « peuple » à leurs propres électeurs, qu'ils présentent comme des victimes auxquelles

---

1. « Je suis le candidat du peuple de France, qui souffre en silence et qui ne demande qu'à sortir du désespoir », extrait du « Dernier mot de… Nicolas Sarkozy », *Le Point*, 18 novembre 2016.

2. Selon la formule utilisée par Nicolas Sarkozy lors d'un meeting à Lyon, le samedi 17 mars 2012, pendant la campagne présidentielle : « Le mot “race” a été écrit dans le préambule de 1946, avec le sang des Français libres, des résistants, des fusillés et des déportés des camps d'extermination pour que nul n'oublie jamais les millions de victimes de la plus grande entreprise raciste que le monde ait jamais connue. »

3. La formule exacte se trouve dans *L'Introduction à la Contribution à la critique de la philosophie du droit de Hegel* : « Une sphère qui possède un caractère d'universalité par l'universalité de ses souffrances et ne revendique pas de *droit particulier*, parce ce n'est pas une *injustice particulière* qu'on lui fait subir, mais l'*injustice tout court*, qui ne puisse plus se targuer d'un titre *historique*, mais seulement du titre *humain*. »

il est temps de rendre le pouvoir que les puissants leur ont confisqué. « Le peuple », c'est le peuple élu de ceux qui pensent comme moi.

Le second point commun à tous les *candidats du peuple* (malgré l'inévitable disparité de sens que recouvre cette notion) consiste en la détestation des intermédiaires, ou des méchantes « élites » – ce qui n'est pas une idée neuve.

Au chapitre IX du *Prince*[1], Machiavel recommande vivement au souverain de s'appuyer sur le peuple pour conserver le pouvoir, et de fuir comme la peste ceux qu'il appelle les « grands » (qui sont l'équivalent de nos élites d'aujourd'hui, mais aussi des corps intermédiaires : journaux, partis et associations). Car, enseigne Machiavel, le prince qui est entouré de *grands* est cerné par des hommes qui se croient ses égaux et l'empêchent d'agir comme bon lui semble, alors que le prince qui a fait le vide autour de lui « se trouve seul à son rang, et n'a personne qui ne soit disposé à lui obéir[2] ».

Le pouvoir est toujours entravé par les puissants. Comment faire pour s'en débarrasser ? En les offrant en pâture au « peuple », c'est-à-dire aux *siens*. Et Machiavel montre (par les conseils qu'il donne) que le candidat du peuple qui dénonce les « puissants » se sert en réalité du peuple pour éliminer le seul contre-pouvoir qui l'embarrasse vraiment. Le rêve du candidat du peuple, c'est toujours le pouvoir absolu.

---

1. Nicolas Machiavel, *Le Prince* (1532), dans *Œuvres complètes*, Michaud, 1823.
2. *Ibid.*, p. 63.

Que cache la transparence ?

Rien n'est moins clair que la transparence. Songez, par exemple, aux *Confessions*, de Jean-Jacques Rousseau. L'auteur s'y propose de se « montrer tout entier au public » : « il faut que rien de moi, dit-il, ne lui reste obscur ou caché ; [...] qu'il ne me perde pas de vue un seul instant, de peur que, [...] se demandant : Qu'a-t-il fait durant ce temps-là ? il ne m'accuse de n'avoir pas voulu tout dire[1] ». En matière de transparence, on ne peut pas mieux faire. Mais, sous le prétexte de tout dire, Rousseau donne de lui-même, pour la postérité, l'image flatteuse d'un universel incompris : la franchise dont il s'honore n'est que le masque de sa vanité. Et le fantasme de transparence culmine dans un récit à sa gloire.

« Je n'ai rien à cacher. » C'est en ces termes (et à deux reprises) que François Fillon a commenté la publication de son patrimoine sur le site de sa campagne. Jouer la transparence suffit-il à désamorcer le soupçon ? Rien n'est moins sûr : l'exercice de

---

1. Jean-Jacques Rousseau, *Œuvres complètes I*, La Pléiade, 1959, p. 59-60.

« transparence » auquel le candidat en péril s'est livré lors de sa conférence de presse est lui-même une mise en scène. En montrant ce qu'il possède, Fillon *montre d'abord qu'il le montre* et se donne le rôle avantageux de celui qui met tout sur la table...

Si la transparence échoue à dissiper le soupçon, c'est qu'elle est un masque de plus. D'ailleurs, on « *joue* la transparence ». L'enjeu de la « transparence », en l'occurrence, n'est pas de connaître le patrimoine de François Fillon, mais d'observer ce que cache l'affichage de la transparence.

La peur d'être privé de sa campagne.

La rage de tomber pour un péché véniel (et vénal).

La diversion qui présente une accumulation de faits comme un complot.

Le tour de passe-passe qui déplace une question morale sur le terrain du droit – et qui fait comme si la mise en examen de François Fillon était le sujet.

Enfin la soumission, corps et biens, au souverain qu'il n'a pas su flatter, et dont, de son propre aveu, il n'a pas devancé les changements d'humeur : le peuple.

Certains croient que se « soumettre au peuple » et lui présenter des excuses pour des pratiques d'un autre âge devraient diminuer les soupçons qui pèsent sur le pénitent. Or c'est l'inverse. Contrairement à ce qu'on dit, la transparence n'est pas une *exigence* démocratique. La transparence est une *idole* démocratique qui, comme toutes les idoles, n'en a jamais assez.

C'est la raison pour laquelle quiconque déclare qu'il n'a « rien à cacher » donne avant tout le sentiment qu'il cache quelque chose. En témoigne la rapidité avec laquelle, au lendemain de la conférence de François Fillon, on découvrait dans *Le Canard enchaîné* de nouvelles turpitudes. Quiconque exhume la totalité de ses comptes en banque donne surtout l'impression que le compte n'y est pas ! Loin de dissiper le soupçon, le *spectacle* de la transparence a toujours pour effet d'accroître l'opacité.

Quand l'appel au peuple se prend pour un appel du peuple

« L'ensemble du mouvement antiaéroport réaffirme qu'il ne laissera place à aucun début de travaux ni d'expulsion sur la ZAD de Notre-Dame-des-Landes[1]. » Ainsi ont réagi les « zadistes » (hostiles à la construction de l'aéroport de Notre-Dame-des-Landes) après qu'en novembre 2016 la cour d'appel de Nantes a rejeté leurs requêtes et autorisé, *de facto*, le démarrage des travaux. En amont de cette décision, les zadistes avaient d'abord contesté le résultat d'une consultation populaire (à laquelle ils avaient participé) au terme de laquelle les 975 000 électeurs de Loire-Atlantique avaient voté à 55,17 % en faveur de la construction de l'aéroport.

Les zadistes ne respectent donc pas la démocratie.

Un démocrate s'incline toujours devant le résultat d'un vote, quand bien même celui-ci le décevrait. De ce point de vue, les zadistes, qui (pour le contester

1. Communiqué commun du mouvement antiaéroport après la décision de la cour administrative d'appel de Nantes, le 14 novembre 2016.

malgré son résultat) firent valoir que le référendum était « pipé[1] » parce qu'il incluait des communes moins concernées (et donc plus favorables) que d'autres par le projet d'aéroport, ressemblent à s'y méprendre aux sarkozystes, qui se préparaient à dire, en cas de défaite à la primaire de la droite, que le vote était « pipé » parce qu'il incluait les électeurs du centre et même de la gauche. La disparité des causes que défendent les uns et les autres ne doit pas nous égarer : tous tiennent exactement le même discours, avec la même mauvaise foi de mauvais perdant. Un discours qu'on retrouve chez Donald Trump, qui, pendant la campagne électorale américaine, avait laissé entendre qu'en cas de défaite il ne respecterait peut-être pas le choix des urnes.

Il faut inclure, dans la grande famille des vaincus malhonnêtes, les adversaires du Brexit, qui demandent à revoter, voire les électeurs de Hillary Clinton, qui contestent le résultat – à cette nuance près qu'ils étaient majoritaires, eux, et qu'ils ont perdu à cause du mode de scrutin.

Comment se fait-il que des opinions si disparates aient toutes en commun de contester le verdict des urnes ? D'où vient tant de mauvaise foi ?

D'une haine de la démocratie, maquillée en hyperdémocratie.

D'un appel au peuple qui se prend pour un appel *du* peuple.

---

1. Selon Yves Riou, membre du collectif Naturalistes en lutte, cité par le média en ligne *Reporterre*, « Notre-Dame-des-Landes : "Le référendum était pipé" », 27 juin 2016 (https://reporterre.net/Notre-Dame-des-Landes-Le-referendum-etait-pipe).

Quel que soit l'*iste*, les zadistes, les trumpistes, les hillarystes ou certains sarkozystes contestent un résultat en raison du sentiment (antidémocratique) que la justesse de leur cause l'emporte sur le constat de leur défaite. Et si, paradoxalement, ces antidémocrates se vivent (en plus) comme plus démocrates que les autres, ils le doivent à l'idée folle que la démocratie n'est pas seulement une forme mais aussi un contenu, et que ce contenu est *leur* opinion. Comme ils ont une opinion *avant* d'être démocrates, ils ne sont démocrates que quand c'est leur opinion qui l'emporte.

Comme disait Mac-Mahon, en une sentence qui fait de lui l'ancêtre de ces démocrates intermittents : « La lutte est entre l'ordre et le désordre, vous voterez pour les candidats que je recommande à vos libres suffrages. »

Poujade à travers les siècles…

> « Je suis un intellectuel. Ça m'agace qu'on fasse de ce mot une insulte : les gens ont l'air de croire que le vide de leur cerveau leur meuble les couilles. »
>
> Simone de Beauvoir, *Les Mandarins*

La haine des chiffres – ou le sentiment qu'ils sont l'arme d'une perversion technique – est une constante de l'anti-intellectualisme parlementaire dont Roland Barthes décrit les passions dans le portrait qu'il propose de Pierre Poujade, à l'issue des *Mythologies*[1].

Au départ, la haine est fiscale. L'intellectuel, c'est un professeur, le professeur, c'est un fonctionnaire, et le fonctionnaire, c'est un « profiteur » – qui ne déclare pas ses leçons particulières : l'intellectuel ignore la

1. « Poujade et les intellectuels », dans *Mythologies* (1957), Seuil, coll. « Points », 1970, p. 182-190. Pierre Poujade était à la tête d'un syndicat antifiscal et antiparlementaire appelé UDCA (Union de défense des commerçants et artisans) qui a notamment envoyé 52 députés au Parlement (dont Jean-Marie Le Pen) aux élections de 1956.

vraie vie des braves gens qui se font plumer par les inspecteurs... Aussi le polytechnicien, « abruti par les mathématiques », est-il aux yeux de Poujade une cible de choix. « Sortie des saines limites de la quantification » (ce qu'est un contrat de travail, combien ça coûte et combien ça rapporte), la science est discréditée dans la mesure où « on ne peut plus la définir comme un travail ». C'est bien connu : qu'ils aient la tête dans les chiffres ou dans les concepts, les intellectuels « ne font rien ». Ce sont, ajoute Barthes, « des esthètes qui fréquentent les bars chic de la rive gauche[1] », et qu'il faudrait mettre au boulot pour *leur apprendre la vie*.

L'indifférence de l'intellectuel est, aux yeux du démagogue, de même nature que le sadisme du fisc dont les calculs désincarnent le réel en retirant au valeureux le fruit de son travail. Puisqu'on ne peut pas contredire les chiffres, on les moralise : s'ils sont exacts, c'est qu'ils sont méchants. Le sens des quantités (ou de la *vraie vie*) s'oppose à l'abstraction mathématique comme le pays réel au pays légal, ou comme le sol au ciel.

En un mot, la compétence est une invention de l'élite pour imposer sa tutelle aux braves gens : « J'ai vu le matheux, je vais lui expliquer ce que c'est qu'un contrat de travail et il va tomber par terre ! » Ainsi parlait Jean-Luc Mélenchon (qui faisait, en juillet 2017, à la tête d'un groupe de 17 Insoumis, son entrée à l'Assemblée nationale) du nouveau député LREM, le mathématicien Cédric Villani. Et il

1. *Ibid.*

est un peu paradoxal que, en disant cela, Mélenchon ait repris les termes d'un discours séculaire dont les fondamentaux reposent sur la haine de la fonction publique et le sentiment que le terroir doit humilier la théorie.

L'image remonte aux *Nuées*, d'Aristophane (où Socrate est présenté comme l'habitant d'une nacelle, dont l'école, pour finir, est incendiée par les gens qu'il méprise) : l'intellectuel est un « hélicoptère », dit Barthes, qui, dépourvu de la force virile de l'avion, survole le réel en faisant du surplace. C'est toujours d'en haut que l'hélico-intello juge et contemple nos turpitudes, nos soucis et notre monde, que ce monde soit la « terre », le « salariat », la « condition ouvrière » ou le « bon sens paysan[1] ».

Et c'est pour son bien que, à l'image du Schtroumpf volant que ses congénères gavent de briques pour n'avoir plus besoin de l'attacher, l'intellectuel (que les dictatures envoient à l'usine ou à qui elles font casser des cailloux) se voit reconduit, de gré ou de force, sur le plancher des vaches. Rendre un corps au pur esprit, faire entrer du camembert dans une bouche à beau langage, convertir la masturbation intellectuelle en une activité quantifiable et concrète : telle est la maïeutique de l'intellectuel par le redresseur de torts. Que ce soit Pierre Mendès France (au temps de Poujade) ou Cédric Villani (sous le règne de Mélenchon), on va lui en remontrer, au dégonflé qui plane ! On va lui expliquer les contrats de travail, à l'intello qui, depuis son nuage, croit qu'ils sont tombés du ciel ! Bref, il

1. *Ibid.*

faut sauver l'intellectuel de lui-même en lui administrant, comme dit Poujade, « une bonne leçon[1] ».

Cette leçon, Roland Barthes la compare, dans son livre, à une opération de l'appendicite : l'opération destinée à sauver l'intellectuel de son égoïsme et de sa suffisance consistant en l'ablation de l'appendice hypertrophié qui l'empêche de vivre (et nous pourrit la vie). Or l'appendice est la tête – comme disait Jean-Marie Le Pen à propos de Dominique Strauss-Kahn, puis Marine Le Pen à propos de Frédéric Mitterrand : « Le poisson pourrit par la tête[2]. » L'intellectuel, il faut l'étêter pour donner une chance à l'atrophie de son corps. Son bourreau est aussi son médecin, et la cure qu'il propose est à l'image d'un homme qui, à l'inverse de l'intellectuel, est « increvable[3] », dont les campagnes sont des performances, dont la résistance légendaire plie l'acier (« Poujade, c'est le diable en personne », qui crève « toutes les voitures dont il se sert[4] ») et dont l'ubiquité, celle de Poujade, qui est « partout à la fois[5] » – ou celle de Mélenchon, qui, par la grâce d'un hologramme, se trouve simultanément ici et là –, est perçue comme une générosité.

---

1. *Ibid.*

2. Le lundi 5 octobre 2009, Marine Le Pen accuse Frédéric Mitterrand de pédophilie en réaction à certains passages de son ouvrage, *La Mauvaise Vie* (Robert Laffont, 2005), concluant par ce dicton.

3. Roland Barthes, « Poujade et les intellectuels », *Mythologies*, *op. cit.*, p. 182-190.

4. *Ibid.*

5. *Ibid.*

Une vérité spectaculaire est-elle un mensonge ?

> « Le peintre fera ce qui donne l'impression d'être un cordonnier, alors que lui-même ne s'y entend pas en cordonnerie. »
>
> Platon, *La République*

Dimanche 5 février 2017, par la magie de la technique, Jean-Luc Mélenchon tint simultanément meeting à Lyon (où il était physiquement présent) et à Paris (près d'Aubervilliers, où son hologramme parlait à sa place). Hormis les 50 000 euros que ça lui a coûté, le prix à payer pour une performance (si réussie qu'elle lui valut même les compliments de ses adversaires) réside uniquement dans l'image qu'elle donne : l'image d'une image, l'image d'un reflet. Jean-Luc Mélenchon a pris son propre fantôme comme porte-parole.

Dans *La République*, Platon n'a pas de mots assez durs pour les peintres, et en particulier pour les auteurs de trompe-l'œil – des sorciers auxquels le philosophe reproche d'être aussi loin que possible de la vérité. Au lieu d'aider au progrès de la connaissance en élevant le regard à la contemplation des idées, les peintres leur substituent des images si puissantes qu'elles nous fascinent pour elles-mêmes. Tels les raisins de Zeuxis que les grives venaient picorer sur la toile tant ils étaient bien représentés, un hologramme témoigne non pas de la présence de quelqu'un, mais *de son absence*. Du point de vue de Platon, ce n'est pas Mélenchon que les gens ont applaudi, mais la confondante image de Mélenchon.

Or, dans *La République*, l'équivalent moral de l'image en trompe-l'œil est le mensonge d'un discours qui, comme un hologramme, nous fait prendre des vessies pour des lanternes… À la falsification du réel, en laquelle consiste l'idolâtrie des images, correspond chez Platon une falsification de la parole qui s'attache aux effets de manche – c'est-à-dire au charme et à l'hypnose plus qu'à la recherche de la vérité.

Aux yeux de Platon, le tribun qui veut plaire à son public remplace (comme le peintre) la vérité par un discours, et la présence par un spectacle. Les artifices du peintre (dont les productions n'existent pas davantage que les reflets d'un miroir) correspondent aux formules du politicien dont la sincérité spectaculaire relève uniquement de l'art d'envoûter. En un mot, le démagogue (ou le sophiste) singe la vérité comme un peintre substitue l'image à l'idée.

Platon pouvait-il imaginer, quand il filait cette métaphore, qu'un homme pût un jour lui-même devenir un trompe-l'œil ? Ou qu'en s'offrant, d'emblée, à son public sous la forme d'un mirage, il le renseignât à l'avance, et gratuitement, sur les illusions qu'il s'apprête à lui vendre ? Un homme qui se déguise en image est une sirène qui met en garde contre son propre chant.

L'hologramme suffit-il à la résurrection ?

Suffit-il qu'une comédie musicale (*Hit-parade*) mette en scène les silhouettes en 3D de Claude François, Dalida, Mike Brant ou Sacha Distel pour qu'ils soient de retour ? Qu'est-ce qu'un mort *en live* ?

Le lexique de la résurrection n'a pas sa place ici.

Que se passe-t-il quand on tombe sur la photo d'un mort qu'on a aimé ? ou quand on le croise sur un vieux film qu'on regarde par hasard ? Tendresse, puis tristesse : le rêve qu'il est encore vivant est aussitôt recouvert par le constat qu'il est mort. La stupeur d'une présence retrouvée est immédiatement rattrapée par le souvenir de l'absence, à la manière d'un évadé qu'on arrête alors qu'il n'a fait qu'un seul pas dehors… Et c'est ce minuscule intervalle de temps – où le rêve a si peu d'avance sur le réel, et où la tendresse précède la tristesse d'un pas ou deux –, cet intervalle infime, à peine prolongé par l'effet de réel d'un spectacle en 3D, qui fait parler de « résurrection » à propos de ce spectacle virtuel…

Un tel spectacle n'est pas une résurrection, mais une contradiction, l'« incompréhensible contradiction, dit

Proust, de la survivance et du néant[1] ». Passé la surprise de voir danser Dalida, Mike Brant, Sacha Distel ou Claude François, et de les entendre prononcer des phrases qu'ils n'ont jamais dites, le spectacle de ces ombres lumineuses nous dit qu'elles sont mortes, et ne ressuscite qu'une seule chose : l'amertume de le savoir.

Et plus les moyens sont extraordinaires, plus l'effet de réel est puissant… plus le sentiment de l'absence vient, impitoyablement, rectifier dans l'instant l'illusion fugace de croire ce qu'on voit. Quand on nourrit l'imaginaire de tous les artifices, c'est la tristesse qu'on alimente.

---

1. L'expression apparaît dans *Sodome et Gomorrhe*, au chapitre sur « Les intermittences du cœur », quand le narrateur, qui se penche pour défaire les lacets de sa bottine, prend conscience que sa grand-mère est morte : « Je venais, en la sentant, pour la première fois, vivante, véritable, gonflant mon cœur à le briser, en la retrouvant enfin, d'apprendre que je l'avais perdue pour toujours… » Marcel Proust, *À la recherche du temps perdu*, vol. IV, *Sodome et Gomorrhe*, t. II (1922), Garnier-Flammarion, 1987, p. 261.

Les couilles sont-elles le siège du courage ?

« Je suis en mode greffage de couilles[1] », a déclaré Nathalie Kosciusko-Morizet en mars 2016, pendant la campagne de la primaire de la droite, avant de se justifier : « Je l'ai dit dans un cadre informel, ça n'avait pas forcément vocation à être écrit dans un journal, en plus en l'occurrence *Le Monde*[2]. » Nul ne peut, en ce sens, lui reprocher d'avoir employé cette expression. On a le droit d'être vulgaire quand on croit qu'on est *off*.

D'autant que l'hypothèse est intéressante.

Au livre IV de *La République*, Platon distingue trois parties de l'âme. Au sommet, on trouve le *Nous*, c'est-à-dire le principe rationnel. Le mouvement de l'âme dont le but est la maîtrise de soi et dont il faut souhaiter, pour cette raison, qu'il gouverne les deux autres parties, nommées *Thumos* et *Epithumia*, c'est-à-dire, en vérité, le cœur et les couilles (ou le « bas-ventre »).

---

1. Dans un entretien accordé au *Monde*, « "NKM", une solitaire dans la primaire », le 7 mars 2016.

2. Lors de sa venue sur le plateau de l'émission télévisée « On n'est pas couché », le samedi 12 mars 2016.

En termes platoniciens : d'un côté se trouve le siège des émotions morales et, de l'autre, le mouvement de l'âme, qui a pour finalité la satisfaction de la vie dans sa dimension animale (la faim, la soif et le sexe). Or l'un des enjeux de *La République* est de soumettre le *Thumos* (le cœur) au *Nous* (à l'esprit) et non à l'*Epithumia*. Si vous éduquez le cœur, il s'unit à la raison et produit une vertu énergique. Si, en revanche, le cœur est soudé aux couilles, ou à l'*Epithumia*, alors il bascule dans la colère et dans l'esclavage des passions.

C'est malheureusement cette seconde voie que Nathalie Kosciusko-Morizet semble avoir choisi d'emprunter. En voulant se donner, de cette manière, l'image d'une battante, d'une fille *qui en a*, et qui, au-delà du langage fleuri, a pour but de « transformer véritablement le pays » sans « faire les choses à moitié », en disant qu'elle *a des couilles* (ou qu'elle en greffe) pour dire qu'elle n'a peur de rien et qu'elle est prête au combat, NKM se fait de la chose une idée tout à fait fausse : les *couilles* ne sont pas une métaphore du courage, mais une métaphore de l'arrogance, c'est-à-dire de la faiblesse.

Les gens qui brandissent leurs attributs sont les mêmes qui croient qu'on existe quand on s'oppose, qu'on est viril quand on se gratte les couilles, et qu'on est mieux entendu quand on parle plus fort. En un mot, dire qu'on *a des couilles*, c'est brandir les couilles qu'on n'est pas sûr d'avoir.

J'en veux pour preuve que, lorsque don Diègue, le père du futur Cid, giflé par le père de Chimène, demande à son fils de laver son honneur, il ne lui dit pas : « Rodrigue, mon fils, as-tu des couilles ? » Mais (en héritier de Platon) : « Rodrigue, mon fils, as-tu du cœur[1] ? » Prendre le bas-ventre pour le siège du courage, c'est se tromper d'endroit.

1. Pierre Corneille, *Le Cid* (1637), acte I, scène 5.

Quand la loi fait la morale

Deux Marocains en couple se sont fait agresser dans leur appartement, à Béni Mellal. L'agression a été filmée et mise en ligne par les agresseurs eux-mêmes. Deux hommes ont été torturés, roués de coups puis jetés nus dans la rue. L'agression est atroce, mais elle est banale. Les bourreaux d'homosexuels sont légion dans le monde entier.

En revanche, ce qui est ahurissant – quoique très largement répandu sur le continent africain –, c'est la réaction des autorités qui ont arrêté, certes, les quatre agresseurs, mais aussi (et surtout) les deux victimes. La première d'entre elles a déjà été condamnée à deux mois de prison ferme pour « coups et blessures » et pour « homosexualité », en vertu de l'article 489 du Code pénal marocain, qui criminalise les « actes licencieux ou contre nature avec un individu du même sexe ». L'homosexualité étant illégale au Maroc, au regard du droit marocain les victimes sont plus coupables que leurs agresseurs.

Imaginons qu'une telle histoire soit transposée en France.

Même les tenants de la Manif pour tous seraient scandalisés. Même le cardinal Barbarin (dont on connaît le tempérament compréhensif, et qui représente lui-même une institution dont, comme au Maroc, le puritanisme recouvre les turpitudes) serait choqué. Et les premiers à s'indigner de voir une telle chose arriver en France seraient probablement les mêmes qui accuseraient d'« islamophobie » celui qui le dénonce au Maroc.

Mais, au-delà de l'indignation, c'est la contradiction interne de ce racisme d'État qui est intéressante. L'article 489 du Code pénal marocain est en contradiction directe avec le préambule de la nouvelle Constitution marocaine (en date de 2011), qui s'engage (*sic*) à « bannir et combattre toute discrimination à l'encontre de quiconque, en raison du sexe, de la couleur, des croyances, de la culture, de l'origine sociale ou régionale, de la langue, du handicap ou de quelque circonstance personnelle que ce soit ». Cette contradiction interne à la législation marocaine ne vient pas de l'opposition entre d'un côté le méchant Code pénal, et de l'autre la gentille Constitution. Mais du fait que, dans un pays libre (ce que le Maroc n'est pas), la loi ne dit pas le Bien, mais le droit. Or, en droit, il y a des infractions mais il n'y a pas de « déviances ».

Le Code pénal marocain est moyenâgeux parce qu'il fait la morale. Son archaïsme ne tient pas aux principes qu'il bafoue mais au fait qu'il se donne des principes où la vertu prévaut sur la liberté. Les pays où la loi fait la morale sont des zones de non-droit.

La dépression est-elle soluble dans la technique ?

L'hôpital Saint-Antoine a lancé, en janvier 2017, l'expérimentation d'un bracelet « antidépression ». À en croire le psychiatre Philippe Nuss, il s'agit d'un appareil connecté qui permet de « donner l'alerte quand la santé psychique flanche ». Autrement dit, le bracelet antidépression fonctionne comme un check-up en temps réel, qui enregistre votre tension artérielle, la température de votre corps, l'acidité de la peau, le temps de sommeil, le rythme cardiaque, afin de capter une anomalie qui serait le signe avant-coureur d'une réduction tendancielle de l'enthousiasme.

Que présume un truc pareil ?

Que la dépression est une affaire de dosages, de chiffres, de pourcentages et de diagrammes. Et que c'est une sortie de route qu'on peut rectifier en *réparant la direction* à coups d'anxiolytiques et de bains de soleil. Ce n'est pas idiot, mais c'est bien candide. Comment imaginer que l'humanité puisse se débarrasser, par la technique, d'un mal aussi vieux qu'elle-même ?

La dépression n'est pas seulement une *dépression* à laquelle on pourrait opposer l'anticyclone d'une médication adéquate. Ce serait trop facile. La dépression est un « sommeil épuisant[1] », un effondrement énergétique, un effacement du moi qui retrouve le chaos dont son identité le préservait un peu. On ne croit pas si bien dire quand on présente la dépression comme une cause perdue : c'est un désarroi si puissant qu'il en oublie sa cause. Et c'est d'ailleurs la seule chose qu'ignore le dépressif, qui, pour le reste, souffre au contraire d'hyperlucidité.

Chacun sait qu'il va mourir, mais le dépressif sait qu'il le sait, alors que les autres, le savent mais n'y croient pas. C'est la raison pour laquelle on joue parfois à se demander ce qu'on ferait s'il nous restait vingt-quatre heures à vivre, comme si ce n'était pas le cas ! Comme si nous n'étions pas déjà des condamnés à mort…

Au contraire du déni, la dépression désigne tous les moments de la vie où, pour son plus grand malheur, un homme éprouve ce qu'il vivait jusqu'ici sur le mode d'un savoir abstrait. Être déprimé, c'est sentir ce qu'on sait. La dépression est une norme. C'est l'ennemi qu'on ne tue qu'avec soi-même. On a tort de faire une différence entre les *anormaux* qui sont déprimés et les gens ordinaires qui ne le sont pas. La vraie différence est à faire entre ceux qui sont déprimés et ceux qui en sont conscients. La dépression n'est pas une sortie de route : la dépression, *c'est la route elle-même*.

1. Il faut lire *Route de nuit*, de Clément Rosset, qui raconte par le menu la dépression du philosophe, et les rêves qui l'accompagnent.

Daech, ou la mort en personne

Comment se fait-il que tout le monde s'accorde à dire, après un attentat, qu'il est fondamental, malgré la peine et le danger, de continuer à vivre *comme si de rien n'était* ? Les gens ne sont pas soudain devenus téméraires, ou fatalistes, ou indifférents... Pourquoi, systématiquement, la tragédie d'un attentat est-elle suivie de la promesse collective que ce n'est pas l'attentat qui va nous empêcher de vivre ?

Paris, Londres, Bruxelles, Istanbul... Toutes les villes sont touchées par les attentats, et tout le monde a peur de Daech. Et, pourtant, « peur » n'est pas le bon mot. Car c'est de quelque chose (ou de quelqu'un) qu'on a peur, or, Daech ce n'est personne. Daech est une armée de fantômes, et la plupart de ses soldats ne savent pas qu'ils le sont avant de passer à l'acte. Daech n'a pas de visage, puisqu'il en change à chaque attentat. Daech est une ombre, impalpable et inattendue ; Daech n'est nulle part mais Daech est partout. Et aucun homme n'est à l'abri. En un mot, Daech, c'est la mort elle-même. Ou l'autre nom du risque, toujours présent, que notre chemin s'arrête aujourd'hui. À cet égard, plus que le mot « peur », c'est d'*angoisse* qu'il convient de qualifier l'état dans lequel les terroristes nous plongent.

La peur ne dépend pas de soi, mais de la chose (identifiable) qui fait peur.

Alors que l'angoisse, c'est la peur du néant et donc, en un sens, la peur de rien.

L'enjeu est de priver Daech de sa victoire, c'est-à-dire de priver *la mort elle-même* de sa victoire. De même que le fait d'être mortel, quand on le regarde en face, est une invitation à profiter de chaque instant, à aimer la vie, et à ne pas céder un pouce de terrain à la mort (de son vivant), les attentats de Daech, qui, comme la mort, tuent à l'aveugle et rappellent chacun à la possibilité de mourir tout à l'heure, nous rendent à l'angoisse que nous n'avions, au fond, jamais quittée. Or l'homme est expert en angoisse : il est idéalement bâti pour jouer à cache-cache avec un ennemi invisible, puisque c'est le non-sens même de la vie.

Que nous apprend Daech ? Que rester en vie n'est pas un droit, mais un privilège provisoire, et un exploit quotidien. Ce que nous savions déjà. Et c'est dans ce savoir que les hommes puisent la force d'être libres. Écoutez Montaigne : « Il est incertain où la mort nous attende, attendons-la partout […] au broncher d'un cheval, à la chute d'une tuile, à la moindre piqûre d'épingle, […] parmi les fêtes et la joie, […] au milieu des festins, et parmi leur meilleure chère. […] La préméditation de la mort est préméditation de la liberté. Qui a appris à mourir, il a désappris à servir[1]. »

---

1. Michel de Montaigne, *Essais*, livre Ier, chap. XX.

Peut-on parler d'une « communauté d'esprit » entre Daech et le Front national ?

Un char d'assaut roulant sur un prisonnier. Un homme brûlé vif dans une cage. Et le corps d'un journaliste (James Foley) décapité… C'est par la diffusion de ces images atroces sur Twitter que Marine Le Pen a choisi de répondre au journaliste Jean-Jacques Bourdin, qui évoquait une « communauté d'esprit[1] » entre le Front national et l'État islamique…

Le FN et Daech sont aux antipodes l'un de l'autre.

Le FN n'est pas un mouvement terroriste, les militants frontistes ne pratiquent pas la décapitation et Marine Le Pen n'a jamais appelé de ses vœux la constitution d'un grand califat en Irak et en Syrie. De sorte qu'elle a beau jeu de montrer des horreurs comme si Bourdin l'avait accusée de faire de même ; et d'autant moins que Bourdin n'a jamais dit que le FN et Daech étaient la même chose. Il a juste parlé d'une « communauté d'esprit », ce qui se défend, à condition d'être précis. Prenons trois exemples :

1. Lors de l'interview du politologue Gilles Kepel, le 16 décembre 2015.

1) L'État islamique considère que les musulmans n'ont rien à faire dans une France qu'il tient pour une terre de « croisés ». Or qui lui donne raison sinon Marion Maréchal Le Pen quand elle explique (doctement) que l'islam et les musulmans ne peuvent avoir, en France, « le même rang que la religion catholique[1] » ?

2) Daech se présente comme le bras vengeur des musulmans morts sous les bombes françaises en Libye, or c'est le FN (et Michel Onfray, dont Daech revendique les paroles[2]) qui présente l'intervention française en Libye comme la cause directe des attentats de Paris.

3) Enfin (et c'est le plus criant), la façon dont le FN se défend de ressembler à Daech consiste à bombarder les réseaux sociaux de photos immondes, or c'est exactement la méthode de Daech, dont toute la communication repose sur la diffusion de ce genre d'images ! Et, de ce point de vue, il serait intéressant de savoir combien de vocations au martyre Marine Le Pen a éveillées en montrant de telles choses.

Certes, le FN soutient Assad contre Daech… Mais personne ne dit que le FN souhaitait la victoire de Daech ! Et personne ne compare les électeurs du FN à des assassins. En revanche, il est incontestable que Daech trouve dans le FN un discours suffisamment

---

1. Dans un entretien accordé à *Présent*, paru le samedi 21 novembre 2015.

2. Des extraits d'interviews de Michel Onfray apparaissent dans la cinquième vidéo de revendication des attentats de Paris publiée par l'organisation de l'État islamique.

caricatural pour justifier sa haine, tandis que le FN trouve en Daech un ennemi suffisamment terrifiant pour grimper dans les sondages. Entre le FN et Daech se noue la même histoire (toutes proportions gardées) qu'entre George Bush et Al-Qaida : ce sont des alliés objectifs qui ont besoin l'un de l'autre, qui se rendent service en se tapant dessus, et qui, finalement, se tiennent par la main. Et voter FN, c'est *aussi* voter pour l'idée que Daech se fait de la France.

Pourquoi les héros sont-ils modestes ?

> « Le courage est sans victoire. Sinon sur soi-même. »
>
> Cynthia Fleury, *La Fin du courage*

Ce qui est frappant avec les six personnes qui ont neutralisé le Marocain Ayoub el-Khazzani (alors qu'il s'apprêtait, le 21 août 2015, à commettre un massacre dans le Thalys Amsterdam-Paris), c'est leur humilité. On a presque le sentiment que certaines d'entre elles se réfugient derrière l'invocation du devoir accompli ou encore de la nécessité, comme si elles redoutaient davantage la célébration publique de leur comportement que les balles d'une kalachnikov.

Comment se fait-il que, tandis que ceux qui se sont cachés se défendent, peut-être à juste titre, d'être des lâches, les six hommes dont on célèbre la bravoure se défendent, à tort, d'être des héros ?

Contrairement à ce que disaient les moralistes qui expliquaient, au XVIIe siècle, que la bravoure n'était qu'une forme de l'orgueil, le propre du héros est paradoxalement la modestie. Et pour une raison essentielle : le courage n'est pas un calcul. Alors que le type qui court se réfugier dans une pièce fermée trouve un paquet d'explications excellentes à son geste (je ne suis pas payé pour ça, je ne suis pas compétent, je vais mourir, ce qui ne sert à rien…), le courageux qui se jette sur un terroriste armé jusqu'aux dents ne réfléchit pas. Son geste n'a besoin d'aucune explication.

La vraie différence entre le courage et l'absence de courage est que l'absence de courage est souvent à la conclusion d'un raisonnement, alors que le courage est un fait premier. À la question de savoir « ce qu'on aurait fait à leur place », les seuls qui peuvent répondre à coup sûr sont ceux qui seraient allés se planquer. Les courageux ne se connaissent pas. Aucun homme n'est courageux en soi. Aucun homme ne peut dire, à l'avance, s'il saura se hisser à la hauteur du danger qu'il n'a pas choisi. Il faut l'épreuve du feu (et de l'irréflexion) pour savoir si la peur est surmontée. Le courage est une grâce inexplicable, une décision sans précédent.

« Victoire sur la lenteur et la terreur, écrit Vladimir Jankélévitch, chute redressée, géotropisme transformé en aérienne lévitation, fuite changée en assaut, le courage proteste contre les mouvements acquis de l'inerte nature par le geste absurde et hasardeux du sacrifice[1]. »

Comme le courage ne fait jamais le calcul de son intérêt, ce n'est pas parce qu'on espère la gloire qu'on

1. Vladimir Jankélévitch, *Les Vertus et l'amour. Traité des vertus*, vol. II, Flammarion, coll. « Champs », 1968, p. 96.

est courageux, mais c'est parce qu'on est courageux qu'on obtient la gloire. Le courage ne spécule pas sur les dividendes du courage. Si le courage était calculateur, aucun homme ne choisirait de sacrifier sa vie au profit de la vie des autres. Aussi n'y a-t-il pas de causes au courage, seulement des occasions.

Peut-on se réjouir de la mort d'un homme ?

Le terroriste Abdelhamid Abaaoud a été tué le 18 novembre 2015. Peut-on se réjouir de la mort d'un homme ? Pour quelle raison tout le monde a-t-il cédé spontanément à la tentation qu'on savait malsaine ? Parce qu'elle était malsaine. À la hauteur (ou la bassesse) de l'assassin assassiné. Se réjouir de la mort d'Abdelhamid Abaaoud – ou de Ben Laden, ou de Mohammed Merah –, c'est tout simplement rendre les coups et se venger de lui.

Ce petit bonheur ne signifie pas qu'on est favorable à la peine de mort.

Il y a une différence essentielle entre se réjouir qu'un assassin meure sous les balles des policiers et réclamer pour lui le rétablissement de la peine capitale. La justice n'est pas la vengeance.

Si la police avait capturé Abdelhamid Abaaoud au lieu de le tuer pendant l'assaut, il aurait eu droit à un procès, il aurait eu un avocat, il aurait pu se défendre, on se serait habitué à voir son visage, on aurait entendu ses arguments, bref, on l'aurait pris pour ce qu'il est, malgré tout, c'est-à-dire un humain qu'on ne saurait mettre à mort sans avoir (un peu) le sentiment de se conduire comme lui. Mais, en la circonstance, les policiers, répondant par la violence à la violence, en sont venus (dans le feu de l'action) à tuer quelqu'un que nous avons tout loisir, du coup, de tenir pour un monstre absolu, et dont la mort, par conséquent, relève (à nos yeux) d'une vengeance légitime et d'une bonne nouvelle. Nulle contradiction ici. Les hommes ne sont pas seulement des citoyens, ils sont aussi des humains qui, en tant que citoyens, peuvent lutter contre la peine de mort, mais seraient étouffés par leurs mauvaises pensées et leurs envies de meurtre s'ils n'avaient l'humilité d'y consentir en secret. La vengeance n'est pas la justice, mais la vengeance fait partie du deuil.

« Si je dois mourir, ça arrivera »

« Si je dois mourir, ça arrivera[1] », s'est dit le jeune Emmanuel Toula juste avant de se précipiter dans une voiture menacée par une poubelle enflammée pour sauver une fillette pendant les émeutes de Bobigny le samedi 11 février 2017.

L'adolescent aurait pu se servir de cette phrase (« Si je dois mourir, ça arrivera ») pour ne pas bouger, pour se résigner à la catastrophe. « *Si je dois mourir, ça arrivera*, donc, que j'aille ou non sauver la fillette, ça arrivera, par conséquent je peux ne pas y aller... De façon générale, ce qui doit arriver arrivera : je ne vais quand même pas risquer ma peau pour empêcher l'inévitable ! Je m'en remets au destin ! » C'est ce qu'on appelle le « fatalisme ».

Mais, en l'occurrence, Emmanuel s'est dit cela *pour aller sauver la fillette.* Au lieu de faire du fatalisme l'alibi de la lâcheté (ou de la paresse), Emmanuel a puisé dans le consentement à la mort le sentiment qu'il n'avait pas le choix et qu'il devait sauver la gamine. « Que j'y aille ou non, je vais mourir. Mourir

1. Interview d'Emmanuel Toula, RTL, 12 février 2017.

ne dépend pas de moi. Mais il dépend de moi de sauver quelqu'un. » Au lieu de se résigner à ce qui doit être, il a consenti à ce qui pouvait arriver. Et c'est ce consentement qui lui a donné la force d'y aller.

Ce n'est pas l'espoir qui nous porte à sauver quelqu'un, mais l'idée que mourir ne dépend pas de soi – alors qu'il dépend de soi, comme dans le cas d'Emmanuel, de sauver une vie. « Si je dois mourir, ça arrivera », par conséquent je n'ai rien à craindre à risquer ma vie. Si je suis condamné, pourquoi baisser les bras ? Puisque je suis perdu, pourquoi ne pas sauver ?

Si je dois mourir, ça arrivera, ainsi soit-il.

Le drame serait de m'en servir pour échapper à ma responsabilité ! Quand on fuit la pensée de la mort, enseigne Camus, et qu'on essaie d'oublier que, de toute façon, la mort a le dernier mot, c'est à la vie elle-même – et au courage – qu'on tourne le dos[1]. Et c'est en ce sens que Camus présente le consentement comme le début de la révolte[2].

Savoir qu'on doit mourir n'invite pas à vivre dans la peur ni à fuir le danger.

Mais à mener jusqu'à son dernier souffle un combat dont la victoire est impossible, et où la seule défaite est de se décourager… Savoir que l'on va mourir

1. Albert Camus, *L'Envers et l'Endroit* (1937), Gallimard, 1958. « Le grand courage, c'est encore de tenir les yeux ouverts sur la lumière comme sur la mort. »

2. Albert Camus, *Noces* (1938), Folio, 1973, p. 87. « Au cœur de ma révolte dormait un consentement. »

persuade de se précipiter dans une voiture que menacent des flammes pour en extraire une fillette, au péril de sa vie.

Le consentement est le contraire de la résignation.

Pourquoi sommes-nous bouleversés par l'image d'un enfant mort ?

> « Ils avaient déjà vu mourir des enfants puisque la terreur, depuis des mois, ne choisissait pas, mais ils n'avaient jamais encore suivi leurs souffrances minute après minute, comme ils le faisaient depuis le matin. Et, bien entendu, la douleur infligée à ces innocents n'avait jamais cessé de leur paraître ce qu'elle était en vérité, c'est-à-dire un scandale. Mais jusque-là du moins, ils se scandalisaient abstraitement en quelque sorte, parce qu'ils n'avaient jamais regardé en face, si longuement, l'agonie d'un innocent… »
>
> Albert Camus, *La Peste*

La photo de la dépouille d'Aylan Kurdi, noyé le 2 septembre 2015, a ému le monde entier. Pour comprendre ce qu'on a platement appelé la « prise de conscience » de l'opinion publique, il faut en passer par la littérature.

Au début de *La Peste*, de Camus, alors que la plaie s'étend à la ville entière, le père Paneloux, « un jésuite érudit et militant », délivre un prêche terrifiant aux Oranais : « Mes frères, vous êtes dans le malheur [...]. Ce fléau même qui vous meurtrit, il vous élève et vous montre la voie [...]. » « La première fois que ce fléau apparaît dans l'histoire, c'est pour frapper les ennemis de Dieu. Pharaon s'oppose aux desseins éternels et la peste le fait alors tomber à genoux. Depuis le début de toute l'histoire, le fléau de Dieu met à ses pieds les orgueilleux et les aveugles. Méditez cela et tombez à genoux. » De fait, ajoute le narrateur, « quelques auditeurs, après une seconde d'hésitation, se laissèrent glisser de leur chaise sur le prie-Dieu [...] si bien que, de proche en proche, sans un autre bruit que le craquement de quelques chaises, tout l'auditoire se trouva bientôt à genoux ». Bref, c'est la parole d'un homme qui, selon le mot de Rieux, « n'a pas vu assez mourir et c'est pourquoi il parle au nom d'une vérité ».

Seulement voilà, la peste frappe tout le monde et s'en prend aux enfants et, parmi eux, au petit Philippe Othon (le fils d'un juge, ce qui n'est pas innocent), dont l'agonie est décrite par Camus dans ses moindres détails. Sur cinq pages insoutenables, le lecteur voit et sent l'enfant souffrir, hurler, gémir, se tordre de douleur avant de mourir en prenant une « pose de crucifié grotesque. »

Au lendemain de cette catastrophe, le père Paneloux, qui n'a pas lâché la main de l'enfant pendant son martyre, fait un second prêche aux Oranais, dans lequel, cette fois-ci, au lieu de dire « vous », il dit

« nous », et où il affirme, entre autres, qu'il n'est pas chrétien de promettre le paradis. Ici-bas, les enfants souffrent et meurent, et la foi commande de se battre contre un fait qu'il faut reconnaître. En d'autres termes, après avoir vu mourir un enfant, Paneloux remplace l'espérance par le courage, le « pourquoi » par le « comment », la prière par la révolte, et le salut par la santé. Il apprend à vivre dans le cercle de la chair.

Voilà ce qui s'est passé, à l'échelle du monde, quand la photo du petit Aylan est devenue virale. À la sérénité du prêtre qui fait la morale (et qui ressemble à l'Occidental repu qui, avant l'image du petit Aylan, plaignait les migrants mais de loin), Paneloux oppose l'inconfort de regarder en face et d'éprouver soi-même les horreurs de ce monde. Paneloux comprend et rappelle qu'il n'y a qu'une seule morale sur Terre, une seule décision recevable et un seul chemin vers la sainteté : souffrir des douleurs qui nous sont épargnées.

Nous sommes tous des migrants

> « La vie d'ici-bas, au milieu des choses sensibles, c'est pour l'âme une chute, un exil, la perte de ses ailes. »
>
> Plotin

« Il ne faut jamais oublier que les migrants, avant d'être des numéros, sont des personnes, des visages, des noms, des histoires », a déclaré le pape François en avril 2016[1], lors d'une visite sur l'île de Lesbos, avant de rappeler que « nous sommes tous des migrants ».

Est-elle fausse, cette phrase magnifique ?

Après tout, nous ne sommes *pas* tous des migrants.

Ceux d'entre nous qui ont la chance d'avoir un pays et un toit ne sont objectivement pas dans la même situation que ceux dont les enfants meurent sous leurs yeux parce qu'ils traversent la Méditerranée sur un canot.

Mais, ce que la phrase du pape François permet de comprendre, c'est que les nantis – qui habitent quelque part et qui ferment la porte – se conduisent

1. Lors de sa visite, au camp de Moria, le 16 avril 2016.

précisément comme d'anciens migrants qui ne veulent pas s'en souvenir, et que refuser l'hospitalité au sans-abri qui la demande revient à tourner le dos au reflet qu'un nouveau venu donne de nous-mêmes.

Les gens qui habitent quelque part ne sont pas des migrants qui s'ignorent, mais des migrants qui le savent et (pour cette raison) ne veulent pas le savoir.

Au-delà de la question des flux migratoires, dire, avec le pape, que nous sommes tous des migrants revient à dire que – du ciel ou d'un autre pays – tout homme vient d'ailleurs. Et qu'en ce sens la patrie qu'on brandit (ou qu'on protège contre les invasions) n'est jamais vraiment celle d'où nous venons. Tout homme vient d'ailleurs ; toute identité est d'abord une altérité. Tout homme porte en lui quelque chose qui n'est pas lui-même. Un petit animal qui lui échappe ? un océan qui le déborde ? un lac inconnu ? la voix de Dieu ? Peu importe la métaphore. L'essentiel est d'admettre qu'à l'origine nous sommes étrangers à nous-mêmes. Ou que, comme le raconte saint Augustin, *l'intimité* (soit l'autre nom de Dieu) *est une altérité*[1]. Quand on s'explore, quand on s'examine, quand on *se touche le fond*, c'est un Autre qu'on rencontre, une vieille connaissance… Pour le pire, cette altérité latente nous terrifie et nous interposons, entre elle et nous, l'artifice de l'égoïsme ou du nationalisme (qui n'est qu'un égoïsme élargi). Mais, pour le meilleur, quand on regarde *l'autre* en face (et en soi), cette altérité de

1. Saint Augustin, *Les Confessions*, livre III, Flammarion, 1917, p. 86. « Et vous étiez intérieur à l'intimité, supérieur aux sommités de mon âme. »

fortune est la source vive de l'idée même de solidarité. Tout être est en exil. Aucun homme n'est à sa place. Nous sommes tous des migrants. Soit on l'accepte, et on ouvre sa porte. Soit on le redoute, et on ferme ses frontières. Mais le refus de l'autre est un refus de soi.

« Dès que nous avons vraiment quelque chose à dire, nous sommes obligés de nous taire[1] »

Silence.

En réaction à la destruction de leur cabane dans la « jungle de Calais » en cours de démantèlement, huit migrants iraniens se sont cousu les lèvres.

Il faut tendre l'oreille. Que disent ceux qui se cousent la bouche ?

La première chose qu'on entend est une revendication.

Et une légitime volonté de reconnaissance : « Vous ne nous écoutez pas, donc nous vous montrons que sommes réduits au silence. » Les bouches cousues de Calais prennent leur place au panthéon des sacrifiés et des scarifiés politiques, à mi-chemin des moines qui s'immolent et des Femen qui se déshabillent. « Au lieu de nous ouvrir les bras, vous nous tournez le dos. Au lieu de nous accueillir et de nous laisser passer, vous nous parquez et vous nous *gérez*, plutôt mal que bien. L'Europe n'est pas à la hauteur de ceux qui sont prêts à tout pour venir y vivre ; en fermant la « jungle » où

1. Maurice Maeterlinck, *Le Trésor des humbles* (1896).

nous avons créé l'esquisse d'une société, vous nous renvoyez au chaos dont on a tenté de s'extraire : c'est parce que vous avez les oreilles bouchées que nous avons la bouche cousue. » Ce discours-là saute à nos oreilles coupables dès que nos regards croisent les images de ces Iraniens aux lèvres tuméfiées par un fil pourri et des aiguilles sales.

Mais leurs visages ne disent pas *que* ça.

Leur mutisme dit aussi : « Ce que nous avons vu n'est pas dicible. Ce que nous avons fait échappe à tout récit. Ce que nous avons vécu passe les mots. Personne n'est en mesure de raconter les tragédies dont ne surnagent, pour vous, que quelques enfants noyés. »

Ce sont les morts dont la bouche est cousue.

En s'infligeant, de leur vivant, un soin qui relève de la thanatopraxie, les « bouches-cousues » de Calais ne miment pas seulement le fait de n'être pas entendus, ils expriment aussi l'horreur et le néant qu'aucune parole n'est en mesure de restituer. La seule façon de le faire est de se déguiser en cadavres.

Ils sont fous, ces Romains !

C'est l'apophtegme d'Obélix. Et le rite de l'album, comme le banquet final ou le fameux « Non, tu ne chanteras pas ! » du forgeron au barde, qu'on voudrait dire à tellement de gens. Intolérance ? bêtise ? ou naïveté ?

À première vue, c'est la formule du Français qui prend son clocher pour le centre du monde (parce qu'il y est né et n'a jamais vécu ailleurs), et qui, pour cette raison, reconnaît comme autant de bizarreries tout autre usage que le sien… En gros, dit Obélix, qui n'est pas comme moi n'est pas normal : « Ils sont fous, ces Romains ! » (ils sont crétins, ces Américains ! ; ils sont méchants, ces Allemands ! ; ils sont laids, ces Portugais ! etc.). C'est l'adage du Gaulois, droit dans ses sandales et con comme la Lune, qui juge autrui à l'aune de lui-même. Et pourtant…

Il y a plus d'étonnement que de jugement dans cette phrase : « Ils sont fous, ces Romains ! » peut aussi s'entendre comme un éloge de l'altérité. Dire « Ils sont fous, ces Romains », c'est aussi dire « *C'est fou, ce que sont les Romains !* » Et la sentence cesse, soudain, d'être l'étendard de la bêtise pour devenir le dicton de l'étonnement. Ce n'est plus l'éclat de rire un peu goguenard du bon Français plaignant les anormaux qui ne lui ressemblent pas, mais la devise de l'enfant qui ouvre de grands yeux sur ce qu'il n'a pas l'habitude de voir, ou l'intérêt supérieur (et la tendresse) qu'un œil candide témoigne à tout ce qui est différent. Le seul album, d'ailleurs, où Obélix ne dit pas « Ils sont fous, ces Romains ! » est *Astérix et Cléopâtre*, mais, devant le phare d'Alexandrie, Obélix déclare « Une tour pour guider les navires ? Ils sont fous, ces Égyptiens ! » Et, quand on tend l'oreille, on n'entend plus que de l'admiration.

Dans la trentième lettre persane, Rica, de passage à Paris, décrit à Ibben le ravissement qu'il suscite : « Chose admirable ! Je trouvais de mes portraits partout, je me voyais multiplié dans toutes les boutiques, sur toutes les cheminées, tant on craignait de ne m'avoir pas assez vu[1] ! » Ce qui le flatte (« quoique j'aie très bonne opinion de moi, je ne me serais jamais imaginé que je dusse troubler le repos d'une grande ville où je n'étais point connu[2] ») jusqu'au jour où, quittant l'habit persan pour endosser une tenue à l'européenne, il perd en un instant l'attention et l'estime publiques : « Je demeurais quelquefois une heure dans une compagnie sans qu'on m'eût regardé, et qu'on m'eût mis en occasion d'ouvrir la bouche ; mais, si quelqu'un par hasard apprenait à la compagnie que j'étais Persan, j'entendais aussitôt autour de moi un

1. Charles-Louis de Montesquieu, *Lettres persanes* (1721), Baudouin frères, 1828, p. 73.

2. *Ibid.*

bourdonnement : Ah, ah ! monsieur est Persan ! C'est une chose bien extraordinaire ! Comment peut-on être Persan[1] ? »

Tout comme la surprise d'Obélix devant les mœurs des envahisseurs romains, l'interrogation manifeste autant de xénophobie que de curiosité : on y entend simultanément le rire gras de l'Occidental qui raille ce qui ne lui ressemble pas et l'intérêt supérieur qu'il lui témoigne, à ce titre.

À la curiosité railleuse du type qui ricane devant l'accoutrement ou la couleur de la peau succède la curiosité spontanée de celui qui, par la différence, découvre qu'il est lui-même l'autre d'un autre. L'émerveillement de la Parisienne devant l'exotique Persan, ou du Gaulois devant les rites romains, relève à la fois de la condescendance, de l'amitié et du sentiment, cher au duc de La Rochefoucauld, que « celui qui vit sans folie n'est pas si sage qu'il croit[2] ».

1. *Ibid.*, p. 73-74.

2. François de La Rochefoucauld, *Maximes*, Imprimerie nationale, coll. « La Salamandre », 1998, p. 118.

La fable du roman national

« Si je suis élu président de la République, je demanderai à trois académiciens de s'entourer des meilleurs avis pour réécrire les programmes d'Histoire avec l'idée de les concevoir comme un récit national[1]. » C'est ainsi que le candidat François Fillon, soucieux de « retrouver la confiance dans notre patrie[2] », concevait (pendant la campagne) l'enseignement de l'Histoire. « *Réécrire* les programmes d'Histoire » et, sous le prétexte de rassembler la nation dans une Histoire commune, produire une Histoire officielle, dont l'État serait à la fois l'inspirateur et le garant… Tout cela n'est possible qu'en dictature.

Que Vladimir Poutine rédige lui-même des programmes d'Histoire où il réhabilite Staline au nom de l'unité de la nation russe, on peut le comprendre. Mais que François Fillon se propose, en France, parce qu'il spécule sur les dividendes d'une crise identitaire, de sacrifier le travail des historiens au vieux mythe du

1. Lors d'un discours donné à Sablé-sur-Sarthe, le dimanche 28 août 2016.

2. *Ibid.*

« roman national », c'est une atteinte au compromis délicat entre la morale républicaine et le travail des historiens, qu'on appelle un « programme d'Histoire », et dont le gouvernement peut être un *partenaire* mais ne doit jamais, en démocratie, être l'*inspirateur*, sous peine de régner sur les esprits comme il règne sur les corps, et d'exposer les manuels d'Histoire à changer de contenu au rythme des majorités.

Le problème n'était pas que Fillon voulût écrire un « grand récit national » en guise de programme, mais que le pouvoir imposât quoi que ce soit à ses rédacteurs. Peu importe le contenu, ici ; l'essentiel est qu'en matière de programme d'Histoire, le pouvoir en place ne soit garant que d'une morale républicaine. Le reste n'est pas son travail. Et c'est tout l'inconvénient, d'ailleurs, des lois mémorielles[1] qui, si justes soient-elles, imposent le point de vue de l'État sur des événements historiques.

Peu importe qu'on veuille revenir, comme Fillon, au XIXe et au « roman national » qui présentait Vercingétorix comme le premier défenseur de nos frontières, ou bien qu'à l'inverse on fabrique une

1. Cette expression est apparue au cours des débats sur l'article 4 de la loi du 23 février 2005 et désigne quatre lois : la loi du 13 juillet 1990 « tendant à réprimer tout acte raciste, antisémite ou xénophobe » qui crée le délit de négationnisme du génocide des Juifs ; la loi du 29 janvier 2001 « relative à la reconnaissance du génocide arménien de 1915 » ; la loi du 21 mai 2001 « tendant à la reconnaissance de la traite et de l'esclavage en tant que crime contre l'humanité » ; la loi du 23 février 2005 « portant reconnaissance de la Nation et contribution nationale en faveur des Français rapatriés ».

Histoire soucieuse de la « diversité » qui escamote Napoléon et stigmatise l'infamie coloniale. Qu'on réduise l'Histoire à l'exaltation partiale (et bébête) d'un grand récit patriotique, ou que l'enseignement de l'Histoire soit envahi par la concurrence des mémoires et le politiquement correct, bref, que la menace vienne de la droite ou de la gauche, dans les deux cas, c'est une *histoire anachronique et sentimentale* que l'on produit, et tributaire de l'humeur du moment. En démocratie, le passé ne peut pas être un enjeu de pouvoir.

L'air qui roule

Deleuze y voit la « ritournelle[1] » par excellence, Jankélévitch le décrit comme un « serpent qui nous regarde de ses yeux fixes », et, dans sa biographie (vaguement imaginaire) de Mozart, Desproges a cette phrase définitive : « Mozart était tellement précoce qu'à 8 ans et demi, il avait déjà composé le *Boléro* de Ravel[2] ! »

Une seule question, ici : comment se fait-il que cet air soit tellement entêtant ? À quelle grâce suffit-il de l'entendre une fois pour l'avoir en tête jusqu'au lendemain ?

Le *Boléro* est une scie, mais si douce qu'on la tolère longtemps avant d'en avoir marre. Une scie que tout le monde connaît, qu'il suffit de croiser pour qu'elle vous hante, et qu'on aurait, en la découvrant, en l'écoutant pour la première fois, l'impression de reconnaître, comme si le *Boléro* nous précédait, comme si, dès le

1. Gilles Deleuze et Félix Guattari, *Capitalisme et schizophrénie*, t. II, *Mille plateaux*, Minuit, 1980.

2. Pierre Desproges, « Esbaudissons-nous de la précocité de Mozart », *La Minute nécessaire de Monsieur Cyclopède*, 10 mars 1984.

début, il se donnait à entendre comme un souvenir de lui-même. Le *Boléro* s'offre comme un souvenir. La mémoire le perçoit, autant que l'ouïe. Le *Boléro* est un « déjà-entendu » – comme il existe des déjà-vu. Quand on le découvre, on le reconnaît, quand on le retrouve, on est surpris. Parce que, paradoxalement, la contrepartie de ça, c'est qu'il nous surprend toujours ! À la manière d'un déjà-vu, précisément, dont l'objet nous étonne parce qu'on a l'impression de s'en souvenir, alors qu'on le voit pour la première fois. Et, en cela, le *Boléro* délivre à sa façon le secret même de l'étonnement.

Il tient en peu de mots. L'étonnement ne vient pas de la nouveauté (du surgissement du truc auquel on ne s'attendait pas), mais d'un renouvellement du regard qui s'émerveille de ce qu'il a l'habitude de voir. Le monde qui nous entoure est désespérément répétitif (moto, radio, dodo…), mais la répétition, quand on l'*épouse*, devient l'écrin de la différence. Les choses s'altèrent et se singularisent parce qu'on accepte qu'elles soient les mêmes. L'homme qui va chercher du neuf ou de l'ailleurs en changeant de pays ou de mode de vie déchante immanquablement, un jour ou l'autre, en comprenant que les humains sont tous les mêmes (à commencer par lui). Mais l'homme qui a la sagesse de regarder la vie comme Ravel a composé le *Boléro*, c'est-à-dire avec insistance, voyage sans bouger et découvre, à chaque mesure, quelque chose d'inédit. Quiconque s'étonne que les choses existent consent à ce qu'elles sont et choisit de les approfondir au lieu de leur tourner le dos, rejoue, à sa manière, l'unique partition de l'air qui roule. Le *Boléro* est une journée réussie.

L’apesanteur et la grâce

Thomas Pesquet, dixième Français à partir dans l’espace, a décollé de Baïkonour en novembre 2016, dans le cadre d’une mission de six mois (du 17 novembre 2016 au 2 juin 2017). Bien qu’il suffise de traverser l’Atlantique, la Sibérie ou le Sahara pour être dix fois plus loin de toute zone habitée, c’est au ciel que part l’homme volant : la vue n’est pas la même.

Longtemps le spationaute a été vu comme un conquérant, un pionnier stellaire, ou l’avant-garde d’une humanité qui repousse ses frontières. Désormais, on le regarde comme un rescapé, un privilégié temporairement soustrait à nos bassesses et à nos ambitions. Celui qu’on voyait comme un champion, on l’admire comme un sage. Est-il plus sage que nous, le héros qui voit les choses ainsi ? Qu’enseigne le fait d’avoir sous les yeux de telles immensités ? Que saisit-on quand on regarde ça ? Que comprend-on ?

« Le fini s’anéantit en présence de l’infini, et devient un pur néant[1] », dit Pascal. En contemplant

1. Blaise Pascal, *Pensées* (1670), Garnier-Flammarion, 2015, p. 233.

de si haut (c'est-à-dire de tout près), comme on se rend à l'opéra, le mouvement des planètes, l'arpenteur en apesanteur assiste à ce que l'esprit humain est seulement capable de concevoir ou d'imaginer : l'homme est immense aux yeux de l'infime, et dérisoire aux yeux de l'infini. « Car enfin, ajoute Pascal, qu'est-ce l'homme dans la nature ? Un néant à l'égard de l'infini, un tout à l'égard du néant, un milieu entre rien et tout. [...] Tout ce monde visible n'est qu'un trait imperturbable dans l'ample sein de la nature. Nulle idée n'en approche, nous avons beau enfler nos conceptions au-delà des espaces imaginables, nous n'enfantons que des atomes au prix de la réalité des choses. C'est une sphère infinie dont le centre est partout, la circonférence nulle part[1]... »

La meilleure description de l'expérience du spationaute se trouve, néanmoins, non pas dans les *Pensées*, mais dans *Moby Dick*, au chapitre où Melville raconte l'histoire de Pip[2], le petit musicien du bateau, que Stubb, le second, abandonne toute une nuit au beau milieu du ciel marin pour le punir d'avoir plongé au milieu des filins.

Seul au monde et pédalant pour ne pas sombrer, l'enfant, soudain, entrevoit les « profondeurs prodigieuses où les formes étranges du monde primordial encore intact glissaient ici et là devant son regard passif. La Sagesse, sirène avaricieuse, lui révélait ses trésors amassés et parmi les vérités éternelles, joyeuses, cruelles, jeunes à jamais, Pip voyait les innombrables

1. *Ibid.*, p. 72.
2. Au chapitre xxxx.

insectes coralliens, l'omniprésence de Dieu qui, hors du firmament des eaux, tire les orbes immenses des atolls. Il voyait le pied de Dieu posé sur la pédale du métier à tisser[1]. » Évidemment, il devient fou. « La mer a laissé son corps, mais elle a noyé son âme[2] », dit Melville. Pip est, comme chacun de nous, trop petit pour en savoir tant. Il n'a pas les moyens de ce qu'il sait. « Folie » est le nom donné à l'accouplement du savoir absolu et d'un corps frêle. Achab ne s'y trompe pas, qui reconnaît plus fou (ou plus lucide) que lui-même dans la personne du matelot brisé, auquel il offre sa cabine : « Viens. En tenant ta main noire, je me sens plus fier que si je tenais celle d'un empereur[3]. »

Nul n'est jamais aussi près de la tragédie humaine que dans l'espace, ou bien perdu au milieu des flots, avec ou sans rames… Ce que ces fous comprennent – ce qu'ils regardent *pour nous* quand ils affrontent ces silences énormes –, c'est que, pour tout savoir, il faut perdre la tête. La seule chose qui élève l'individu est le sentiment de sa petitesse.

---

1. Herman Melville, *Moby Dick*, Garnier-Flammarion, 1989, p. 428.
2. *Ibid.*
3. *Ibid.*, p. 482.

Le spasme stellaire

Une théorie scientifique n'est pas une vérité.

Une théorie est un scalpel délicat qui ouvre le monde sans l'abîmer.

Jeudi 11 février 2016, les détecteurs géants de l'observatoire Ligo ont enregistré les perturbations de l'espace émises par la collision de deux trous noirs, des perturbations dont Albert Einstein, cent ans plus tôt, en 1916, avait prédit l'existence sous le nom d'« ondes gravitationnelles ».

À vrai dire, il ne l'avait pas prédite, mais *déduite*.

C'est de l'inspection de son esprit (et non des corps célestes) qu'il a tiré l'existence des ondes gravitationnelles. Non seulement la théorie a précédé l'expérience (et de cent ans), mais surtout : elle l'a rendue possible. Si Einstein n'avait pas attiré notre attention sur l'existence (en théorie) des ondes gravitationnelles, s'il ne les avait pas décrites avant de les voir, nous n'aurions jamais tendu l'oreille. Nous n'aurions jamais créé les appareils destinés à les capter un jour. Si Einstein ne les avait pas *reconstruites*, nous ne les aurions jamais détectées. Et ce spasme stellaire (l'oscillation de la courbure de l'espace-temps provoquée par le choc de deux trous noirs) serait perdu dans le silence. La seule erreur d'Einstein dans cette histoire était de croire qu'on n'observerait jamais le phénomène en question, alors qu'il est lui-même à l'origine des procédures qui ont permis qu'on le perçût.

S'il avait assisté à cette découverte, Einstein aurait pu écrire, comme l'hypocondriaque sur sa tombe, « Je vous l'avais bien dit ! », à ceci près qu'il est plus facile de prédire sa propre mort que d'affirmer, *ex nihilo*, l'existence des ondes gravitationnelles. Et s'il faut créditer d'une telle découverte la théorie de la relativité générale, il faut aussi reconnaître qu'Einstein n'est pas le premier à découvrir quelque chose *en théorie*.

Soixante-dix ans plus tôt, en août 1846, alors que (par définition) la théorie de la relativité générale n'a pas encore été formulée, et qu'on croit encore, comme Newton, que la gravitation n'est qu'une force (au lieu d'être une courbure de l'espace-temps), le mathématicien Urbain Le Verrier, qui s'étonnait des perturbations dans la trajectoire de la planète Uranus, en déduisit la présence, l'influence et surtout la position d'une autre planète encore inobservée. Quelques semaines plus tard, en s'appuyant sur les calculs de Le Verrier (et en regardant dans la direction que ses calculs indiquaient), deux astronomes tombèrent effectivement sur la planète Neptune. Comme dit Arago, « M. Le Verrier vit le nouvel astre au bout de sa plume[1] » exactement

1. Déclaration de François Arago devant l'Académie des sciences en 1845, après la découverte de Neptune grâce aux calculs d'Urbain Le Verrier.

comme Einstein a « vu » ce que nous n'aurions jamais entendu sans lui… Bref, nous avons des télescopes, mais ils avaient l'œil.

Le casseur du ciel

En février 2017, le télescope *Trappist* a découvert une étoile naine dans la constellation du Verseau, entourée de sept planètes dont trois se trouvent dans la « zone d'habitabilité » – celle où l'eau (s'il y en a) existe sous forme liquide, condition favorable à l'apparition de la vie. Et l'humanité, de nouveau, se prend à rêver de mondes infinis. Et parle de « ciel » quand il faudrait s'en tenir à l'« espace ».

La différence est essentielle, et nous la devons à Giordano Bruno (le « casseur du ciel », brûlé vif par l'Église, à Rome, sous les yeux des pèlerins, en 1600, après qu'on lui eut arraché la langue pour le punir de ses paroles), dont on retient le martyre plus que les textes qui l'ont causé.

Quand il était enfant, le quasi-Napolitain Bruno croyait que l'horizon s'arrêtait au Vésuve, parce qu'il ne voyait pas plus loin. Le monde perçu lui semblait enclore la totalité du monde existant. Puis il a voyagé, et il s'est aperçu, comme tout un chacun, que cette limite le suivait à la trace, que l'horizon l'accompagnait, tout en offrant sans cesse à son regard des objets nouveaux. Et cette seule observation, ce paradoxe dont il est tellement aisé de faire l'expérience, lui suffit à comprendre que le sentiment d'une voûte céleste (c'est-à-dire d'un monde clos) tient à la finitude de nos sens, et non à la structure de l'Univers. C'est parce qu'un homme est au centre de ses perceptions qu'il prend l'Univers pour une sphère dont les limites lui sont fournies par le regard.

À rebours d'une tendance à donner au monde les contours de mon désir, le « casseur de ciel » s'appuie sur le constat que l'horizon est comme une cellule de confinement, pour s'élever au sentiment qu'en réalité le monde est infini. Copernic avait déjà découvert que le Soleil (et non la Terre) était au centre du monde, mais le Soleil restait à ses yeux un centre qui relevait de la sphère des étoiles fixes. Bruno va beaucoup plus loin en faisant valoir qu'il n'y a aucune *sphère des fixes*. Les étoiles se déplacent, elles aussi : en un mot, l'espace a remplacé le ciel et les mondes sont en nombre infini.

Bruno est le penseur de l'émotion que nous éprouvons quand on songe à ces planètes habitables faussement sises à quarante années-lumière de nous : « Il est d'innombrables soleils, écrit-il, et un nombre infini de terres tournant autour de ces soleils, à l'image de celles que nous voyons tourner autour du Soleil qui nous est proche[1]. »

Le monde qu'il décrit est enchanté mais silencieux. Dieu n'est plus au ciel, mais partout.

1. Giordano Bruno, *L'Infini, l'univers et les mondes* (1584), Berg International, 1987.

C'est un monde qui n'a plus de centre et que rien n'excède : le vide brunien est une clairière d'étoiles incalculables, serties dans un halo de planètes. Pour la première fois dans l'histoire du regard, le ciel est profond, le monde est infini et – comme son nom l'indique – l'au-delà n'existe pas.

Mercure en fuite

> « Le monde est ce qu'il est, c'est-à-dire peu de chose. »
>
> Albert Camus, *Combat*, 8 août 1945

Lundi 9 mai 2016, Mercure, la plus petite planète du système solaire s'est (discrètement) interposée entre la Terre et le Soleil, ce qui a donné le spectacle étonnant d'un tout petit disque noir sur fond d'étoile géante. Un *infime* disque sombre, une crotte de mouche sur fond d'étoile solaire : tel est le ballet dérisoire et vertigineux auquel on a pu assister, à côté duquel une éclipse totale de Soleil ferait pâle figure. Ou, plutôt, le spectacle de Mercure est moins spectaculaire, mais plus impressionnant.

Les deux émotions sont de même nature. Seules varient les proportions.

Dans les deux cas, il s'agit de géocentrisme (on fait comme si la Terre était au centre de tout). Que la Lune cache complètement le Soleil, ou que Mercure n'en recouvre qu'un millième, toute éclipse permet à l'homme de rejouer l'époque où il croyait que la Terre était au centre de l'Univers et que le Soleil n'en était qu'un satellite. Car on ne verrait pas d'éclipse de Soleil (ni de passage de la crotte de mouche) si la Terre n'était pas le centre (au moins) de nos perceptions. Mais, alors qu'une éclipse totale de Soleil donne l'impression de la petitesse du Soleil – qu'un astre mort (comme un doigt bien placé devant l'œil) suffit à masquer –, le transit de Mercure rappelle à ceux qui aimeraient l'oublier que c'est nous qui sommes petits, et que le Soleil est gigantesque et représente environ 99,86 % de la masse totale du système solaire. Le passage de Mercure est plus impressionnant qu'une éclipse totale, parce qu'il révèle notre petitesse, alors qu'une éclipse de Soleil flatte l'illusion humaine de maîtriser le cours de l'Univers.

Si le Soleil était un melon de bonne taille, la Terre serait une tête d'épingle située à 12 mètres de lui. Et le cours du temps (dont Mercure est la trotteuse sur l'immense *cadran solaire*) est peu de chose à côté de l'éternité où nos efforts s'abîment comme des gouttes dans l'océan. Voilà ce que le passage de Mercure (dont l'infinité renseigne sur la nôtre) rappelle impitoyablement.

Les conditions d'observation d'un tel phénomène (la centralité de la Terre) sont aux antipodes des conclusions qu'elle nous inspire (la petitesse de la Terre). Et, tandis qu'on peut s'approprier une éclipse totale de Soleil en se faisant passer, comme Tintin (dans *Le Temple du soleil*) pour l'ordonnateur de son extinction provisoire[1], on ne peut rien faire, sinon se

1. « Ô sublime Pachacamac ! Je t'admire de manifester ta toute-puissance ! […] Si tu ne veux pas de ce sacrifice, voile

sentir dérisoire, devant la course de Mercure qui rétablit le système solaire dans les proportions qui sont les siennes, et où l'homme a le volume (et l'importance) d'un excrément céleste – ou d'un grain de beauté.

---

ici, devant tous, ta face étincelante », Tintin (qu'une coupure de presse a opportunément renseigné sur la date de la prochaine éclipse), feint de commander l'astre, devant les fanatiques prêts à le sacrifier.

Le Petit Prince, la bible du jeunisme

« Je vous invite à emmener le Petit Prince sur une nouvelle planète, où il fera à nouveau une surprenante rencontre. » C'est ainsi qu'en janvier 2017 l'astronaute Thomas Pesquet a lancé, depuis la station spatiale internationale, un concours d'écriture en langue française autour du *Petit Prince* (de Saint-Exupéry), un concours réservé aux moins de 25 ans. Ce qui est tout à fait paradoxal, dans la mesure où un tel livre ne peut pas être écrit avant que l'on ne soit vieux. *Le Petit Prince* n'est pas un livre pour enfants, ni même l'histoire d'un enfant, mais le récit de l'idée qu'un adulte se fait de l'enfance – ce qui n'a rien à voir. Connaissez-vous *un seul* enfant qui aime *Le Petit Prince ?* Par là, j'entends : qui ne l'ait pas ouvert pour faire plaisir à ses parents et qui soit, sans effort, allé jusqu'au bout de l'histoire ?

Moi, quand j'étais petit... C'est ainsi qu'on répond, en général, à cette fausse question.

Le lecteur du *Petit Prince* n'est pas un enfant, c'est *l'enfant qu'on a été* – et qu'on s'excuse ainsi de ne plus être (la dédicace elle-même en témoigne : « À Léon Werth, *quand il était petit garçon* »). Ce drôle de livre partage avec *Le Mythe de Sisyphe* le privilège contradictoire de n'être jamais lu en son milieu. Le début et la fin y suffisent. C'est la raison pour laquelle, hormis la rengaine du mouton qu'on dessine et les conseils de sagesse du renard, on ne retient pas grand-chose de ce Jordy métaphysique.

« On ne voit bien qu'avec le cœur, l'essentiel, dit le renard [comme si c'était un scoop], est invisible pour les yeux[1]. » Quoique plate comme un trottoir de rue, cette phrase ne dit rien de l'enfance. C'est un assemblage.

La première partie (« l'essentiel est invisible pour les yeux ») relève de l'intuition platonicienne selon laquelle il faut convertir le regard pour que les yeux de l'âme saisissent dans la clarté ce que les yeux du corps n'entrevoient que confusément.

La seconde (« on ne voit bien qu'avec le cœur ») emprunte à Blaise Pascal le sentiment banal que « le cœur a ses raisons que la raison ne connaît point[2] ». L'ensemble est d'un adulte sournois qui, déguisé en renard, se donne à lui-même bonne conscience pour l'éternité. *Le Petit Prince* n'est pas un éloge de l'enfance, mais l'autocritique de l'âge adulte qui se refait une vertu en s'offrant le luxe d'une perte. Et si ce livre (que personne n'aime mais que tout le monde adore) est plus connu que le Coran, c'est juste que les adultes l'*imposent* aux enfants, pour leur montrer qu'ils les comprennent.

---

1. Antoine de Saint-Exupéry, *Le Petit Prince*, Folio, 1999, p. 92.

2. Blaise Pascal, *Pensées*, *op. cit.*, p. 277.

De là toutes ces pages tellement critiques sur l'âge adulte, ces pages interchangeables sur les grandes personnes « bien étranges » qui, par définition, ne sont jamais contentes, croient que les fleurs se ressemblent, boivent pour oublier qu'elles ont honte de boire, comptent les étoiles au lieu de les regarder, veulent savoir combien *gagnent* les gens avant de savoir s'ils ont la voix douce, parlent de bridge, de golf, de politique ou de cravates et font des additions toute la journée, règnent sur un désert au lieu de créer des liens, méprisent l'éphémère et condamnent à mort pour le seul plaisir de juger quelqu'un… alors qu'à l'inverse, comme dit le Petit Prince, « Seuls les enfants savent[1] » – phrase qui prouve uniquement que le Petit Prince est loin d'être un môme, parce que aucun enfant n'est assez imbu de lui-même pour dire une sottise pareille.

---

1. Antoine de Saint-Exupéry, *Le Petit Prince*, *op. cit.*, p. 94.

Le monde est un enfant qui joue

L'image du jeune Omran Daqneesh, blessé dans la nuit du 17 au 18 août 2016 à Alep par un bombardement des avions russes et syriens, a fait le tour du monde. Mais la vidéo, dont l'image a été extraite, est encore plus intéressante.

Sur la capture d'écran, que voit-on ? Un enfant hébété, stupéfait, rouge de sang et blanc de poussière, dont le mutisme et le regard perdu expriment l'indicible à leur manière…

Ce n'est plus un enfant, mais un emblème qu'on regarde.

Ni la photo d'une victime, mais celle d'un crime.

Or tout change quand le gamin est en mouvement. À la différence de l'image, qui fixe en un symbole sa figure meurtrie, la vidéo dépeint un enfant traumatisé, mais aussi et d'abord intimidé par les appareils photo, et qui, au lieu de pousser des hurlements quand il découvre qu'il est blessé et que son front saigne, se soucie uniquement de savoir comment il va enlever le sang qui s'est répandu sur la paume de sa main. Pour ce faire, il place la paume de sa main gauche sur le plat de la chaise et (afin de ne pas donner l'impression qu'il est en train de s'essuyer sur un objet qui n'est pas du tout prévu pour ça) le finaud bien élevé fait pareil avec l'autre main : tandis que le monde entier se dépêche de l'habiller en symbole, en victime universelle, le petit Omran frotte ses mains d'avant en arrière, comme sur une balançoire immobile, tout en feignant de regarder ailleurs.

Le geste est dérisoire. Mais le fait qu'un tel geste ait survécu à la destruction d'un immeuble ne l'est pas du tout. Dans l'esprit de cet enfant, les convenances s'étendent si loin qu'il continue de les redouter *après* que le sol s'est effondré juste à côté de lui. Bien des commentateurs ont décrit ce geste comme un « geste innocent », mais, du point de vue d'Omran, c'est un geste qui, en temps normal, lui vaudrait une réprimande. Et, à cet instant, son problème est celui-là ! Les douaniers de l'enfer n'ont pas fait gaffe. Ils ont laissé passer ça. Ils ont laissé passer, chez un enfant qui a failli mourir, le souci négligeable de ne pas se faire prendre quand on fait une petite bêtise. Et, en manifestant ce souci-là à cet instant précis, Omran défend (mieux qu'un discours) la possibilité d'un monde commun. Ou l'intuition si juste, parfois, que le monde est un enfant qui joue.

Lève-toi, et marche !

Jusqu'à l'existence du Téléthon, seul le Christ était fondé à dire « Lève-toi et marche ! » à un homme en fauteuil roulant. Mais, depuis qu'on a inventé cette performance de trente heures, l'incantation revient tous les vingt ans, sous la forme d'une gaffe sublime.

Le 7 décembre 1996, François Feldman, qui venait d'interpréter quelques-uns de ces tubes à l'intention d'un parterre de myopathes, hurla soudain « Tout le monde debout… » avant, en une seconde trop longue, de se reprendre et de préciser «… là-bas… ».

Vingt ans plus tard, après avoir interprété *Tout le bonheur du monde*[1], le tout jeune Gabriel, l'un des cinq chanteurs du groupe Kids United, voulut soudain galvaniser le public en fauteuil roulant par un « Tout le monde debout ! Levez-vous ! » qu'il répéta deux ou trois fois. Or la récurrence de cette gaffe révèle aussi le paradoxe de toute générosité collective.

Que s'est-il passé ? Tout au bonheur de sa chanson, à l'intérêt de passer à la télévision et au sentiment de faire le Bien, un enfant chanteur, mal armé pour lutter

1. Sinsémilia, dans *Debout, les yeux ouverts*, 2004.

contre tant de sirènes à la fois, en a oublié la raison pour laquelle il faisait ce qu'il faisait, exactement comme un fumeur allume une cigarette pour fêter l'arrêt de la tabagie.

Le petit Gabriel et sa boulette sont à l'image d'une générosité qu'on a mise en images. Une cérémonie qui, tous les quarts d'heure, s'applaudit elle-même en mesurant un paquet d'or virtuel, qui tombe en extase devant son propre dévouement et dont les donateurs, après avoir passé leur coup de fil, s'endorment ensuite d'un sommeil sans nuages n'est pas seulement un exercice de générosité, mais un moment de bonne conscience. Et il a fallu l'intercession miraculeuse d'un enfant ingénu pour que l'ironie s'invite (comme le diable) et dise le fin mot de l'histoire. Aux yeux de Gabriel comme de tous ceux qui sont contents d'avoir donné, le bénéficiaire de la générosité a disparu derrière le spectacle de la générosité : à force de donner (et de le faire savoir), on ne sait plus à qui on donne. En termes rousseauistes, l'*amour de soi* – qui culmine dans l'oubli de soi au profit de l'autre – a été remplacé par l'amour-propre (qui culmine dans l'oubli de l'autre au profit de soi). En donnant (publiquement) à autrui, on donne d'abord de soi-même (et à soi-même) l'image flatteuse de celui qui donne. *On fait à soi-même le cadeau de donner.* Donner n'est pas facile. Mais donner est simple : il suffit, pour donner vraiment, de donner sans compter. Or c'est exactement, par définition, ce que le Téléthon ne fait pas.

Dans un tel système, la personne du destinataire passe après l'ego du donateur.

Et la vanité sort de la bouche des enfants.

Narcisse sur le rivage

L'artiste, sculpteur, performeur, photographe, architecte et blogueur chinois Ai Weiwei, bien connu pour son militantisme et ses prises de position contre le régime chinois en particulier et les dictatures en général, fit encore parler de lui en février 2016, à l'occasion d'une photo de lui étendu sur le ventre, au ras de l'eau, sur une plage déserte, rejouant ainsi l'image terrible du petit Aylan Kurdi, qu'on avait retrouvé mort sur une plage turque.

Est-ce une bonne façon d'attirer l'attention sur le drame des migrants, dont il faut toujours redouter qu'on cesse de parler ? Non. C'est une bonne façon d'attirer l'attention sur lui-même. De spéculer sur une tragédie symbolique pour juxtaposer sa propre image à celle de l'enfant mort. Comme si le cadavre d'Aylan avait, à ses dépens, occupé l'espace public. Comme si le petit Syrien avait, en mourant, usurpé la place du gros Chinois.

Parler des migrants est essentiel. Revenir inlassablement sur cette catastrophe – gêner la lassitude du consommateur qui trouve qu'on en parle trop et que c'est un peu répétitif – est un geste fondamental. Mais priver les morts du silence et du recueillement auquel ils ont droit, voir cet enfant gigantesque parodié par cet énorme nain, faire d'un drame une performance à la con, emprunter leur destin et le mettre en scène, profiter d'une image pour transformer en spectacle ce qui ne doit pas l'être, c'est inutile, c'est indigne, et ça accrédite (qui plus est), dans l'inconscient collectif, la thèse affreuse selon laquelle la photo d'Aylan était elle-même une mise en scène.

On pourrait, d'ailleurs, imaginer les prochaines performances d'Ai Weiwei : peut-être le verra-t-on bientôt avec le visage congestionné dans une chambre à gaz repeinte en gris pour les besoins de son art ? ou bien dans un désert, avec la tête posée sur le dos, façon Daech ? ou encore dans les bureaux de *Charlie Hebdo*, le corps criblé de balles ? Qui sait ?

Si Narcisse se noie, ce n'est pas pour sauver un enfant de la noyade, mais parce qu'il est amoureux de son propre visage. Et qu'il s'est jeté dans l'eau pour s'étreindre lui-même. Voilà l'histoire, bien plus que le drame des migrants ou l'incurie des braves gens qui regardent les infos depuis leur canapé, que raconte cette photo ridicule : l'histoire d'un artiste épris de lui-même au point d'user, à son seul profit, des causes qu'il prétend servir, et qui – signe distinctif de la vanité – se persuade qu'il dérange quand il choque.

Les larmes d'un seul enfant

C'est l'histoire d'un enfant de 3 ans qui, le 13 juin 2016, a vu mourir ses parents (Jean-Baptiste Salvaing et Jessica Schneider) sous la main du tueur de Magnanville, Larossi Aballa. Face à des tragédies de cette nature, il est difficile de parler, mais encore plus difficile de se taire. Que faire du supplément d'horreur de cette petite existence brisée et finalement *épargnée* par le tueur ? Quel cœur de pierre peut dire qu'à un moment ou un autre de la journée il n'a pas, au moins une fraction de seconde, éprouvé de la compassion pour ce petit homme qui a assisté au massacre ? Dans le panthéon des enfants malheureux, c'est un survivant qui occupe la première place. Son alter ego de fiction s'appelle Harry Potter[1].

L'enfant n'est pas mort, mais on l'a tué quand même. Peut-être survivra-t-il à son meurtre, et va-t-il trouver un chemin ; ce serait la plus belle défaite de Daech. Mais, alors que lui doit, pour survivre,

1. Dont les parents sont assassinés sous ses yeux, alors qu'il n'a qu'un an. Et qu'un miracle préserve du même sort.

surmonter cette catastrophe, nous (qui ne l'avons pas vécue) avons collectivement le devoir, pour survivre également, *de ne pas la surmonter*, de garder vivace le moment où tout un chacun s'est senti touché par un drame qui ne le concernait pas.

Dans *Les Frères Karamazov*, de Dostoïevski, Ivan et Aliocha ont un jour une discussion sur Dieu, au cours de laquelle Aliocha affirme sa foi, et Ivan, lui, développe l'argumentation suivante : peut-être les souffrances de l'humanité sont-elles nécessaires à l'harmonie éternelle – comme un tableau ne ressemble à rien quand on en scrute un détail alors qu'il prend tout son sens quand on le contemple en entier ? Peut-être. Mais il s'en fout. Peu lui importe que, le jour du Jugement dernier, la mère embrasse le bourreau de son fils (ou l'inverse) et déclare, en pleurant d'allégresse : « Tu as raison, Seigneur[1] ! » Peu lui importe que *voir le mal, ce soit mal voir* et que, quand on élève le regard, on découvre le sens de tout cela…

Ivan se moque des calculs de la Providence, qui, pour parvenir à ses fins, exige d'en passer par la souffrance des enfants. Si l'harmonie supérieure est payée d'une seule larme d'un seul enfant, le prix est trop élevé. La tristesse des enfants n'est jamais rachetée. Et Ivan de conclure : « Je ne veux pas que la mère pardonne au bourreau ; elle n'en a pas le droit[2]. » Aucune promesse de paradis, aucun avenir de réconciliation

1. Fedor Dostoïevski, *Les Frères Karamazov* (1880), Librairie Plon, 1888, p. 233.

2. *Ibid.*, p. 223.

ne justifie qu'on en passe par les larmes d'un seul petit. Bref, Ivan ne nie pas l'existence de Dieu, Ivan juge Dieu. Et le condamne, sans appel, pour non-assistance à petite personne en danger. Si Dieu existe, Dieu est impuissant.

À quoi sert une œuvre d'art ?

Après la dégradation, en septembre 2015, de sa sculpture *Dirty Corner* (aussi appelée *Le Vagin de la reine*), l'artiste Anish Kapoor a déclaré qu'il n'enlèverait pas les injures antisémites dont on a couvert sa pièce : « Désormais, dit-il, ces mots infamants font partie de mon œuvre, la dépassent, la stigmatisent au nom de nos principes universels[1]. » Une façon un peu pompeuse de dire que *Le Vagin de la reine* conservera ses tags antisémites.

Le problème d'une telle décision, ce sont les motifs qu'elle se donne.

Anish Kapoor est un artiste : il aurait pu considérer qu'une œuvre comme la sienne est paradoxalement embellie par ce genre d'attentat, parce que en attaquant une œuvre dont la folie est la raison d'être on est fidèle, d'une certaine manière, au désir même de l'artiste. On s'inscrit dans son sillage. À ce compte-là, le vandale n'est plus un vandale mais un contributeur, une *touche finale*, une cerise sur le gâteau… comme

1. *Le Figaro*, « Anish Kapoor : "L'œuvre vandalisée restera telle quelle" », le 6 septembre 2015.

une nature morte dont la célébrité inattendue viendrait du pot de peinture qu'on a renversé dessus en la déplaçant.

Or ce n'est pas du tout ce que dit Kapoor. Kapoor défie les musées « du monde entier » de « la montrer telle quelle, porteuse de la haine qu'elle a attirée » ! C'est le « défi de l'art[1] », affirme-t-il, modestement. C'est donc pour des raisons morales, et pas du tout esthétiques, qu'il veut garder ces insanités. C'est parce qu'ils enlaidissent son œuvre, et non parce qu'ils l'embellissent, que Kapoor veut conserver ses nouveaux stigmates.

En faisant ça, Kapoor met son art au service de la morale, et donc, aussitôt, du commerce. L'artiste marchand se satisfait qu'on regarde son travail pour ce qu'il *signifie*, ou pour ce qu'il symbolise, et non plus pour ce qu'il est. Pour Kapoor, l'affaire est excellente. Les téléphones sonnent, les demandes pleuvent, les musées font la queue, les journaux font la une, les politiques tweetent et les marchands spéculent. Tout le monde est content. Mais l'œuvre elle-même… Quoi de plus mortel que de la réduire à une leçon de tolérance ? Une œuvre d'art n'est pas un étendard.

---

1. *Ibid.*

« Une œuvre d'art peut-elle ne pas être belle ? »
(Bac philo)

Attention : la question porte sur la beauté de l'œuvre et non la beauté du modèle. Il ne s'agit pas de se demander si l'œuvre d'art est plus ou moins belle selon qu'elle représente la Joconde ou une charogne, mais si une œuvre d'art, quoi qu'elle représente, peut échapper à la beauté tout en restant de l'art.

Comment s'y prend-on ? En se demandant si la production de beauté est intrinsèque à la création artistique, ou si elle relève de l'agrément et mérite, à cet égard, qu'on s'en passe au profit d'enjeux plus importants. Une telle question dépend-elle de l'opinion de chacun ? Rien n'est moins sûr. Qu'est-ce que la beauté ? La beauté saute aux yeux, sans jamais dire ce qu'elle est. En d'autres termes : chacun sait ce qui *est* beau, mais personne ne sait *ce qu'est* le *beau. La* beauté n'est pas l'affaire de la science. L'évidence de la beauté, quoique universelle, ne relève pas de la vérité. Ce qui change tout à l'idée qu'on se fait de l'art.

Si la beauté n'offre qu'elle-même et n'est pas affaire de science, et si elle est une condition de l'art, alors (comme la beauté n'offre aucune prise à la vérité) l'art échappe à toute captation par la politique, la morale, l'individualisme ou la religion. C'est à la beauté qu'on doit de faire une différence entre l'art et toutes les tentatives de mettre l'art au service d'une autre cause que lui-même – du réalisme socialiste (qui le soumet à la politique) à l'art contemporain (qui le soumet au narcissisme).

Mais si l'on considère, à l'inverse (comme c'est le droit de chacun), que la beauté est une valeur bourgeoise à laquelle l'art aurait tort de s'en tenir, alors l'évaluation d'une œuvre d'art repose non plus sur l'œuvre elle-même, mais sur son message et la quantité de vertu qu'il contient. Et, à ce compte-là, n'importe quoi peut devenir une œuvre d'art dans la mesure où l'« artiste » (dispensé de produire de la beauté) accole à son œuvre le discours audacieux et consensuel qui fait plaisir à tout le monde. Le résultat, c'est qu'on passe de Mozart, ou Michel-Ange, à Pierre Boulez, ou Anish Kapoor (preuve qu'il n'y a pas de progrès en art, mais c'est un autre sujet).

Le vrai-faux Caravage

> « Ils laissent les choses et ils courent aux causes. Plaisants causeurs ! »
>
> Michel de Montaigne, *Essais*

À l'occasion d'une fuite d'eau dans la soupente du grenier d'une propriété près de Toulouse on a découvert, en juin 2014, un tableau représentant Judith en pleine décollation d'Holopherne, dont les experts se demandent s'il est du Caravage en personne. C'est même la seule question qu'ils se posent. Nul ne parle du tableau lui-même tant qu'un doute persiste. Si l'on découvrait qu'il est le travail d'un autre, on s'en détournerait comme d'une imposture. Comme il est étrange de suspendre à l'identité de son auteur l'intérêt qu'on porte à son œuvre ! Comment expliquer le regard à géométrie variable, qui dépend moins de ce qu'il voit que des informations qu'on lui donne sur ce qu'il voit ?

Il y a le snobisme de ceux qui attendent qu'on leur certifie que c'est l'œuvre d'un auteur célèbre pour dire qu'ils trouvent ça admirable. On appelle ça l'« authenticité ». Il y a le pédantisme de ceux qui font valoir l'« énergie typique » du Caravage pour en affirmer l'origine.

Il y a le marché de l'art. Parce que si le tableau n'était pas du Caravage il aurait la même valeur (ce serait le même tableau), mais il n'aurait pas le même prix. Pourtant la vraie raison de cette illusion collective est ailleurs.

Il arrive, dans la vie, qu'on découvre, après plusieurs années de bonheur, que la personne aimée avait en fait une liaison. Et, bizarrement, là aussi, ce genre de révélation affecte le passé lui-même et vous fait douter d'avoir été heureux alors que, jusqu'ici, vous étiez certain de l'être. Or, avec le tableau, c'est la même histoire. On l'admire et on s'y intéresse tant qu'on pense qu'il est du Caravage, mais si on apprend soudain que ce n'est pas le cas on le tiendra pour une vieille croûte. De la même manière, au début du douzième épisode de la septième saison de *Friends*, la fantasque Phoebe croit voir une comète dans le ciel et se met à célébrer les merveilles de la nature… avant de s'apercevoir qu'il s'agit en fait d'un avion, ce qui la dégrise immédiatement. Mais son désintérêt lui-même est idiot. Car, ce faisant, elle suspend son impression (qui est bien réelle) à son jugement (qui est peut-être faux).

Les humains sont cons d'être intelligents : le spectacle de la pleine lune au bout de la rue cesse de les bouleverser s'ils s'aperçoivent que c'est un réverbère. Le chant du rossignol les laisse indifférents s'ils s'aperçoivent que c'est un enregistrement[1]. Et les

1. L'exemple est d'Emmanuel Kant et se trouve, de mémoire, au chapitre XXXXII de la *Critique de la faculté de juger*. C'est

tableaux ne les intéressent que si l'auteur lui-même est une *figure*. Comment aimer le monde, et comment s'étonner de ce qu'on en perçoit, malgré ce qu'on en sait ?

---

d'ailleurs, de mémoire encore, le seul joli passage d'un texte somptueux.

L'art comptant pour rien

En 1986, une motte de beurre suintante de l'artiste allemand Joseph Beuys (intitulée *Coin gras*) avait été *nettoyée* par une technicienne de surface. En 2011, une baignoire de Martin Kippenberger intitulée *Quand des gouttes d'eau commencent à tomber du plafond* avait été ripolinée par une femme de ménage qui, en cela, ne faisait que son travail. En 2016, un paquet de bouteilles vides, de verres salis et de cotillons éparpillés intitulé *Où allons-nous danser ce soir ?*, de Goldschmied & Chiari, vient d'être jeté à la poubelle par les femmes de ménage du musée de Bolzano, en Italie.

La raison de cette funeste loi des séries est aisée à saisir : ces « installations » ont toutes en commun de *ne pas être* des installations.

Si une baignoire sale, une motte de beurre ou des cadavres de bouteilles constituaient une installation, alors le monde entier serait une installation, et ce genre d'attentat contre l'art se reproduirait aussi souvent qu'un humain fait la vaisselle ou passe le balai chez lui. Si, au lieu de vous en débarrasser, vous gardez le gobelet de votre premier café du matin, l'exemplaire du *Figaro* que vous avez lu avant tout le monde et la serviette dans laquelle vous vous êtes essuyé les mains, si vous les disposez sur une surface plane (ou carrément par terre) et choisissez de nommer le tout *Quand la matinée commence*, vous aurez créé une œuvre qui, dans un monde où la valeur d'une chose ne dépend que de son prix, serait peut-être assurée pour 800 000 euros.

Si l'art contemporain, en muséifiant les détritus, se donne pour tâche (comme c'est ici le cas) d'attirer notre attention sur les objets que nous ne regardons plus parce qu'on les a réduits à leur fonction de baignoire, de beurre ou de bouteille, si le but de l'art contemporain est de nous montrer *la chose avant l'objet*… alors c'est magnifique. Mais à une condition : que les œuvres auxquelles cette démarche donne le jour soient vendues au prix exact des objets qui les ont produites. Un centime de plus serait un centime de trop. Et le début de l'arnaque.

Ceci tuera cela

Notre-Dame de Paris est de retour ! La comédie musicale de Luc Plamondon et Richard Cocciante est en tournée depuis avril 2017. La France entière peut de nouveau entendre *in vivo* : « Il est venu le temps des cathédrales/Le monde est entré/Dans un nouveau millénaire. »

Ce qui est étrange, car le livre de Victor Hugo[1] dont la comédie musicale est extraite raconte exactement l'inverse. Au premier chapitre du Livre Cinquième, l'horrible archidiacre Claude Frollo pose la main droite sur un livre imprimé et, désignant de la gauche l'édifice majestueux de la cathédrale, déclare, d'un air pontifical et triste : « Ceci tuera cela. » Or, *ceci*, c'est le livre, et *cela*, c'est la cathédrale.

Comment le livre peut-il « tuer » la cathédrale ? Depuis l'origine des temps jusqu'au XVᵉ siècle, raconte Victor Hugo, l'architecture était le grand livre de l'humanité : « On plantait une pierre debout, écrit-il, et c'était une lettre, et chaque lettre était un hiéroglyphe, et sur chaque hiéroglyphe reposait un groupe d'idées,

1. *Notre-Dame de Paris,* 1831.

comme le chapiteau sur la colonne. » Et il y a des pages magnifiques de Victor Hugo sur ces drôles de livres qu'on appelle des « édifices », et sur ces « pages de pierre où sont gravées les mystérieuses Tables de la Loi ». L'architecture théocratique, explique-t-il, est l'écriture universelle qui combine l'immutabilité, l'horreur du progrès et la célébration des passions primitives… sous forme de livres lapidaires, appelés « cathédrales », que seuls les initiés parviennent à déchiffrer.

Et, soudain, Gutenberg inventa l'imprimerie.

À compter de là, et jusqu'à la révolution numérique, le savoir trouvera un meilleur écrin en la personne des livres. L'éblouissement du sanctuaire fera pâle figure devant la presse lumineuse. Tout comme la passion l'emportera (dans le récit même de *Notre-Dame de Paris*) sur le sacerdoce, la pesanteur qui aggrave l'histoire s'estompera devant l'écriture qui l'*anime*. L'ascèse (c'est-à-dire Frollo) s'écrasera devant la poésie (Esmeralda) ; le livre de pierre s'érodera quand le livre de papier se renouvellera, et le prophète pleurera son influence perdue quand l'humanité (par la lecture) s'émancipera des préjugés sur lesquels reposait son pouvoir. En trois mots : *ceci tuera cela.*

La meilleure preuve que Victor Hugo (par l'entremise de Frollo) a raison, c'est que, grâce à lui, « Notre-Dame de Paris » désigne autant (sinon davantage) le livre que le monument. Et si l'Église n'a rien à craindre des prédations du temps et des touristes, c'est qu'elle est protégée par une plume. Le papier vit plus longtemps que la pierre.

Christine Boutin : le syndrome de Perrette

« Mort de #Chirac. »

Christine Boutin,
21 septembre 2016

Sobrement, dans un Tweet en trois mots, Christine Boutin a cru bon, en septembre 2016, d'annoncer *urbi et orbi* la mort de Jacques Chirac. « Ce Tweet sobre est la marque de mon deuil et de mon respect », répondit-elle, complotiste, pour sa défense, à ceux qui lui faisaient remarquer que, quoique diminué, l'ancien Président n'avait pas encore rendu son dernier souffle.

En réalité, l'innocente « Kitoune » a été victime du syndrome de Perrette décrit par La Fontaine dans la fable « La laitière et le pot au lait ». Perrette se rend à la ville avec un pot de lait sur la tête et, tout en marchant, fait le rêve éveillé de sa bonne fortune : elle se dit qu'avec l'argent de la vente du lait elle va acheter des poules dont les œufs lui permettront d'acheter ensuite un cochon, puis, qui sait ? une *autre* vache, et même un veau… et Perrette se grise et en sautille de joie ! Tant et si bien qu'elle trébuche et qu'évidemment : « Le lait tombe ; adieu veau, vache, cochon, couvée. / La dame de ces biens, quittant d'un œil marri / Sa fortune ainsi répandue, / Va s'excuser à son mari, / En grand danger d'être battue. » Le tort de Perrette est d'avoir pris pour certain ce qui n'était que possible. Je serai riche, se dit-elle… Qui m'en empêchera ? Mais, comme dit Clément Rosset[1], dans sa quête, Perrette a négligé un obstacle de taille : Perrette elle-même. Sa maladresse et son insouciance. Entre Perrette et son bonheur s'interpose Perrette…

Revenons-en à Christine B.

Il faut imaginer l'ambitieuse politique, telle Perrette, soudain convaincue que Jacques Chirac est mort, et qui se dit que, avec un peu de chance, si elle tire la première, elle va empocher la mise en l'annonçant avant les autres. « C'est maintenant qu'il faut agir, se dit-elle. Avant que la rumeur s'en empare… *Qui m'en empêchera ?* » La tentation est irrésistible. Il faut imaginer que Madame rêve, et qu'elle pèse, sur une balance mentale, les dangers et les gains ! « Bien sûr, ce n'est pas confirmé, mais c'est plus que certain ! Bien sûr, on pourra me reprocher de l'annoncer avant la famille, mais on retiendra surtout que je suis mieux informée et plus proche de Chirac que les autres. » Il faut l'imaginer toute grisée, comptant à l'avance les retweets, le buzz et les abonnements gagnés. Qui sait si cette histoire ne va pas relancer sa campagne ? Qui

1. Dans *Le Philosophe et les sortilèges*, au chapitre liminaire des « Remarques sur le pouvoir », où vous trouverez aussi une merveilleuse explication du *Chat botté*.

sait si les Français ne vont pas enfin lui reconnaître un talent de visionnaire ? Elle rêve, elle rêve, elle s'y voit déjà… Tant de bénéfices pour une si petite mise ? Tweetons, que diable ! Et prions pour qu'il soit bien mort… Et, soudain, patatras ! Marquise de patatras ! Merde alors. En guise de lait qui tombe, on a le vieillard qui bouge encore. Ce qu'elle a pris pour un coup de maître était, en fait (selon l'expression de Sacha Guitry), un « suicide, précédé d'un crime ». Le vautour s'est pris pour un aigle.

NB : Guitry raconte aussi qu'un journal américain avait, en 1877, annoncé en une la mort de Victor Hugo. Or Hugo n'était pas mort. Mais quand le grand écrivain mourut, huit ans plus tard, le même journal titra « Nous avons été les premiers, etc. ». J'ignore si l'histoire est vraie. Peut-être le deviendra-t-elle si, le jour de la vraie mort de Chirac, Christine Boutin ose se vanter de l'avoir annoncée avant tout le monde.

Le suicide de Patrick Devedjian

« Ils nous ont pris nos juifs, ils nous rendent des Arabes[1]. » C'est Patrick Devedjian, l'ancien député républicain des Hauts-de-Seine, qui l'a déclaré en septembre 2015, dans un moment dont la folie (plus que le contenu) fait tout l'intérêt. Ce n'est pas la première fois, d'ailleurs, que Devedjian craque. En 2007, le même Devedjian avait traité sa collègue rhodanienne Anne-Marie Comparini de « salope[2] ». Et, là encore, c'était devant les caméras ! C'était devant tout le monde ! Ce qui est fascinant dans le cas Devedjian, c'est le fait que, dans les deux cas, un homme qui se savait écouté s'est conduit comme s'il n'y avait aucun témoin. La gaffe consciente est trop rare pour n'être pas scrutée.

Comment expliquer ces petits attentats ?

Patrick Devedjian ne souffre pas du syndrome de La Tourette.

---

1. Lors d'une conférence de presse à la préfecture de région d'Île-de-France, le vendredi 11 septembre 2015.

2. Ces propos sont tenus dans un reportage diffusé par la chaîne de télévision lyonnaise TLM, le 28 juin 2007.

Il n'ignore pas non plus comment fonctionnent les réseaux sociaux ni à quel point les petites phrases y sont reprises, et on imagine mal qu'une phrase dont il *s'accuse lui-même* relève de la stratégie de communication.

L'hypothèse la moins coûteuse, par conséquent, est celle du vertige de la liberté. Expression grandiloquente, qui désigne tout simplement la tentation qu'on peut avoir, parfois – parce qu'on est en direct à la télé ou à la radio –, de dire ou de faire une énorme connerie. Tout le monde a éprouvé ça… Non pour faire le buzz. Ni pour qu'on vous regarde. Juste pour éprouver sa propre liberté sur le mode d'une transgression.

En général, c'est un sentiment qu'on garde pour soi, qu'on dissimule comme une folie secrète, alors que rien n'est plus banal. Une telle tentation dit le désir d'une liberté qui s'éprouve par le vide[1]. Le type qu'on pousse dans le train, l'insulte ou la phrase raciste qu'on dit en public, le portable qu'on jette à la mer au moment de répondre à un appel… Autant de folies à portée de main. Vertige du geste possible. Immense tentation du passage à l'acte. Passage à

1. « Qui le verrait ? Là, tout près de ma main, sous ma main, cette double fermeture, que je peux faire jouer aisément ; cette porte qui, cédant tout à coup, le laisserait crouler en en avant ; une petite poussée suffirait ; il tomberait alors dans la nuit comme une masse ; même on n'entendrait pas un cri… Et demain, en route pour les îles !… Qui le saurait ? » Ainsi raisonne Lafcadio, qu'agacent les manies d'Amédée Fleurissoire, assis face à lui, dans le même compartiment. André Gide, *Les Caves du Vatican*, 1914.

l'acte. La passion de se nuire a maquillé le suicide en délire. Aussi n'est-ce pas la morale ni la prudence, mais la crainte de se soumettre en croyant qu'on se libère, ou de disparaître en croyant qu'on brille, qui dicte à Camus, dans *Le Premier Homme*, l'évidence selon laquelle « un homme, ça s'empêche[1] ».

---

1. Albert Camus, *Le Premier Homme*, Gallimard, 1994, p. 67.

Faut-il supprimer les feux rouges ?

Et si les feux rouges allaient disparaître ? De plus en plus de villes suppriment les feux tricolores pour fluidifier la circulation : une dérégulation du trafic qui, bizarrement, va dans le sens de la sécurité routière. Les chiffres sont incontestables : à Philadelphie, par exemple[1], les accidents ont, depuis cette mesure, baissé de 25 %. Et à Bordeaux on a même testé la suppression d'un feu devant une école.

Il est étrange et contre-intuitif que la sécurité augmente quand les contraintes diminuent. Comment prévenir la loi de la jungle sans régulation du trafic ? Le simple fait que tout automobiliste ait déjà commis une infraction au volant (après avoir vérifié qu'aucun policier ne le regardait) plaide en faveur du maintien et de la hausse du nombre de feux rouges. Si ce n'est pas la loi qu'on respecte mais ses représentants qu'on redoute, heureusement qu'il y a la contrainte pour nous empêcher de conduire comme des sauvages.

En réalité, ce n'est pas comme ça que ça roule.

---

1. « Suppression des feux tricolores : "À Philadelphie, les accidents ont baissé de 25 %" », *Le Parisien*, 13 février 2014.

Au lieu de contraindre à l'arrêt, la présence de feux tricolores a pour effet de susciter des comportements dangereux. Dans la crainte de passer à l'orange, les voitures arrivent à toute vitesse… alors qu'avec la suppression des feux on observe, empiriquement, qu'une conduite souple et pacifiée a remplacé une conduite par à-coups. Que ce soit parce qu'il a peur de mourir ou parce qu'il a peur de tuer (par prudence ou par principe), l'homme à l'état de voiture n'est pas toujours un barbare. Retirer les contraintes réduit le danger. Il arrive qu'on respecte davantage la loi quand elle ne nous est pas imposée.

Un tel phénomène correspond en philosophie à ce que Kant appelle la « sortie de l'homme de sa minorité[1] », c'est-à-dire le passage d'une loi qu'on reçoit d'un autre (*hétéronomie*, sous la forme d'un feu tricolore) à une loi qu'on se donne à soi-même (*autonomie*). Le paradoxe de la loi qu'on se donne à soi-même est que, tout en étant propre à soi, elle est aussi la loi de tout le monde. Voilà ce dont témoigne le fait que, quand on supprime les feux, les gens ralentissent d'eux-mêmes aux intersections !

Pour prendre un autre exemple : quand le feu est vert, personne ne regarde à droite ou à gauche avant de passer, non parce qu'il n'y a aucun risque, mais parce que si le feu est vert la loi me donne le droit de passer. Or, si l'on supprime le feu, le *devoir* d'être vigilant prévaut sur le *droit* de passer. On *s'oblige soi-même* parce qu'on a cessé d'être contraint. Moins on a de contraintes, plus on a de devoirs. Pour que la loi se désincarne, il faut l'incorporer.

---

1. Emmanuel Kant, *Qu'est-ce que les Lumières ?* (1784).

Qu'est-ce qu'une « vie sauvée » ?

Selon les chiffres de la Sécurité routière, le nombre de morts sur les routes a baissé de 17,4 % en septembre 2015, avec 262 personnes tuées, soit 55 de moins qu'en septembre 2014[1]. Faut-il se réjouir des 55 « vies sauvées » – comme on dit ? Que vaut cette expression ? Qui sont ces 55 « vies sauvées » ? Qui sont les 55 personnes qui *n'ont pas eu d'accident de la route* en septembre ? Des fantômes. En diminuant le nombre d'accidentés de la route, nous n'avons *sauvé* personne… Seulement, chaque fois que les chiffres de la Sécurité routière sont meilleurs que l'année précédente, les journaux (et la Sécurité routière elle-même) opèrent une sorte de calcul magique au terme duquel ils retranchent les morts de l'année en cours des morts de l'année précédente. En l'occurrence, ça donne 317 morts en septembre 2014 moins 262 morts en septembre 2015, ce qui fait 55 « vies sauvées » ! CQFD.

Pourquoi ce tour de passe-passe ?

1. Selon les statistiques publiées par l'Observatoire national interministériel de la sécurité routière le 7 octobre 2015.

Pour deux raisons : en parlant de « vies sauvées » à propos des gens qui ne sont tout simplement pas morts, c'est-à-dire en traduisant la baisse du nombre de morts en augmentation du nombre des vivants, les autorités se donnent les moyens d'insister sur le sauvetage (imaginaire) de 55 personnes plutôt que sur la mort (bien réelle) des 262 autres, et donc, du coup, de présenter comme une « bonne nouvelle » la tragédie absolue de 262 vies fracassées sur la route en un seul mois.

Et cette façon de présenter les choses donne implicitement à la prudence au volant une puissance *résurrectrice*. Comme si l'absence d'infraction donnait le jour à quelqu'un. Comme si nous *sauvions* les gens que nous ne tuons pas. Comme si, en respectant le Code de la route, nous étions des héros dont l'addition des bonnes volontés aurait la vertu christique de rendre, ou même de donner, la vie. Mais les morts en moins ne sont pas des vivants en plus.

Le dilemme de l'auto-stop

> « Quand j'croise un voleur malchanceux
> Poursuivi par un cul-terreux
> J'lance la patte et pourquoi le taire
> Le cul-terreux se r'trouve par terre. »
>
> Georges Brassens,
> « La Mauvaise Réputation »

C'est l'histoire d'un policier hors service qui se fait prendre en auto-stop par un automobiliste sans permis, lequel urine sur la voie publique avant de se faire une ligne de cocaïne et de reprendre le volant. Le policier a discrètement prévenu de la situation ses collègues, qui ont interpellé le conducteur et l'ont placé en garde à vue… et tout le monde a l'air de trouver que c'est « bien fait » pour l'automobiliste, car il était hors la loi.

Tant d'intégrité oublie un peu vite, pourtant, que l'auto-stoppeur n'est pas monté dans la voiture en qualité de policier. Certes, le chauffeur était dangereux, et il est heureux qu'il soit appréhendé, mais (comme Mateo Falcone[1] se réjouit de l'arrestation d'un voleur

1. Prosper Mérimée, *Mateo Falcone* (1829).

de poules avant d'apprendre, pour son déshonneur, que le voleur a été dénoncé par son fils) une chose est de souhaiter, dans l'absolu, que les criminels soient appréhendés, tout autre est de participer soi-même à cette capture. La première fait de vous un parfait citoyen. La seconde vous transforme en balance. Et l'oreille est écorchée par l'hypocrisie de ceux qui trouvent que l'automobiliste doit être puni non pour avoir été dangereux, mais pour n'avoir pas respecté la loi, comme si les individus devaient se conduire de la même manière qu'on les surveille ou qu'on ne les surveille pas…

La loi s'applique tout le temps, bien sûr, mais personne ne vit en permanence comme s'il était sous le regard de la loi.

Lequel d'entre vous, lequel d'entre nous peut-il affirmer (sans mentir) qu'il respecte toutes les lois quand il peut les contourner sans risque de se faire prendre ? Pas moi. Le mégot que j'ai jeté ce matin dans le caniveau (parce qu'il n'y avait personne pour me voir) en témoigne.

Gygès[1] est un brave pêcheur qui tombe un jour sur un anneau dont le chaton retourné a le pouvoir de le rendre invisible, et cette impunité tombée du ciel a pour effet quasi immédiat de transformer cet excellent homme en monstre qui tue le roi pour prendre sa place.

Dans une certaine mesure, nous sommes tous Gygès, et les rares d'entre nous qui ne le sont pas ne font que confirmer la règle. Si ce n'était pas le cas, les humains seraient si vertueux que les forces de l'ordre

1. Dont Platon invente l'histoire au livre II de *La République*.

elles-mêmes seraient inutiles, l'anarchie fonctionnerait. Ce n'est pas la loi que l'homme respecte, mais l'uniforme. Or, pour en revenir à l'auto-stoppeur policier, comment respecter l'uniforme quand l'uniforme est invisible ?

De l'homme sauvage à l'homme-orchestre

Les premières puces sous-cutanées ont été implantées en Suède (en septembre 2017) sur 450 volontaires ; des puces qui contiennent des informations sur l'identité du porteur et lui permettent, notamment, d'ouvrir des portes sécurisées, de manger à la cantine ou encore d'utiliser la photocopieuse.

Ce qui est à la fois pratique et vertigineux.

Rien n'interdit d'imaginer que, demain, la même puce contienne votre carte Vitale, votre carte de crédit, votre carte d'identité, votre passeport, comme elle contient déjà votre trousseau de clés... Autrement dit : la puce qui nous simplifie l'existence est aussi celle qui nous met sur écoute. L'outil qui permet de se déplacer à toute vitesse est aussi l'outil qui nous enferme, car il permet de nous suivre sans jamais nous perdre de vue.

Il faut passer par Rousseau pour comprendre un tel paradoxe. Dans le portrait fictif et anhistorique qu'il propose de l'« homme sauvage », Jean-Jacques Rousseau rappelle que le corps de l'homme sauvage est le « seul instrument dont il dispose ». De fait, comme il ne connaît pas les outils, le sauvage se sert de lui-même :

son poignet lui sert de hache, sa main lui sert de fronde et ses jambes lui servent de cheval. En un mot, il se porte « tout entier avec soi[1] ». Et c'est avec l'entrée en société (et la prise en compte d'autrui) que les hommes se sont donné des outils qui les libèrent de la nature.

Or que fait la petite puce qu'on se met sous la peau et qui nous ouvre toutes les portes ? Elle ubérise les outils. Elle enjambe les instruments que l'homme interpose entre le monde et lui-même… et, ce faisant (parce qu'elle rend obsolètes les clés, les cartes et les outils sans lesquels, jusqu'ici, nous ne pouvions pas vivre), la petite puce nous fait faire un bond prodigieux non pas en direction de l'avenir, mais en direction du passé : personne ne ressemble autant aux hommes sauvages dont le poignet sert de hache que les hommes-orchestres du XXIe siècle, à qui la puce incorporée permet d'ouvrir les portes sans clé. Et de même que l'homme sauvage, aux yeux de Rousseau, est soumis corps et âme aux nécessités naturelles où il puise sa force et son agilité, de même l'homme-orchestre du futur sera soumis corps et biens aux exigences de la technique, où il puise pourtant l'illusion d'une plus grande autonomie. La technique a remplacé la nature, et la puce sous-cutanée a remplacé la force physique. Mais, dans les deux cas, qu'il soit sauvage ou *pucé*, son indépendance coûte à l'homme sa liberté.

Un monde intégralement connecté marquera peut-être le retour définitif à l'état de nature.

---

1. Jean-Jacques Rousseau, *Œuvres* complètes, t. III, *Discours sur les fondements de l'inégalité* (1755), première partie, La Pléiade, 1964, p. 135.

La pureté n'existe pas

Le 18 décembre 2016, Ricardo Stuckert (ancien photographe officiel du président Lula) a aperçu et photographié les membres d'une « tribu isolée » dans les profondeurs de la forêt amazonienne… et les photos sont floues.

C'est un effet de la distance (les photos ont été prises depuis un hélicoptère qui volait suffisamment haut pour éviter les flèches des Indiens), mais un tel flou donne aussi le sentiment que ces photos sont *un peu* interdites (ou volées) et que, ces Indiens-là, on veut bien les *apercevoir*, mais on ne veut pas les regarder de près.

Si l'on se tient à distance des « sauvages », c'est, dit-on, parce qu'un contact avec nos microbes *urbains* serait probablement mortel pour eux, mais c'est aussi parce qu'il est dangereux, pour nous, de les rencontrer, comme il est dangereux de rencontrer son idole, ou l'homme de ses rêves, et de vérifier, en le rencontrant, que c'est juste un humain comme vous et moi. Il ne faut pas se tromper. Ce ne sont pas les *Indiens non contactés* que nous protégeons de nos microbes. C'est nous-mêmes que nous protégeons de leur contact.

En les évitant, nous nous épargnons le constat terrible qu'ils sont comme nous. La certitude, plus difficile à digérer qu'une épidémie, que ces individus ne valent pas mieux que nous – ou que nous-mêmes n'étions pas meilleurs *avant* d'entrer en société.

Les sociétés humaines ne se supportent que si elles gardent vivace le rêve qu'avant, ailleurs, ou autrefois elles valaient mieux que maintenant. L'idée que l'entrée dans la civilisation ne soit pas une perte (ni une chute du paradis) nous est absolument insupportable. On a besoin de penser qu'avant c'était mieux. Ou qu'avant, ce *sera mieux*. De là le « mythe du bon sauvage » qu'on présente comme une critique de nos sociétés corrompues, alors qu'il est en réalité la bonne conscience qu'une société, corrompue depuis toujours, s'offre à elle-même en hallucinant l'époque où elle était intacte.

C'est ainsi que le « sauvage » n'est supportable par nous que s'il reste imaginaire, abstrait, distant, en un mot : non contacté. Or les clichés eux-mêmes, malgré leur flou, nous en montrent déjà trop : on connaît leur taille, leur corpulence, on sait qu'ils travaillent le métal, et, surtout, on sait qu'ils accueillent les inconnus avec des flèches ! En un mot (qui dit ce qu'on ne veut pas voir) : ils sont aussi méfiants, et méchants, que nous. Aussi peu hospitaliers. Aussi égoïstes. Aussi mesquins. Banalement hypocrites et très certainement patriarcaux. Attention : ils ne sont pas méchants parce qu'ils sont sauvages. Ils sont méchants parce qu'ils sont humains. Et que leur humanité, c'est-à-dire leur méchanceté, n'est probablement pas encore tempérée par l'invention de la diplomatie.

« A-t-on le droit de désobéir ? »
(Bac philo)

> « Sous un gouvernement qui emprisonne quiconque injustement, la véritable place d'un homme juste est aussi en prison. »
>
> H. D. Thoreau,
> *La Désobéissance civile*

À première vue, la question n'a aucun sens.

Comment avoir le *droit* de désobéir ? Ce serait contradictoire. Le droit fixe la limite. Un droit de désobéir est (littéralement) un droit de bafouer le droit. On peut le faire, bien sûr. Mais ce n'est pas un droit.

La question trouve son sens dès qu'on la creuse un peu.

Car si la désobéissance s'oppose au droit, elle ne s'oppose pas à la loi : n'est-ce pas souvent au nom d'une loi supérieure qu'on désobéit aux lois instituées ? Quand Antigone *se donne le droit* de désobéir à Créon et rend les hommages funéraires à son frère Polynice, peu lui importe de savoir qu'en vertu des lois de Thèbes elle sera murée vivante. Le principe auquel elle se soumet transcende les lois amovibles que les hommes fabriquent. La désobéissance est, à sa manière, une façon d'obéir, mais à un autre genre de loi : elle oppose des principes immuables à des lois qu'on peut défaire.

Quand le philosophe américain Henry David Thoreau refuse d'acquitter six ans d'arriérés au fisc (comment verser un centime à un État qui admet l'esclavage et fait la guerre au Mexique ?), la *désobéissance civile* (dont il s'apprête à rédiger le manifeste) n'est pas la mauvaise humeur d'un citoyen adolescent qui désobéit pour désobéir, mais l'acte réfléchi d'un homme à qui l'éthique, l'amour et le sens de l'avenir ordonnent l'insoumission.

Bien sûr, tout le monde n'est pas Thoreau, et il y a aussi des gens qui désobéissent pour la seule joie de désobéir. Mais ceux-là non plus ne désobéissent pas. Au lieu d'obéir à une loi supérieure, ils obéissent à leur vanité. C'est toute la différence entre les héros (qui se révoltent) et les rebelles (qui font des quenelles). Les héros construisent. Les rebelles contestent. Les héros s'insurgent. Les rebelles s'indignent. Les héros résistent à l'occupant nazi parce qu'ils croient en la liberté ; les rebelles protestent contre l'état d'urgence parce que ça les occupe et qu'ils aimeraient bien, eux aussi, avoir une dictature à combattre.

En un mot, on a le droit de désobéir (et l'oxymore prend tout son sens) quand la désobéissance est portée par un amour, et non pas seulement par un refus. Comme aurait dit Camus, désobéir impose de dire oui avant de dire non, ou d'aimer avant de se battre, et de se battre par amour, dans la mesure de l'amour. *On a le droit de désobéir quand la désobéissance elle-même produit du droit*, c'est-à-dire quand il ne s'agit pas seulement de faire le malin, de casser du flic ou de vomir le système, mais d'augmenter la liberté et de changer la vie, en conquérant, par exemple, et légalement, le droit à l'IVG – ou à l'euthanasie.

La vie n'est pas sacrée

Jean Mercier, 88 ans, était jugé en appel à Lyon en novembre 2016 pour avoir, cinq ans auparavant, aidé sa femme Josianne, qui souffrait de dépression, à mourir.

Le procureur avait requis une peine de trois ans de prison avec sursis pour « non-*assistance* à personne en danger » – un comble pour un « suicide *assisté* », et pour un homme dont le seul crime est d'avoir aidé sa femme à mourir, et de lui avoir tenu la main pendant l'agonie.

Que retenir de cette histoire, avant tout ? Une évidence indigeste, mais incontestable, à la seconde où on l'examine : la vie n'est pas sacrée.

La vie est une énigme, bien sûr. Un mélange de matière et de mouvement. L'organisation spontanée des corps élémentaires, qui vient comme prend le feu. La vie est une étrangeté, une exception précaire, un miracle peut-être… mais elle n'est pas sacrée.

Et tout le monde le sait.

Qui peut nommer, parmi les gens qui prétendent penser le contraire, une seule personne pour donner tort à Jean Mercier ? Qui, doté d'un cœur, peut reprocher à cet homme d'avoir préféré la mort à la douleur de sa femme ? Qui oserait ne pas voir un acte d'amour quand Jean-Louis Trintignant étouffe Emmanuelle Riva, à la fin d'*Amour*, de Haneke[1] ?

Qui oserait, en vertu d'une conception délirante de ce qui est sacré et de ce qui ne l'est pas, voir un meurtrier (ou le complice d'un meurtre) dans la figure de l'ange gardien (Nathalie) qui aide Rémi à mourir, au terme des *Invasions barbares*[2] ?

C'est mal aimer la vie que de redouter qu'elle s'achève. Et mal en prendre soin que d'en faire un sanctuaire. La vie est précieuse, mais moins que la liberté par exemple, et, en l'occurrence, moins que l'amour. Quand la question se pose de choisir entre une vie trop longue et une mort digne, le choix de la vie est un choix mortifère. Un suicide assisté n'est pas un crime de non-assistance à personne en danger, au contraire. C'est la belle action d'assister une personne en danger de vie.

---

1. Sorti en 2012.

2. Un film de Denys Arcand, 2003. Il fait suite au *Déclin de l'empire américain*, 1986.

La parole du délateur n'est pas une liberté, mais une censure

Invité de « Touche pas à mon poste » (l'émission de Cyril Hanouna sur C8), le 12 septembre 2017, Thierry Ardisson a soudain raconté l'expérience homosexuelle qu'il avait eue à 18 ans, révélant au public le nom de l'homme avec qui ça s'était passé. Ou plutôt : non seulement Ardisson a révélé le nom d'un ancien amant qui ne le souhaitait pas (et qui ne s'y attendait pas non plus), mais, au lieu de le regretter aussitôt, il en a profité pour s'adresser directement à lui, sous les rires embarrassés des gens qui étaient sur le plateau.

L'enjeu n'est pas de s'indigner, mais de comprendre avant de juger : qu'est-ce que ce geste ? De quoi parle-t-on ici ? Comment le qualifier ?

Ardisson n'a pas seulement trahi un secret ; il a exposé à la France entière, contre la volonté de sa victime (et à l'insu de son plein gré, comme dirait l'autre), l'intimité d'un homme qui ne s'y attendait pas.

Imaginez qu'un secret devienne, du fait de la seule personne avec qui vous le partagez, une information virale. Imaginez que des millions de paires d'yeux et d'oreilles aient soudain accès, en détail, au souvenir que vous avez enfoui.

Ou, pour être plus concret, imaginez qu'un homme voie tous les regards se braquer sur lui à l'instant où, croyant être seul, il fait quelque chose qui ne regarde personne.

C'est à ce genre de violence-là, c'est à ce genre de honte qu'on peut comparer une telle indiscrétion.

L'*outing* d'Ardisson est une mise en danger de l'*existence* d'autrui.

Non pas de sa vie (la victime d'Ardisson n'est pas en danger de mort), mais de son existence, c'est-à-dire de ses choix, de ses désirs et (surtout) de ses secrets.

En cela, le geste d'Ardisson n'est pas seulement indiscret ni politiquement incorrect, ni même audacieux, mais totalitaire.

Quelle différence, ici, entre l'indiscrétion et la délation ?

Quelle différence entre l'exposition forcée de vos passions discrètes et l'enfermement dans une identité que vous ne voulez pas avoir ? entre un animateur considérable, que personne ne contredit, et qui exhibe – sans vergogne et sans le prévenir – la vie d'un autre, et une police secrète qui brise la réputation d'un dissident ?

Une différence de degré, peut-être. Mais pas une différence de nature.

S'il y avait eu un traumatisme, ou un viol, on pourrait comprendre que, des décennies plus tard, une victime éprouve le besoin de punir son bourreau en lui infligeant la honte d'être découvert. Mais Ardisson n'a pas accusé l'homme en question de l'avoir *agressé*, juste de l'avoir (*sic*) « raté »… Ce n'est pas la même chose. En racontant sa petite vie sur le ton de la rigolade, et en piétinant au passage l'existence et l'honneur d'un innocent, Thierry Ardisson s'est conduit en crucificateur. Et en gardien de l'ordre moral.

La victime, fille aînée de la démocratie

Marine Le Pen et François Fillon ont (au moins) un point commun : celui de se présenter comme les *victimes* du « système médiatico-politico-judiciaire ». Si leur campagne patine (ou échoue), la faute n'en revient pas à leurs turpitudes, mais, disent-ils, au méchant système qui a juré leur perte. La victimisation de soi va bien au-delà d'un complotisme opportun, ou d'une attention qu'on détourne en s'abritant derrière l'hydre d'un complot destiné à priver les Français de leur liberté de choix. Il ne s'agit pas seulement de faire passer pour une machination leurs déboires judiciaires. Le désir d'être une victime s'inscrit, plus profondément que ça, au cœur du système démocratique.

La démocratie consacre la victoire des victimes…

Nietzsche l'explique, dans le texte le plus incorrect qui soit : la première dissertation de la *Généalogie de la morale*[1], où il observe que, par un tour de passe-passe extraordinaire (qui remonte à la naissance du christianisme et culmine en démocratie), la faiblesse est devenue le synonyme de la bonté, et la force est,

1. « Bien et mal. Bon et mauvais. »

à l'inverse, devenue l'équivalent de la méchanceté. Le culte de l'égalité est à ses yeux un leurre, qui dissimule le ressentiment et l'envie : à l'ère des droits égaux, être victime est une vertu, être vainqueur est un défaut. La démocratie a effectué ce tour de passe-passe en faisant passer la bassesse pour de l'humilité, la soumission pour de la tolérance, le Bien pour un bien, et la lâcheté pour de la patience. Dès lors, le régime politique qu'on se représente comme un progrès de la morale et du droit (la démocratie) est en réalité le triomphe de la jalousie et de la haine de soi. Le secret de l'égalitarisme est la revanche du troupeau, dit Nietzsche, sur les forts et les indépendants, la victoire des déshérités sur les heureux, ou des médiocres sur les exceptions.

Le faible est plus fort que le fort. La victime est plus puissante que son bourreau. Les gens qui se battent en mettant un genou à terre sont des adversaires redoutables : « Les faibles et les forts, dit Nietzsche, se comportent d'une manière toute pareille. Ils étendent leur puissance aussi loin qu'ils peuvent[1]. »

Mais les méthodes de la faiblesse sont beaucoup plus efficaces que celles de la force. D'abord, le faible est plus nombreux que le fort, comme les fourmis sont plus nombreuses (et plus fortes) que le lion. Et puis, la faiblesse se fait passer pour du mérite. On encense le faible : c'est la raison pour laquelle il est si difficile de l'emporter sur un adversaire blessé. Enfin, la faiblesse est sans limites, les moyens qu'elle se donne

1. Friedrich Nietzsche, *Œuvres posthumes*, *Généalogie de la morale* (1887), Alfred Kroner Éditions, 1915, p. 437.

sont démesurés : elle n'a aucun scrupule à invoquer un complot d'État ou une dictature des juges pour masquer le fait qu'elle a piqué dans la caisse. Périsse le monde, tant qu'elle échappe aux sanctions. Toute pensée victimaire est une pensée majoritaire.

Nicolas Sarkozy, enfant de Mai 68

« L'éducation se fait par la transgression, et s'il n'y a pas de règles, vous ne pouvez pas transgresser, donc la règle est fondatrice de l'éducation. » Nicolas Sarkozy, curieusement, est l'auteur de cette phrase, qu'il a déclarée en 2016, pendant la campagne de la primaire de la droite[1].

On aurait pu s'attendre à ce que Nicolas Sarkozy, en homme de droite et (surtout) en adversaire déclaré de Mai 68, justifiât l'éducation et la défense de l'autorité professorale, et invoquât le respect des règles, la vie en commun ou encore la transmission d'un héritage historique et culturel. Pourquoi énonce-t-il, à la fin de son propos (donc en point d'orgue), l'idée radicale selon laquelle, si la règle est fondatrice de l'éducation, c'est *parce qu'elle permet* la transgression, et que la transgression, c'est l'éducation ?

Nicolas Sarkozy justifie le retour de l'autorité par les transgressions qu'elle autorise. On peut tout interdire… sauf l'insoumission elle-même, puisque c'est

1. Lors de son entretien avec Thomas Sotto et Jean-Pierre Elkabbach, Europe 1, « La Matinale », le jeudi 9 juin 2016.

l'interdiction qui lui donne le jour ! Et si le slogan « Il est interdit d'interdire » est un propos dangereux, c'est d'abord parce qu'il nous prive de la désobéissance en personne. Si les règles sont indispensables, c'est paradoxalement parce que, sans les règles, l'idée même de transgression n'a pas de sens. Ce qui est évident : à qui désobéir quand personne ne vous contraint ? Qui combattre quand tout vous est permis ? L'utilité de la loi n'est pas l'obéissance, mais c'est qu'elle permet au contraire d'éprouver sa liberté sur fond de *désobéissance*.

Qu'est-ce que Mai 68 ? Un jeu avec la loi, une parodie de révolution dont la grandeur est dans l'autodérision. Si les slogans « Jouissez sans entraves » ou bien « Il est interdit d'interdire » ont en commun de se contredire eux-mêmes, c'est qu'ils mettent en scène un désir absolu qui, fatalement, rencontre, malmène et (*in fine*) justifie l'autorité, avant de rentrer dans le rang. L'enjeu de Mai 68 n'est pas la suppression de l'autorité, mais l'expérience libératoire (et formatrice) qu'on appelle la « contestation de l'autorité ». Bref, comme dit Nicolas Sarkozy : « L'éducation se fait par la transgression, et s'il n'y a pas de règles, vous ne pouvez pas transgresser, donc la règle est fondatrice de l'éducation. »

L'appel au « rassemblement », c'est le clairon de l'engueulade

Rassemblement ! C'est le mot de passe. Le sésame de la primaire. Personne, jamais, ne se présente aux élections sans se dire le *candidat du rassemblement*. À quoi tient donc cette enthousiaste injonction ?

Le mot désigne à la fois l'unité et la mobilisation.

Le *rassemblement*, qu'est-ce ? La paix retrouvée, l'unité reconquise, la force tranquille. Mais le *Raaaaaassemblement*, c'est le tocsin. Le mot qu'on dit en se raclant la gorge, mimant depuis les amygdales le geste du râteau qui amoncelle des graviers.

De sorte que le *candidat du rassemblement* cumule les vertus du patriarche et du colonel, qui réunit l'ensemble de sa famille tout en battant le rappel des troupes.

Ainsi avons-nous régulièrement sous les yeux le spectacle (prévisible mais) hilarant de candidats qui se divisent au nom du rassemblement. On peut choisir de poser là-dessus l'œil mécontent du citoyen qui trouve (à juste titre) qu'on se moque de lui. Mais on peut aussi regarder comme un spectacle, justement, la comédie des gens qui s'engueulent pour savoir qui est le plus calme.

Dans *Le Bourgeois gentilhomme,* Monsieur Jourdain décide d'adopter les manières des « personnes de qualité » (c'est-à-dire des gens de la Cour) et, pour ce faire, s'entoure des meilleurs précepteurs : le maître de musique, le maître à danser, le maître d'armes et le maître de philosophie.

Or chacun de ces « maîtres », évidemment, considère que sa discipline est supérieure aux autres parce qu'elle contribue davantage à *rassembler* les hommes (ou à répandre l'harmonie entre eux).

La musique, parce qu'elle les accorde.

La danse, parce qu'elle préserve des « mauvais pas ».

Les armes, parce qu'elles sauvent la vie.

Et la philosophie, parce qu'elle corrige les passions.

Et, pourtant, au bout d'un moment, tous les bienfaiteurs en viennent aux mains : le maître d'armes insulte le danseur, qui moque le musicien, tandis que le maître de philosophie décrète que tout le monde lui arrive à l'orteil. S'ensuit une bagarre générale entre des gens qui revendiquent pour eux-mêmes le titre de premier réconciliateur, exactement comme des candidats se disputent avec véhémence le titre de rassembleur en chef. Et cette scène merveilleuse, ce début de comédie (dont Molière délivre la formule) nous est offert par la démocratie, tous les cinq ans, à chaque primaire. Il faut rire du pugilat, sans haine ni mépris, mais comme au théâtre, et avec reconnaissance pour la troupe des « rassembleurs » qui jouent si bien leur partie.

Qu'est-ce qu'une grâce présidentielle ?

François Hollande a finalement décidé d'accorder, fin janvier 2016, une « grâce présidentielle partielle » à Jacqueline Sauvage, condamnée l'année précédente à dix ans de réclusion pour avoir tué son mari (après des décennies d'enfer conjugal) de trois coups de fusil dans le dos en 2012… Pouvait-il faire autrement ?

Il était impossible que cette femme ne fût pas condamnée.

Mais il était impensable qu'elle ne fût pas graciée.

Aucun geste n'était plus légitime que le meurtre d'un tel homme.

Mais la légitime défense ne pouvait pas être invoquée, puisque les faits n'étaient pas concomitants. Dans cette affaire, l'alternative était donc : l'injustice ou le déni de justice.

Quiconque y a vu un dilemme cornélien ne croyait pas si bien dire. Dans *Horace*, Corneille décrit la trajectoire du héros à qui Rome doit de l'avoir emporté sur Albe. Mais dont la victoire lui coûte cher puisqu'il a dû, pour ce faire, tuer, entre autres, le mari de sa propre sœur, Camille, qui, au lieu de célébrer le succès de son frère, gâche l'ambiance et en appelle à la destruction de Rome en des vers si puissants qu'il faut les prendre à la lettre : « Rome, l'unique objet de mon ressentiment ! / Rome, à qui vient ton bras d'immoler mon amant ! / Rome qui t'a vu naître, et que ton cœur adore ! / Rome enfin que je hais parce qu'elle t'honore[1] ! »

Après l'avoir suppliée de se taire, le patriotique Horace exécute sa sœur.

Le père du criminel et de la victime a beau plaider la cause de son fils (« Souhaiter à l'État un malheur infini, / C'est ce qu'on nomme crime, et ce qu'il a puni[2] »), il reste que, tout comme Jacqueline Sauvage, ce n'était pas à Horace de rendre la justice, mais à la loi elle-même. Faut-il (ou non) condamner Horace ?

D'un côté les adversaires de la clémence font valoir que (même s'il a peut-être raison de le faire) Horace a désobéi en tuant sa sœur et considèrent, à ce titre, que de sa condamnation dépend le salut de Rome, ou le maintien de ses lois (à l'image de Christine Boutin, qui déclare qu'en graciant Jacqueline Sauvage, François Hollande dénie toute autorité à la justice).

Face à eux, les partisans de la clémence, les Anny Duperey de l'époque, affirment qu'un crime est excusable quand il a pour motif l'amour de sa patrie (ce qui, à l'époque, est la première des vertus).

Tel François Hollande, le roi tranche : « Vis donc, Horace, vis, guerrier trop magnanime : / Ta vertu met ta gloire au-dessus de ton crime[3]. » Or, si le souverain

1. Pierre Corneille, *Horace* (1640), acte IV, scène 5.
2. *Ibid.*, acte V, scène 2.
3. *Ibid.*, acte V, scène 3.

penche en faveur de la grâce, il le doit au souvenir que le fondateur de Rome lui-même – Romulus – était le meurtrier de son propre frère : Rome « peut bien souffrir en son libérateur / Ce qu'elle a bien souffert en son premier auteur[1] ».

Comme l'enseigne l'origine de Rome, la violence est elle-même à l'origine du droit. Et, pour en revenir à la décision de François Hollande (qui a bien fait) : exercer la grâce présidentielle ne revient pas à se situer au-dessus des lois ni à bafouer la justice, mais à se situer *en amont* des lois, à l'état sauvage (si j'ose dire) où la justice doit enlever son bandeau pour ne pas se tromper. Plus qu'un héritage de la monarchie, la grâce présidentielle n'est pas un déni du droit, mais un emprunt du droit à la violence qui le fonde.

---

1. *Ibid.*

Où l'on verra qu'il est aussi difficile de démontrer l'existence de Dieu que de réaliser l'union de la gauche

« Il est nécessaire que la gauche se réunisse massivement lors des futures primaires.

— Ce n'est pas la première fois que quelque chose qui est nécessaire ne se produit pas. »

Cet échange métaphysique entre l'ancien premier secrétaire du Parti socialiste Jean-Christophe Cambadélis et Jean-Pierre Elkabbach (en amont de la primaire de la gauche) résume à lui seul la querelle qu'Emmanuel Kant fit à René Descartes.

« Ce n'est pas la première fois que quelque chose qui est nécessaire ne se produit pas. »

Autrement dit : la nécessité n'est pas une garantie de l'existence. Ce qui est un casse-tête pour Dieu. Car Dieu est précisément l'être dont on démontre l'existence par la nécessité. Descartes (ou saint Anselme[1])

---

1. Il invente, au XIe siècle, « l'argument ontologique » (au terme duquel la perfection implique l'existence), qui sera repris par Descartes, en particulier dans ses *Méditations métaphysiques*.

raisonne ainsi : l'idée qu'on a de Dieu est celle d'un être parfait. Or la perfection implique l'existence (vous ne pouvez pas être parfait sans exister). Donc avoir l'idée de Dieu, c'est avoir l'idée d'un être existant nécessairement. Comment aurais-je l'idée d'un être existant nécessairement sans qu'elle m'ait été mise en tête par l'être en question ? *Ergo* Dieu existe. CQFD.

Malheureusement, Descartes oublie de se faire l'objection que Kant lui opposera un siècle et demi plus tard, et que Jean-Pierre Elkabbach fait à Jean-Christophe Cambadélis : ce qui est nécessaire n'existe pas forcément.

Avoir l'idée d'un Dieu qui existe, dit Kant, ne prouve en rien son existence. Nul n'a le droit de franchir le pas qui va de l'idée de l'existence à l'existence elle-même. Nous avons l'idée de la licorne, or la licorne n'existe pas. Là est toute la différence – pour reprendre un exemple kantien – entre avoir l'idée d'un billet de 100 euros, et avoir 100 euros dans sa poche ! Un concept n'engendre pas l'existence, et ne l'avère pas davantage. L'idée de Dieu ne prouve rien. L'existence de Dieu ? Rien ne la prouve.

Pour en revenir au dialogue Elkabbach-Cambadélis, ce dernier présente comme « nécessaire » une primaire « massive » de toute la gauche. Ce qui, dans son esprit, signifie qu'il la juge *souhaitable*. Mais, en bon politique, il présente son *souhait* comme une *nécessité* : il ne dit pas « Il faudrait que ça arrive » mais « Ça va arriver ». Il fait son cartésien : puisque la primaire est nécessaire, alors elle aura lieu ! C'est trop facile. Et Elkabbach a raison de lui objecter (comme Kant) que « quelque chose de *nécessaire* ne se produit pas forcément ». Entre l'idée d'une primaire de toute la gauche et l'existence réelle d'une telle primaire, il y a tout un monde !

L'existence de Dieu est une preuve de Federer

Dans son traité *Du ciel*, Aristote présente la trajectoire de la Lune comme une frontière entre deux mondes : le monde *supralunaire* (au-dessus de la Lune), composé d'astres éternels, immuables et immatériels, et le monde sublunaire (de la Lune à la Terre), où règnent le changement, le hasard et la mort.

Or, au tennis, dans ce jeu cosmique où deux soleils tapent à tour de rôle sur une planète, Roger Federer, l'*étoile Federer*, se trouve exactement à la croisée des univers.

Il emprunte au monde supralunaire la perfection du geste pour la mettre *au service* du monde instable où vivent les simples mortels. Federer n'est pas un joueur de tennis, Federer est le *tennis incarné*. Ses balles sont des comètes, ses mouvements sont des ellipses.

Federer est une idée qui a pris le pouvoir sur un corps et lui imprime la plus haute précision dont il est capable : quand on le regarde jouer, le spectacle auquel on assiste est celui d'une matière soumise à la forme. La lumière s'est faufilée dans sa chair pour transformer ses gestes en tableaux. De là son classicisme… Federer joue en alexandrins !

Federer se tourne pour jouer son coup droit (ce qu'on a cessé d'enseigner en 1988 dans les écoles de tennis). À côté de lui, les bourricots qui avancent la jambe droite se tordent le poignet et hurlent comme des animaux qu'on égorge, ressemblent à des caniches qui se faufilent entre les jambes d'un colonel prussien.

Mais Federer n'est ni prussien ni suisse. Il est l'intercesseur de la perfection dans un monde qui s'érode. L'émissaire, ici-bas, d'une forme de vie à laquelle nous n'avons accès que par des gens comme lui.

D'ailleurs Federer lui-même, en arrivant sur Terre, a dû s'adapter. Un Dieu qui s'incarne est soumis aux lois de la gravité, aux coups de barre ou à l'adversité d'un Djokovic. Mais c'est par la technique que Djokovic échappe à sa condition d'humain, alors que Federer y parvient par la grâce.

Djokovic est un produit de la mécanique, Nadal est une création du désir.

Federer est une *œuvre d'art*, qui échappe au double écueil d'une technique sans âme, ou d'un pur caractère qui plafonne aux portes du sommet. Avec Federer, un smash de fond de court devient un lob et, quand il joue entre les jambes, c'est de face. Même quand les autres l'emportent, ils ne font pas le poids. D'ailleurs, quand Federer est malmené dans une partie, on dit toujours qu'il est *absent*. Et c'est exactement ça. Federer est tellement fort que, quand il perd, c'est qu'il n'est pas là.

« Le sport pourrit l'argent[1] »

Depuis que le sport est affaire de performance (et non plus d'harmonie), depuis que le corps est une machine à records, depuis que la « santé » ne sert qu'à repousser les limites, le dopage est indissociable de tout spectacle sportif – car il est né de la culture démocratique du dépassement de soi.

Contrairement à ce qu'on pense, le fantasme du surhomme (ou de la *surfemme* !) n'est pas le propre des dictatures ; c'est le propre de l'exigence populaire et démocratique d'être le meilleur, d'être le premier, d'être plus fort que les autres, d'aller toujours plus vite, plus haut, d'aller *au-delà de soi-même*, d'« être au top ». En trichant, le dopé s'est juste soumis à l'injonction tacite du citoyen (plus encore que du consommateur) qui se donne ensuite bonne conscience en la condamnant. Et, derrière la mise à l'écart, l'indignation facile et le retournement de l'opinion comme une crêpe, c'est le troupeau des fans, l'armée des consommateurs imbus de leur droit de jouir qui se refait une santé (et une bonne conscience) aux dépens d'un

1. *Charlie Hebdo*, n° 53, janvier 1993.

athlète qui, quoique responsable de ses actes, n'en est pas moins la victime de son temps.

De façon générale, les valeurs du sport sont contradictoires.

Le sport, c'est la fraternité, mais c'est la loi du plus fort.

C'est le respect, mais c'est la bagarre.

C'est l'égalité des droits, mais c'est la hiérarchie des pratiquants selon les capacités physiques. Enfin, et c'est *la* contradiction centrale, le sport est un *accomplissement* de soi qui en appelle au *dépassement* de soi : l'harmonie exige la performance… Or la performance a un prix, et un monde qui se satisfait de la performance finit immanquablement par brader la performance à l'étal du plus offrant.

Le recouvrement de l'harmonie par la performance a deux effets pervers : le premier est l'*obligation* de performance à tout prix, c'est-à-dire le dopage. Et le second est la victoire du score sur la vertu, c'est-à-dire la victoire en carton, la victoire en toc, la victoire qu'on achète ou qu'on revend.

On a tort d'interpréter la fraude comme une anomalie dans le monde du sport : comment imaginer qu'une société marchande qui célèbre la performance ne produise pas de la fraude ? En démocratie, où le dépassement de soi a remplacé l'accomplissement de soi, où c'est le prix qui fixe la valeur, et où (par conséquent) l'*enjeu* l'emporte sur le jeu, la triche est inhérente au sport. La rareté, c'est l'honnêteté. L'anomalie est dans le maintien de la vertu malgré sa mise à prix.

Maternalisme

« Un responsable politique au sommet de l'État [...] a un peu un rôle équivalent à *ce que peut* avoir *un père de famille ou une mère de famille* à l'égard de ses enfants[1]. » C'est Najat Vallaud Belkacem, alors ministre de l'Éducation nationale, qui l'a dit de l'ancien président François Hollande.

Une comparaison qui n'est pas à l'honneur du père. Si le souverain était un roi, passe encore. Si François Hollande était un tsar, un monarque absolu ou (plus modestement) un dictateur, il pourrait se présenter comme le « père de son peuple » parce que, comme celle d'un père, son autorité serait à la fois arbitraire et (jusqu'à nouvel ordre) indiscutée. Mais, en l'occurrence, c'est d'un « père » élu pour cinq ans que l'on parle ! Un « père » dont on connaît la vie sexuelle, un père qui sourit quand on l'insulte en direct sur Périscope, un père dont on imite les tics, un père *garant de l'insolence de ses enfants*, auquel on a le droit de dire non, et dont on peut même, s'il insiste, immobiliser la voiture. Bref, un père en CDD, qu'on peut

1. « Les Matins de France-Culture » / *La Croix*, 23 mai 2016.

révoquer au bout de cinq ans s'il ne convient pas à ses mômes, et qu'on a embauché après avoir fait passer un long casting à plusieurs candidats. Faut-il se faire une étrange idée de la paternité (et de la filiation) pour en chercher l'équivalent dans la personne d'un Président soumis à des suffrages.

On a bien le droit, pourtant, d'avoir, même en démocratie, une conception biblique de l'exercice de l'État.

Mais, s'il s'agit de dire, avec une telle image, qu'un « père » est un guide spirituel qui éclaire le chemin de ses ouailles, le dépositaire d'une lumière dont il fait cadeau à ses « enfants », ou qu'au-dessus de la foule des aveugles – des brebis égarées dans l'obscurité de la mondialisation – trône et règne, pour notre salut, le seigneur Hollande, détenteur du chemin et lanterne parmi les hommes, alors ce dieu vivant, ce pape, ce phare, cette lumière dans la nuit, tout à la fois « père » et « mère » du monde (puisque NVB ne fait pas la différence entre les deux), dépend aussi des manifestations, des réseaux sociaux et des sondages. Et on en retire l'image moins rassurante d'un pouvoir simultanément faible et absolu, d'une transcendance soumise à des enfants gâtés, c'est-à-dire, concrètement, d'un recouvrement de l'autorité par la compréhension, de la sanction par l'encouragement, du droit par le bien, de la paternité par le paternalisme, ou, en la circonstance, le *maternalisme*.

Comme l'écrit Tocqueville (à propos du souverain), à l'issue de *De la démocratie en Amérique* : « Il est absolu, détaillé, régulier, prévoyant et doux. Il ressemblerait à la puissance paternelle si, comme elle, il avait pour objet de préparer les hommes à l'âge viril ; mais il ne cherche, au contraire, qu'à les fixer irrévocablement dans l'enfance[1]. »

1. Alexis de Tocqueville, *De la démocratie en Amérique* (1840), Gallimard, 1968, p. 348.

« Hé oh, la gauche ! »

> « Je vous le dis, moi. J'ai essayé. C'est pas la peine. »
>
> Louis-Ferdinand Céline, *Voyage au bout de la nuit*

Sous le slogan « Hé oh, la gauche ! » les proches de François Hollande ont lancé, un an avant le premier tour de l'élection présidentielle, une vaste opération de reconquête de leur électorat. Comme dit Stéphane Le Foll, à l'origine de cette initiative, ce « rassemblement » a pour objectif de rappeler « à la gauche qui critique et qui doute que ce que nous avons fait mérite d'être valorisé[1] ». Autrement dit, certes le chômage explose et la croissance plafonne, mais il y a eu la COP21 ou le mariage pour tous. Alors ce n'est pas si mal, de quoi te plains-tu ?

En un premier sens, « Hé oh, la gauche ! », ce sont les états de service qu'un homme brandit pour consoler la femme qu'il a déçue, c'est le fiancé coupable mais sûr de son charme, qui, en disant « Hé

1. *Le Monde*, 21 avril 2016.

oh ! », fait passer la mauvaise humeur de sa conjointe pour le caprice d'une enfant gâtée. Et qui lui caresse la joue, dans l'espoir qu'elle se retourne enfin, qu'elle lui pardonne une fois de plus et lui dise, d'un air mutin : « Arrête de me regarder avec ces yeux-là ! » Sauf qu'en l'occurrence le fiancé a peut-être tort d'être si confiant. Trop de trahisons endeuillent leur histoire pour que (malgré un intérêt commun) les vieux amants se réconcilient encore une fois, à l'aube des élections. Non seulement il a tort, mais il le sait.

Quand on tend l'oreille, « Hé oh, la gauche ! » sonne beaucoup plus douloureusement : au lieu de l'arrogance du fiancé qui ne doute pas, malgré les querelles, que sa dulcinée passe l'éponge, on entend la parole tragique d'un futur ancien roi qui fait comme si la perte de son autorité n'était qu'un malentendu. « Hé ho, la gauche… », comme une façon de minimiser les malédictions quotidiennes qui émanent d'abord de son propre camp. « Hé oh ! », c'est la peur qu'on maquille en paternalisme.

C'est la couleuvre qui veut impressionner le cobra.

C'est la parole du type transparent qui veut croire qu'il n'est invisible que parce que l'autre est distrait (Hé, oh !). C'est le type qu'on braque et qui, pour sauver l'honneur, se contente de répondre « Hé oh ! » aux coups qui pleuvent sur sa tête, parce qu'il entend rester digne, si possible, avant de partir sur la pointe des pieds.

« Hé oh, la gauche ! », c'est le désespoir qu'on recouvre d'un sourire. C'est l'onomatopée de l'impuissance. Le dernier souffle qu'on voudrait faire passer pour un élan. Ou l'interpellation magnanime d'un groupe de colonels dépourvus de soldats, qui empruntent au lexique de Nabilla pour envoyer à contrecœur, sur le champ de bataille, l'homme exténué qui, sur un malentendu, l'avait emporté cinq ans plus tôt… D'ailleurs, c'est sur ce ton-là qu'on parle au cadavre. « Hé oh ! » Voilà ce qu'on dit au type dont on refuse la mort, dans l'espoir fou qu'il se réveille, alors que tout est fini.

Dans la vie, la jeunesse, c'est le passé

> « Passent les jours et les semaines,
> Y a que le décor qui évolue,
> La mentalité est la même,
> Tous des tocards, tous des faux-culs. »
>
> Renaud, « Hexagone »

« El-Khomri, t'es foutue, la jeunesse est dans la rue ! » Voilà le refrain familier qu'on entendait lors des premières grandes manifestations contre le projet de loi qui porte le nom de l'ancienne ministre du Travail. De ce point de vue, rien n'a changé : « Devaquet, t'es foutu, la jeunesse est dans la rue », puis « Jospin, t'es foutu », puis « Juppé, t'es foutu », puis « Villepin, t'es foutu », « Fillon t'es foutu », etc.

L'histoire bégaie. Mêmes phrases, même cause, mêmes slogans, même enthousiasme, même crainte et mêmes effets. Les seules variations entre ces conflits jumeaux portent sur le nom du ministre à abattre et la largeur des pantalons. Comme si les « jeunes » – ainsi qu'ils s'appellent eux-mêmes – étaient chargés non pas de changer le monde, mais, au contraire, d'en assurer l'éternelle répétition et de faire en sorte (en accomplissant les mêmes gestes et en criant les mêmes choses) que l'avenir ressemble au présent.

Le rôle de « ralentir l'histoire » a toujours été plus particulièrement dévolu à la jeunesse, parce que être jeune, c'est être milliardaire en années, et avoir tellement de temps devant soi qu'on n'en éprouve pas le passage. Être jeune permet de nier l'avenir (et la mort) par toutes les fibres de son être : « J'ai trop de jeunesse en moi pour pouvoir parler de la mort », écrit Camus dans *Noces*. Regretter sa jeunesse n'est pas regretter la vigueur, mais l'enthousiasme et la crédulité ; la jeunesse est l'âge de la vie où le temps dont on dispose donne l'illusion que le temps ne passe pas.

C'est la raison pour laquelle, en se communautarisant, en valorisant comme tel le fait (hautement provisoire) de n'avoir pas encore atteint l'âge adulte, en tenant l'« être-jeune » pour une vertu en soi, une valeur, une fierté, en faisant d'un faible nombre d'années un signe de ralliement comparable à la couleur de la peau ou à la forme du sexe, bref, en disant « Nous, les jeunes ! » – un peu comme la pub disait « Pour nous, les hommes ! » –, les *jeunes* ne font que se déguiser en l'idée que leurs propres parents se font de la jeunesse. Et si, depuis les années 1980, la jeunesse française est, à son insu, préposée à la lutte contre la réforme et au maintien de l'ordre établi, la faute en incombe aux anciens jeunes, leurs parents, dont ils ont hérité de la nostalgie.

Bore out : l'abîme de l'ennui

> « Toutes les eaux sont couleur de noyade. »
>
> Emil Cioran,
> *Syllogismes de l'amertume*

Lundi 2 mai 2016 s'est ouvert à Paris le premier procès du *bore out* : le conseil des prud'hommes a examiné la demande d'un salarié (Frédéric Desnard) qui juge avoir été licencié « sans cause réelle ni sérieuse », après un épuisement professionnel dû à l'ennui.

Comment se fait-il que ceux qui défendent à bon droit la reconnaissance du burn out comme maladie professionnelle ne mettent pas la même ferveur à plaider la cause du *bore out* ? La réponse est évidente.

Le burn out est un adversaire objectif, un épuisement bien compréhensible du corps et de l'esprit qu'on soumet aux cadences inhumaines d'un monde mondialisé. Crise de sens et perte d'énergie… Tout cela est bien connu.

Mais comment être sensible aux dangers de l'inactivité quand on dénonce, par ailleurs, les méfaits du travail ? Comment plaindre le nanti qui, tout en étant payé, n'a *pas assez* de travail quand on défend tous ceux qui ne sont pas assez payés pour un travail excessif ? À côté du burn out et de ses victimes symboliques, le *bore out* et ses victimes discrètes fait un peu grise mine.

Il recouvre pourtant de vraies tragédies. Le *bore out* est un enfer. Une maladie de l'« ennui » au sens que le XVIIe siècle donne à ce terme. L'ennui est deuil. Ou le tourment de l'âme que cause la mort des gens qu'on aime. Et, par extension, l'ennui désigne le *désarroi*, le sentiment d'abandon qui distille son venin et donne au solitaire la sensation de marcher au-dessus de l'abîme.

« Rien ne peut-il charmer l'ennui qui vous *dévore*[1] ? » demande Bérénice à Titus, qu'elle voit désespéré. Il faut prendre le mot au pied de la lettre. L'ennui est un ogre, une montagne d'abîme, qui saute aux yeux dès qu'on retire les œillères : « L'homme est si malheureux, écrit Blaise Pascal, qu'il s'ennuierait même sans aucune cause étrangère d'ennui par le propre état de sa condition naturelle[2]. » Au-delà des questions de reconnaissance sociale, ou du désarroi d'un employé dont le harnais est si lâche qu'il pourrait se tourner les pouces sans qu'on lève la main sur lui, l'ennui, le mortel ennui, désigne l'expérience du néant. Et le salarié en plein *bore out* qui maquille son inactivité en hyperactivité, par exemple, est exactement ce qu'on appelle un « trompe-la-mort ».

1. Jean Racine, *Bérénice* (1671), acte II, scène 4.
2. Blaise Pascal, *Pensées*, *op. cit.*, p. 139.

Quiconque sent passer le temps éprouve l'ennui sans avoir sous la main les moyens de s'en divertir, entrevoit la fin de tout. Et ceux qui ont la chance de vivre dans l'illusion, ou d'avoir suffisamment de choses à faire, de rapports à rendre et de vacances à organiser pour tourner le dos à leur condition véritable devraient venir en aide au solitaire qui endosse, dans son coin, l'universelle douleur d'exister, et n'ose même pas s'en plaindre.

Le bavardage public

« Outrance », « humiliation », « vision dégradante de la justice », Bertrand Louvel et Jean-Claude Marin (le premier président et le procureur général près la Cour de cassation) n'ont pas eu de mots assez durs à l'encontre de François Hollande après ses propos sur la « lâcheté » des juges, rapportés dans *Un Président ne devrait pas dire ça*, des journalistes Fabrice Lhomme et Gérard Davet. Pour Jean-Claude Marin, il est « plus que temps » que la justice « s'émancipe de la tutelle de l'exécutif » héritée d'une « tradition monarchique d'un autre temps ».[1] Peut-on dire, pourtant, qu'avec les paroles de l'ancien Président l'indépendance de la justice en prenait un coup ? Rien n'est moins sûr.

L'indépendance de la justice est malmenée quand on veut étouffer une affaire à coups de récompenses, quand on envoie un hélicoptère dans l'Himalaya, quand on nomme procureur de la République quelqu'un qui sort d'un cabinet ministériel, ou quand on trouve un « mur des cons » dans les locaux d'un

---

1. Propos tenus lors d'une audience solennelle, le 13 octobre 2016.

syndicat (ce qui met en cause l'indépendance idéologique de la justice).

Mais le fait qu'un Président insulte les juges tendrait davantage à prouver qu'il n'a pas de prise sur eux. On n'a pas de sentiments si haineux envers celui qui nous obéit. Les magistrats ont tort de voir dans ces insultes une atteinte à l'indépendance de la justice, mais ils ont raison de réagir comme ils le font. Parce que avec tous ces livres d'entretiens, cette avalanche de scoops, ce tsunami de petites phrases et de sorties croustillantes, François Hollande Président aura inventé un nouveau langage, à mi-chemin de la parole publique et du SMS : le bavardage public.

C'est le truc qu'on a dit en sachant que ça allait être répété, mais qu'on a quand même dit sur le ton de la confidence. C'est une parole qui n'est pas officielle, mais qui est accessible. Ce n'est pas une déclaration, mais ce n'est pas un secret. C'est la confidence cordiale ! On ne s'exprimerait pas comme ça au journal de 20 heures, bien sûr, mais c'est quand même à des journalistes qu'on parle sur ce ton. C'est un état médian du langage, qui hésite entre l'indiscrétion et la publicité. Et qui permet de dire tout un tas de choses (puisqu'en un sens on ne les a pas officiellement dites). Le bavardage public autorise son auteur à dire qu'il n'a « pas eu de bol » en matière de chômage, que les juges sont des « planqués » qui jouent les « vertueux », ou que les footballeurs auraient besoin de se muscler le cerveau…

Or, en s'indignant (à juste titre) de ces paroles, les footballeurs et les magistrats font tomber ces paroles indécises du côté de la parole publique. Ce n'est pas l'honneur du foot ou de la justice qu'ils défendent, mais l'honneur de la présidence de la République elle-même. Quand un Président désincarne la fonction présidentielle, désinvite Poutine entre deux portes, ou dézingue les juges entre deux verres de vin, la seule chose qu'on puisse faire, c'est de donner à ces paroles semi-publiques et totalement hors sujet l'importance et le crédit qu'elles essaient de ne pas avoir. Un Président désinvolte nous oblige, malgré lui, à le prendre au sérieux.

Nom de nom

« Deschamps, il a un nom très français, avait déclaré Cantona. Peut-être qu'il est le seul en France à avoir un nom vraiment français. Personne dans sa famille ne s'est mélangé avec quelqu'un. Comme les mormons aux États-Unis. Donc je ne suis pas surpris qu'il se soit servi de la situation de Benzema pour ne pas le prendre. Surtout après que Valls ait [*sic*] dit qu'il ne devrait pas jouer pour la France. Ben Arfa est peut-être le meilleur joueur en France aujourd'hui. Mais ils ont des origines. Je suis autorisé à m'interroger à propos de ça. » Voici ce que déclarait Éric Cantona au *Guardian*, en mai 2016, après avoir appris que Karim Benzema et Hatem Ben Arfa ne figureraient pas dans la sélection finale pour l'Euro.

Est-il raciste, l'antiraciste ? En tout cas, il veut ne pas l'être. Mais, ce qui est vrai, c'est qu'il tombe, malgré lui, sous le coup des accusations qu'il porte.

Quel est le raisonnement d'Éric Cantona ? Si Deschamps n'a retenu ni Benzema ni Ben Arfa (qui sont à ses yeux les deux meilleurs joueurs français), ce n'est pas par phobie du « b », mais parce que, contrairement à « Deschamps », leurs patronymes ne font pas très *français de souche*. Autrement dit, Cantona accuse Deschamps de *sélectionner* (littéralement) ses joueurs selon leur degré de francité.

Peut-être a-t-il raison de le faire. Qui le sait ? Seul Deschamps peut dire s'il est raciste. C'est l'avantage des procès d'intention. Ils sont indémontrables, donc irréfutables. L'homme qu'on accuse sans preuve se défend sans convaincre. Didier Deschamps a raison de se défendre en menaçant d'un procès son ancien coéquipier, mais, dans le meilleur des cas, ce sera un dialogue de sourds.

En revanche, ce qui n'est pas douteux, et donc ce qu'on a le droit de dire (les faits), c'est qu'en indexant le comportement de Deschamps sur son patronyme (et tout le passif de « non-mélange » qu'il porte en lui), Éric Cantona fait exactement ce qu'il reproche à Didier Deschamps. Pour le dire plus simplement : qu'il ait raison ou qu'il ait tort (ce qu'on ne saura jamais), Cantona accuse Deschamps (sur son nom) de n'avoir retenu ni Benzema ni Ben Arfa… sur leur nom !

La seule certitude que nous ayons ici – et la grande différence entre Cantona et Deschamps –, c'est que le premier, Cantona, a bien commis, lui, la faute dont il soupçonne le second. Certes, c'est une « faute » qu'il commet *au bénéfice* des deux joueurs, alors que Deschamps l'*aurait* commise à leur détriment. Et Cantona n'a pas tort de rappeler, dans une autre interview, que l'équipe de France est un « vecteur d'intégration » et qu'à ce titre aussi on aurait dû les sélectionner. Mais c'est ouvertement contradictoire : comment peut-il reprocher à Didier Deschamps de faire entrer l'origine d'un joueur dans les critères de sélection… tout en lui demandant de le faire, dans l'interview suivante ? Et comment peut-il croire qu'on intègre quelqu'un quand on le fait sur le fondement de son origine ? N'est-ce pas l'exclure, au contraire ? N'est-ce pas tamponner quota sur son front ? Si l'équipe de France est un vecteur d'intégration, c'est parce qu'elle loge tout le monde à la même enseigne et non parce qu'elle réserve un traitement de faveur à ceux dont l'ADN sent le mélange. Quelle différence, en fin de compte, entre dire « Deschamps, ça ne sent pas le mélange » et « Benzema, ça ne sonne pas français » ?

Aucune victoire n'est à la hauteur d'un renoncement

Tel un bateau dont l'acquisition ne rend heureux son propriétaire que le jour de l'achat (où il rêve) et le jour de la revente (où il est soulagé), François Hollande n'aura reçu d'éloges que le jour de son intronisation et le jour où il annonça qu'il ne serait pas candidat à sa propre succession.

Pourquoi tant d'éloges ? Que salue-t-on chez celui qui abandonne l'arène avant le match ? La victoire d'un principe sur un homme. La raclée qu'un homme inflige à son orgueil, au nom d'un intérêt supérieur.

La meilleure image qu'on puisse en donner se trouve dans *Tintin au Tibet*.

Tintin et le capitaine Haddock traversent l'Himalaya à la recherche de Chang, dont Tintin (sur le fondement d'un rêve) est certain qu'il a survécu à son accident d'avion. Et, alors qu'ils sont en train de gravir une montagne abrupte, un bloc de pierre se décroche et reste entre les mains du capitaine Haddock, qui se trouve suspendu dans le vide, seulement retenu par la corde que Tintin a nouée autour de sa taille. Comme il tend la jambe, désespérément, pour atteindre la paroi, le capitaine gigote furieusement et, à son insu, chaque secousse fait davantage entrer la corde dans la chair de son ami. Pendant quelques instants, la situation est figée. Tintin n'a plus la force de tirer le capitaine vers le haut, et le capitaine n'a plus les moyens de s'accrocher à quoi que ce soit. Rien ne bouge jusqu'à ce que le capitaine comprenne que la seule façon de sauver l'un des deux, c'est d'être, lui, celui des deux qui disparaît. « Mieux vaut une seule victime que deux, non ? Coupez cette corde, Tintin ! » Et, devant le refus de Tintin de couper la corde, le capitaine sort son canif.

Tintin représente la gauche qui prend pour la réalité un rêve fracassé, dont les porte-parole et les figures tutélaires n'ont plus l'énergie de déplacer les montagnes, et retardent le mouvement. Haddock, c'est Hollande, évidemment. Dont la bonhomie éveille la sympathie, mais dont la maladresse produit des catastrophes, dont les gestes le font dévisser, et dont les hésitations (comme une corde se contracte) rongent et infectent son camp. Seulement, quels que soient les défauts du capitaine-Président, sa propre vie compte moins, à ses yeux, que celle des suivants. Le monde ne s'arrête pas à lui. Et s'il faut mourir pour que l'autre ait une chance, si son sacrifice est la condition d'une survie, alors (pour une fois) il n'y a pas à hésiter.

Il faut imaginer l'alpiniste heureux

Deux alpinistes, une Australienne et un Néerlandais, sont morts en mai 2016, victimes du mal aigu des montagnes, juste après avoir atteint le sommet de l'Everest. Il faut faire droit aux deux réactions que suscite cette tragédie. Parce que, en réalité, elles ne sont pas si différentes.

D'un côté, les incrédules se disent : « Pourquoi faire un truc pareil ? Quelle idée ! Qu'est-ce que ça change et quelle est la récompense ? Pourquoi aller chercher la mort à 9000 mètres d'altitude ? Pourquoi se taper des années d'entraînement, de galère et de privation, dépenser (plusieurs fois) plusieurs dizaines de milliers d'euros pour accomplir un effort inhumain dans un environnement hostile, avant d'y mourir comme un con ? Pourquoi ? Pourquoi ? Pourquoi ? » Ça se plaide.

Comme se plaide l'autre réaction, de ceux qui se disent : « À quoi bon accomplir chaque jour la tâche qu'un système attend de nous ? prendre des vacances dans des parcs où on est parqués ? constater chaque année la baisse de ses forces et réduire son bonheur à son pouvoir d'achat ? À quoi bon vivre, sinon pour faire mieux que ça ? Et pourquoi ne pas mourir sur les pentes de l'Everest plutôt que dans son lit ? Contrairement aux fantômes que nous sommes, aux routiniers de l'existence que seule l'habitude de vivre sépare du suicide (et qui se croient en sécurité dans la jungle urbaine) les alpinistes, eux, au moins, auront vécu *avant* de mourir… »

Or ceux qui disent « Pourquoi faire ça ? » ressemblent à ceux qui disent « À quoi bon ne pas le faire ? » Car ce sont deux pessimismes, qui font le constat commun de l'absurde.

Mais les premiers – les incrédules qui s'étonnent qu'on fasse un truc pareil – situent l'absurde dans le fait d'escalader une montagne (ce qui, objectivement, ne sert à rien), alors que les seconds, qui disent « À quoi bon faire autre chose que ça ? », situent l'absurde dans la routine elle-même et dans la longue série des journées oubliées. Les premiers disent « Plutôt vivre que mourir dans le froid ! », et les seconds leur répondent « Plutôt mourir que vivre à petit feu ! ».

La question n'est pas de savoir qui a raison mais quelle façon de vivre est la plus dangereuse.

Est-il plus dangereux de ne jamais tenter le diable ni regarder plus haut que soi, de rester dans les clous avant d'être soi-même cloué dans un cercueil devant des personnes qui s'ennuient, ou de fuir le désert citadin pour retrouver la foule du vent, de la neige, du froid, du soleil et des cimes qui nous attendent quand on ne croit pas au Ciel ?

Escalader l'Everest est une idée absurde, donc c'est une bonne idée.

Et il faut imaginer l'alpiniste heureux.

En même temps : le refus du simplisme dans un monde complexe

Cette locution est devenue la marque de fabrique d'Emmanuel Macron, à qui ses adversaires reprochent (avec ces trois petits mots constamment répétés) de dire *tout et son contraire* dans la même phrase…

À première vue, c'est la formule de l'hésitation, qui permet de tout dire sans rien *dire vraiment* : il faut renforcer les frontières et *en même temps* rester fidèles à notre tradition d'accueil, il faut préserver le nucléaire et *en même temps* augmenter la part du renouvelable, il ne faut pas favoriser le CAC 40 mais *en même temps* il ne faut pas lui taper dessus, il faut respecter le vote en faveur de l'aéroport de Notre-Dame-des-Landes et *en même temps* négocier avec les zadistes… C'est le credo de l'indécis qui plaît à la figue sans cesser, *en même temps*, de faire la cour au raisin. Ou de l'homme qui, comme l'a dit François Asselineau à Emmanuel Macron lors du grand débat, se trouve toujours « d'accord avec tout le monde… ».

En même temps (si j'ose dire), le syntagme « en même temps » n'est pas seulement le contenant malléable qui permet d'embrasser la thèse *et* l'antithèse ni l'exercice de souplesse dorsale qui permet de retourner sa veste en trois mots. « En même temps » est aussi une façon de refuser le simplisme dans un monde complexe.

L'époque est ainsi faite qu'elle prend la pondération pour de l'indécision. Quand on est raisonnable, se disent les gens, c'est qu'on est faible. On tient pour un équilibriste (et donc un courtisan) celui qui déplaît à tout le monde parce qu'il recherche l'équilibre !

Or une chose est de ménager la chèvre et le chou (ce qui est idiot), tout autre est de considérer que le réel est d'une étoffe trop délicate pour n'être observé que sous un seul angle. Une chose est de se contredire pour plaire à tout le monde. Tout autre est d'estimer qu'un discours univoque est inapte à saisir le monde et ses propres contradictions. Qui peut dire, sous peine de sottise, que *son* discours est le *seul* qui vaille ?

Il y a plus de force que d'indécision dans l'expression « En même temps ».

Par exemple, personne n'était plus sensible qu'Albert Camus à la misère des populations locales et aux *crimes contre l'humanité* du système colonial français en Algérie, mais *en même temps* ce constat ne l'a jamais empêché de se sentir pleinement Français d'Algérie et de haïr les attentats du FLN. Bref, Camus était incapable d'être con, ou de n'avoir qu'un seul avis sur la question – ce que son époque ne lui a jamais pardonné. Et on a fait passer pour un faible celui qui, au contraire, avait la force de penser contre lui-même. Et d'assumer l'inconfort d'une position non dogmatique dans un monde de brutes. Quand on est d'un seul camp (d'un seul avis, ou d'un seul temps), on pense avec la moitié du cerveau.

Paris entier est un cactus

La RATP s'est dotée, en 2016, de bancs inclinés dont la forme ne permet pas de s'allonger sans tomber par terre. Autrement dit, des bancs anti-SDF. L'argument de la RATP, d'ailleurs, ne manque pas d'ironie puisque, à en croire les promoteurs de ces dispositifs « clodophobes », ces « nouvelles assises » facilitent le « nettoyage » – ce qu'on peut entendre au double sens du terme (lavage/épuration). Simplifier la tâche des agents d'entretien de la RATP n'est qu'une vertu collatérale d'un dispositif uniquement destiné à purger l'espace public des *corps* de ceux qui vivent, dorment, mangent et meurent dans la rue.

On aurait tort, à cet égard, de s'en tenir à ces banquettes scélérates (dont l'inclinaison ne permet pas qu'on s'allonge dessus, et dont la disposition ne permet pas qu'on s'allonge à côté) : la RATP n'est pas le seul organisme à traiter les SDF comme des fakirs (ou plutôt comme des moustiques) et à s'enduire ainsi de répulsif.

Le remplacement des bancs par des chaises (ou l'installation d'accoudoirs sur les bancs), mais aussi les pics, les barres, les grilles, les systèmes d'arrosage et les pierres taillées montrent que la *ville entière* a sorti ses piquants, non pour se préserver d'une maladie (la pauvreté) mais pour en masquer le symptôme, c'est-à-dire le SDF, qu'on chasse de l'air libre lui-même.

Il ne s'agit pas seulement de casser le thermomètre (au lieu de lutter contre la pauvreté) mais bien de casser des gens – et de les cacher. De leur briser sournoisement le dos s'ils s'allongent. Ou de les empaler discrètement quand ils s'assoient – à l'image de Charlot, le saint patron des SDF endormi dans les bras d'une statue au début des *Lumières de la ville*, dont l'inconfort des lits de fortune contraint le corps à des contorsions accablantes pour trouver enfin le sommeil.

Seconde ironie de l'histoire : les meubles anti-pauvres sont *artistiquement* disposés à l'entrée des immeubles. Non seulement ces installations (qu'on pourrait trouver à la Fiac) sont moralement monstrueuses, mais, en plus (comble d'horreur), certaines d'entre elles sont *jolies*. Ce n'est pas seulement le SDF qu'on dissimule, mais *l'idée qu'on se fait de soi-même* quand on fait une chose pareille.

Ce qu'on ne veut pas voir ici, c'est la honte qu'éprouve immanquablement le praticien de cette barbarie légale. C'est l'horreur de ces dispositifs répugnants de propreté... Chacun sait que ce qu'on fait là est immonde, chacun sait qu'en cette période de lutte pour la propreté dans les villes on traite ici les humains comme des souillures ou des déjections, pire : des incivilités. Seulement, la différence entre un SDF et un mégot, c'est que quand on jette un mégot on reçoit (parfois) une amende de 68 euros, alors que quand on jette un SDF en l'empêchant de se reposer devant un immeuble ou dans le métro on passe (parfois) pour un artiste.

Vouloir que Dieu nous épargne, c'est le prendre pour un homme

> « Direz-vous : "C'est l'effet des éternelles lois
> Qui d'un Dieu libre et bon nécessitent le choix" ?
> Direz-vous, en voyant cet amas de victimes :
> "Dieu s'est vengé, leur mort est le prix de leurs crimes" ? »
>
> Voltaire,
> *Poèmes sur le désastre de Lisbonne*

Les tragédies ont parfois le sens de l'humour. Tony Perkins, un activiste américain conservateur, président d'un puissant lobby chargé de promouvoir les valeurs chrétiennes, a vu sa propre maison noyée par les flots (lors des inondations de Louisiane en août 2017), après avoir dit que les inondations étaient un « châtiment du Ciel contre les homosexuels[1] ». L'homme, qui avait déjà présenté la tempête Sandy (en 2012) comme une punition de Dieu contre les homosexuels et qui a récidivé avec la tempête Harvey,

1. Propos tenus en 2015.

a subi néanmoins le même sort que tous les habitants de son quartier.

De deux choses l'une : soit Tony Perkins est un homosexuel honteux que le Seigneur (qui sonde les cœurs et les reins) a choisi de punir pour avoir planqué ses propres passions sous des professions de foi homophobes, soit (hypothèse moins coûteuse) Dieu ne se soucie pas du tout du mode de vie ni de la sexualité des familles dont il détruit les maisons.

Au chapitre VI de *Candide*, Voltaire raconte que, après le tremblement de terre de Lisbonne en 1755 (qui avait détruit les trois quarts de la ville), les sages de l'université de Coimbra (les Tony Perkins de l'époque) affirmèrent que ces événements étaient la conséquence de notre impiété et décidèrent d'organiser un bel autodafé, car, c'est bien connu « le spectacle de quelques personnes brûlées à petit feu, en grande cérémonie, dit Voltaire, est un secret infaillible pour empêcher la terre de trembler ».

Du coup, les talibans de l'époque prennent cinq types au hasard (sous des motifs absurdes, l'un parce qu'il a épousé sa commère, l'autre pour avoir mangé du poulet sans enlever le lard…) et organisent leur supplice en place publique. L'un est fessé en cadence, l'autre est pendu, les trois derniers sont brûlés vivants. Malheureusement (comme l'inondation Harvey a recouvert la maison de l'homophobe Tony Perkins), le même jour, raconte Voltaire, la terre trembla de nouveau avec un fracas épouvantable.

Il n'est pas étonnant qu'à la virgule près Tony Perkins raisonne comme les intégristes du XVIIIe siècle.

Que faire d'une catastrophe qui s'abat indifférement sur les pieux et les impies ? Comment supporter non pas la catastrophe elle-même, mais le non-sens de la catastrophe ?

Les hommes endurent aisément ce qu'ils peuvent comprendre. Mais ils restent cois devant le drame qui leur tombe dessus. Et, pour en surmonter l'épreuve, se doivent d'interpréter la catastrophe comme un message qui leur serait destiné. La question n'est pas celle du sens à donner à cette tragédie, mais celle du besoin qu'on a d'inventer un sens et de prêter une intention à une inondation… C'est la raison pour laquelle, malgré les progrès de la science, les journaux éprouvent encore le besoin de parler des « colères de la terre » à chaque catastrophe, comme si le monde était un grand humain (appelé Dieu) qui tonne ou tremble chaque fois qu'il est mécontent.

Le droit et la superstition

Le fleuve Whanganui (en Nouvelle-Zélande), un fleuve considéré comme sacré par les Maoris, est (depuis mars 2017) le premier fleuve à être reconnu comme une « entité vivante » par un Parlement. C'est la victoire du philosophe Michel Serres.

Dans *Le Contrat naturel* (1990), Michel *Serres* (le bien nommé) réclame que l'homme mette la nature sous sa protection. Après tout, l'Histoire du droit (rappelle-t-il) est aussi l'Histoire d'une *extension progressive du droit*, aux étrangers, aux esclaves, aux femmes, aux enfants, aux démunis (etc.) qui culmine dans la Déclaration universelle des droits de l'homme. Or, aux yeux de Michel Serres, une telle déclaration sera vraiment universelle le jour où elle décidera que la nature entière est elle-même un sujet de droit.

Qu'un fleuve devienne, comme c'est le cas en Nouvelle-Zélande[1], une personnalité juridique et soit assisté d'avocats dans sa défense contre ceux qui l'abîment, pourquoi pas ?

1. Et d'autres à sa suite : le Gange et la Yamuna en Inde.

Mais à la condition de reconnaître que, paradoxalement (avec cette première), l'homme n'a pas réduit son emprise sur la nature mais l'a, au contraire, considérablement étendue. Or tout le problème est là (et c'est d'ailleurs le problème que pose le livre de Michel Serres) : est-ce en humanisant la nature qu'on la protège contre l'humain ?

Chacun sait-il que le fleuve n'est pas un humain, ni même un individu ? Rien n'est moins sûr. « Entité vivante » n'est pas anodin. D'autant moins que le ministre néo-zélandais de la Justice, Chris Finlayson, a ajouté, en homme superstitieux (ou en bon politicien), que cette nouvelle législation était une « reconnaissance *de la connexion profondément spirituelle entre la Whanganui et son fleuve ancestral*[1] ».

Dans cette histoire, le droit culmine dans la pensée magique.

Un progrès du droit (qui s'étend désormais jusqu'à la personne d'un fleuve) est aussi un progrès de la superstition. Et l'un ne va pas sans l'autre. Il est impossible à l'homme de traiter la nature comme une personnalité juridique (ce qui est bien) sans basculer aussitôt dans la personnalisation de la nature (ce qui est délirant). Nous n'arrivons pas à protéger un fleuve (ce qui est formidable) sans le voir comme un être vivant (ce qui n'a aucun sens). Le droit ne va pas sans la superstition, parce que l'homme ne protège que l'homme – en particulier quand il croit en faire davantage. L'homme a besoin d'humaniser ce qu'il préserve. Et c'est à cela que servent le droit et la superstition,

1. Déclaration entendue à l'issue du vote, 16 mars 2017.

qui ne sont que deux façons dont l'homme s'approprie le monde et le sculpte à sa guise. Certes, il est moins violent de traiter un fleuve comme une « entité vivante » que de forer l'Antarctique ou d'extraire du gaz de schiste à coups de fracturation hydraulique. Mais ce n'est pas moins impérialiste ni totalitaire. Par le droit, l'homme impose ses règles à la nature, qu'il protège. Par la superstition, il la soumet à ses fantasmes.

Comment protéger la nature sans l'encadrer ni la soumettre ?

La loi du marChe

Le 9 octobre 2017 fut le cinquantième anniversaire de la mort d'Ernesto Che Guevara, et son culte ne faiblit pas. « Culte » est le bon mot pour parler du Che. Au sens le plus religieux du terme, puisqu'on trouve dans l'adoration du révolutionnaire tous les attributs de la liturgie.

Un credo, *Hasta la victoria – siempre*, qui a même inspiré *Terminator*.

Une image pieuse : la photo de Korda que tout le monde connaît, où il regarde au loin, et que son auteur a fait paraître après sa mort, comme une contradiction vivante.

Une légende, qui combine l'héroïsme révolutionnaire et la fourberie des petits hommes qui l'ont capturé. Avec la CIA dans le rôle du sanhédrin, et l'armée bolivarienne dans le rôle des Romains.

Des cicatrices : aux stigmates de la crucifixion correspondent les traces de balles qui percent la dépouille du guérillero.

Enfin, une résurrection, dont témoigne le sourire *post mortem* du héros, qui (sur la photo prise par un agent de la CIA le 10 octobre 1967) donne l'impression de rire de ses propres plaies, comme un saint Sébastien narquois.

Et, pourtant, le Christ rouge est aussi un fabuleux bien de consommation, qu'on retrouve en casquette, en mug, en tee-shirt, en marionnette, en pin's, en sac à dos, en ceinture, en tongs, en sticker, en capote… Aucune image n'a donné lieu à autant de produits dérivés.

Mais il n'est pas contradictoire qu'une icône devienne une marchandise. Pour deux raisons, dont chacune est suffisante seule.

D'abord, la loi du marché adore les gens qui la combattent. Les révolutionnaires sont les meilleurs produits puisqu'ils donnent bonne conscience à l'acheteur tout en alimentant le système. On appelle ça la loi du mar*Che*. On vend du Che comme on vend de la vertu. Or le marChe de la vertu est le seul marché qui soit toujours à la hausse. Quoi qu'il arrive, le cours du Che continuera de grimper. À tous égards, l'affaire est excellente (et les clichés sont libres de droit) : bon Guevara !

La deuxième raison est que le système a besoin, pour durer, d'alimenter constamment le rêve qu'on en sortira un jour. Le conservatisme exige l'espérance[1]. Tant que les gens achètent des tee-shirts ou des posters, ils ne font pas la révolution. Et tant qu'ils croient faire la révolution en achetant un tee-shirt, on peut leur faire avaler n'importe quoi. De ce point de vue,

1. Nicolas Sarkozy, discours au palais du Latran, le 20 décembre 2007 : « L'intérêt de la République, c'est qu'il y ait beaucoup d'hommes et de femmes qui espèrent. »

la popularité du Che a une fonction régulatrice dans le corps social. C'est le miel de l'absinthe. C'est le truc qui fait passer la pilule du marché, le *leurre* dans les épinards : l'espoir de la victoire future donne la force d'endurer toutes les défaites du présent. Quand on commence en demi-dieu, on finit en porte-clés.

« Non à la dictature néolibérale »

« Non à la dictature néolibérale » est l'un des slogans qu'on pouvait trouver, en nombre, sur les panneaux brandis par les « Nuit debout ». Or c'est la phrase de quelqu'un qui dort debout, précisément, ou qui n'a aucune idée de ce qu'est une dictature. Ou qui l'a oublié, peut-être, à force de vivre en liberté.

Les privilèges indus et les dénis de liberté sont innombrables sous *nos* latitudes, et on a de bonnes raisons de penser que la mondialisation est un phénomène mortifère, dont certains retirent les bénéfices.

Mais parler de « dictature » revient littéralement à cracher sur ceux qui – contrairement aux « Nuit debout » – vivent *vraiment* en dictature : les homosexuels qui croupissent dans les geôles cubaines ou égyptiennes, les prisonniers de conscience torturés en Chine, en Russie, en Syrie et ailleurs. Parler de « dictature néolibérale », c'est mettre la France, l'Europe ou les États-Unis sur le même plan que des pays où on ne vote pas, où les blogueurs sont condamnés à mort, et où les femmes vivent dans des cages.

Atteintes aux droits des travailleurs, développement de la misère, gavage de l'opinion publique, omnipotence de la société du spectacle, détention abusive des données personnelles, réchauffement climatique… Les mécanismes de la « mondialisation néolibérale » sont redoutables et souvent liberticides, mais le mot « dictature » a d'autant moins de sens qu'en réalité il n'y a jamais eu, dans l'Histoire, une seule démocratie sans économie de marché (l'inverse n'est pas vrai, comme à Dubai ou en Chine, par exemple). Et pour une raison simple : on ne peut pas accorder la liberté d'expression sans accorder la liberté d'entreprendre. La seconde est une conséquence de la première. C'est sa dot, pour le meilleur ou pour le pire. Et faut-il se donner de l'importance, et connaître peu de chose, et avoir peu vécu pour espérer qu'un jour ce ne soit plus le cas ! « Non à la dictature néolibérale » est une parole d'enfant gâté.

L'argent fait-il le bonheur ?

Ce n'est pas vraiment une question. Bien sûr que l'argent fait le bonheur.

D'ailleurs, on désire autant l'un que l'autre.

L'argent, comme l'égoïsme, est le premier motif de nos actions, loin devant la charité, le narcissisme, le masochisme ou même la peur. Qu'ils passent leur vie à travailler dans des conditions atroces ou qu'ils se mouchent dans des billets de 500 euros, les humains sont des « êtres-pour-l'argent ». C'est bien naturel : si le bonheur est dans le comblement de ce qui manque, aucun instrument n'y conduit mieux que l'argent, qui se métamorphose en l'objet qu'on désire. Comment ne pas adorer l'instance qui nous garantit non seulement de manger, de boire, mais d'être libre, envié et respecté par ceux qui nous envient ? Vu de l'extérieur, l'argent, ce n'est *rien* que du bonheur.

Comment se fait-il, alors, que tant de gens riches soient si malheureux ?

D'abord parce que les gens riches aiment à le dire. Il est flatteur, quand on est riche, de montrer (par le dépit qu'inspire une existence inévitablement futile) qu'on sait bien que l'argent n'a pas de valeur véritable, et que ce qui compte vraiment ne se compte pas. On appelle ça le « blues du businessman », qui permet surtout au businessman, sans autre effort que d'avoir l'air mélancolique, de montrer qu'il vaut mieux que ce qu'il possède. Ensuite, parce qu'il est vrai, cela dit, que le fait de ne manquer de rien (auquel on réduit le bonheur) est également un problème.

Ce dont on ne manque pas est aussi ce dont la possession nous inquiète.

Que ce soit la *gloire* (dont toute personne célèbre surveille avec anxiété l'effacement progressif), la *sexualité* (dont tout frénétique redoute un jour une baisse d'intensité), ou bien l'*argent* (dont la possession remplace la douleur du manque par le cauchemar de l'ennui), tout ce qui fait notre bonheur est aussi ce qui nous attriste[1]. C'est la raison pour laquelle il est impossible d'être heureux sans qu'une petite voix susurre à l'oreille : « Dépêche-toi, malheureux, ça ne va pas durer… »

Le problème du bonheur est qu'il dépend de choses qui ne dépendent pas de soi.

---

1. *Cf.* les onze premiers paragraphes du *Traité de la réforme de l'entendement*, de Spinoza, où le philosophe comprend que la meilleure façon d'abandonner les « faux biens » que sont l'argent, la gloire ou la lubricité, au profit d'un Bien véritable (du « quelque chose d'éternel et d'infini » qui nourrit notre âme d'une joie pure et sans aucun mélange de tristesse, et vers lequel « doivent tendre tous nos efforts »), consiste précisément à ne pas y renoncer ! Ou à consentir à la persistance, en soi-même, de désirs médiocres malgré la noblesse d'une intention.

Quoi de plus imprudent que de suspendre son existence à des bienfaits objectifs dont l'absence nous rend méchants, dont la possession nous rend craintifs, et dont la perte nous rend fous ? Le problème du bonheur n'est pas l'argent, mais la nature même du bonheur, qui est un affect frivole, temporaire, soumis à des contingences sur lesquelles nous n'avons aucune prise. Le problème, ce sont les caprices du bonheur, et sa frivolité. Comme il est accessible, le bonheur est périssable. Comme le bonheur ne dure pas, le regret lui tient lieu d'expérience. Enfin, comme il ne dépend pas de lui-même, le bonheur soumet *immanquablement* son esclave à la crainte de sa disparition.

Le bonheur ne fait pas le bonheur.

De la bonne conscience…

« Un autre monde est possible et nécessaire », affirmait le réalisateur Ken Loach, après avoir reçu la Palme d'or pour son film *Moi, Daniel Blake* devant le parterre scintillant de la cérémonie de clôture du Festival de Cannes. Comme les circonstances exigeaient que tout le monde applaudisse, c'est passé comme une lettre à la poste, alors qu'« Un autre monde est possible et nécessaire » est une phrase totalement contradictoire.

Si un autre monde est possible, alors il n'est pas encore nécessaire. Et s'il est nécessaire, alors il est possible. On ne peut pas être les deux à la fois : on ne peut pas jouer sur les deux tableaux de l'hypothèse (possible) et de la certitude (nécessaire).

Certes, quand Ken Loach dit « nécessaire », il ne dit pas qu'un autre monde arrivera *nécessairement*, mais il dit juste qu'il est *moralement* nécessaire de faire advenir ce monde. « Nécessaire » est un appel, plus qu'une certitude : ce que dit Ken Loach ici, c'est que « ce serait *bien* qu'on change de monde » ou pire « ce serait *mieux* » ! Quand Ken Loach dit qu'un autre monde est « possible » et « nécessaire », il veut juste dire qu'un autre monde est « possible » et *souhaitable*. Et dépend, pour advenir, de la bonne volonté de chacun.

Qui n'est pas d'accord avec ça ?

Qui oserait dire qu'un monde meilleur n'est pas souhaitable ? et que l'enrichissement d'une minorité aux dépens d'une majorité n'est pas moralement condamnable ?

Qui aurait le cœur assez fermé pour ne pas approuver Ken Loach ?

Quelle parole est plus consensuelle que la sienne ? En réalité, ce genre d'incantation abstraite et faussement offensive porte un nom : la bonne conscience. Qui fait l'unanimité tout en croyant qu'elle est marginale. Qui rejoint sa suite au Martinez, après avoir levé le poing contre l'inégalité (ce qui est très bien, mais pas sérieux). La bonne conscience d'un vieux festival dont la légende est un souvenir, et dont l'imaginaire, épuisé par la consommation, n'a plus que l'indignation comme critère. Un festival qui combat l'injustice, l'indifférence et le racisme, tout en se vivant comme original. Qui défend le septième art en récompensant deux fois celui qui, dans son travail et non sans talent, le réduit au militantisme. Qui rote en s'indignant de la faim dans le monde, et qui exclut du débat tous ceux qu'il tient pour moins tolérants que lui-même.

Les applaudissements frénétiques qui accompagnent un discours aussi téléphoné, tarte et bien-pensant que celui de Ken Loach ne sont ni plus ni moins qu'un vote à main levée où celui qui s'abstient sera immédiatement crucifié au poteau de la tolérance et des bons sentiments. Car on ne plaisante pas avec la bonne conscience. C'est l'imposture dont les riches et les indifférents font dépendre le salut de leur âme. La bonne conscience est au cœur du système.

Le système des antisystèmes

« Le système, c'est vous. Ce sont les banques. Ce sont des gens déconnectés de la réalité du pays, qui sont entre eux et défendent leur propre intérêt. » Ainsi parlait Marine Le Pen, un matin de printemps, au micro d'Europe 1[1]. Mais quel est cet ensemble brandi comme un épouvantail et dont les contours, bizarrement, sont si flous ?

À en croire Marine Le Pen, le *système*, c'est le mal absolu.

Aucun épouvantail, pourtant, n'a de contours plus indécis : le « système » désigne tour à tour les journalistes, les ministres, les partisans de l'immigration… C'est la brume qu'on désigne comme l'ennemi à abattre. Le mot « système » (dans l'esprit de ceux qui le combattent, ou croient le faire) signifie *en gros* la confiscation du pouvoir par un groupe d'individus (ou d'« experts », comme dit Le Pen avec mépris) qui font tourner le monde à leur profit.

Or, à l'origine, « système » désigne simplement un ensemble dont tous les éléments sont solidaires : un

1. Émission du 25 janvier 2017.

système politique est un mode de gouvernement des uns par les autres. Un *système philosophique* est une pensée où tout se tient. Un *écosystème* désigne une communauté de vivants dont les interactions supposent un équilibre. Seulement, dans son discours antisystème, Marine Le Pen remplace le *lien* (entre les différentes parties d'un système) par la *collusion* (entre les profiteurs *du* système). La solidarité *systémique* des éléments qui composent un ensemble est subvertie par la soumission *systématique* d'une majorité (le peuple) à une minorité endogame d'oligarques et de puissants.

Ce n'est pas faux. Il y a bien des gens qui s'engraissent sur le dos des autres. Mais c'est un peu court. Car, en réduisant le « système » au pacte obscur que les puissants auraient signé sur le dos du peuple, les adversaires (autoproclamés) du système oublient qu'eux-mêmes en font partie au titre de ceux qui le contestent. Le système est un tout, qui inclut la détestation du système. Tout système est tellement cannibale que le refus de s'y soumettre est une autre façon d'y faire allégeance.

Prenons le Front national, justement.

Marine Le Pen dénonce le « système journalistique » mais elle le fait au micro d'Europe 1. Marine Le Pen dénonce l'entre-soi de l'agora médiatique (elle a raison), mais elle en est, par ailleurs, l'invitée favorite. Elle fustige une pensée unique et majoritaire qui écrase les peuples et les électeurs, mais elle prévoit d'arriver en tête au premier tour de la présidentielle. Elle revendique la marginalité de son discours tout en briguant la majorité dans les urnes. Elle dénonce le fait que des intérêts particuliers dictent la politique d'un pays, mais elle-même se garde de dire du mal des Russes dont elle accepte les deniers pour sa propre campagne. Enfin, Marine Le Pen a un *système* de pensée qui lui permet, chaque fois qu'on lui adresse une objection, de ne pas la discuter mais de l'esquiver en accusant, *systématiquement et a priori*, son auteur d'appartenir au « système » et de parler en son nom !

Marine Le Pen qui dénonce le « système » ressemble à ces gens qui font *commerce* de détester le commerce, ou à ces philosophes qui écrivent des traités longs comme le bras contre la publicité et courent ensuite les plateaux télé pour en assurer la promotion.

La place que le système fait à Marine Le Pen est exactement comparable à la place (énorme) que l'économie de marché accorde à ceux qui la conchient. On ne sort pas davantage du *système* qu'on ne sort du ciel qui nous contient. Pour cette raison, la dénonciation du système est le plus conformiste des anticonformismes, et un discours vieux comme le monde qui se présente, sans vergogne, depuis deux mille cinq cents ans et les premiers démagogues athéniens, comme une parole neuve.

Qu'est-ce que l'oligarchie ?

Quand l'ancien premier secrétaire du Parti socialiste Jean-Christophe Cambadélis, ne sachant plus que faire pour empêcher l'hémorragie de ses électeurs en pleine campagne électorale, dénonce un « consensus médiatico-sondagier[1] » entretenu par une « oligarchie[2] » à l'origine de l'impopularité du chef de l'État, il ne peut pas avoir tort.

Il n'est pas difficile d'avoir raison quand on dénonce la collusion des riches et des puissants. Les exemples ne manquent pas.

Si vous attaquez cette parole (si vous faites valoir, par exemple, que, contrairement à ce qu'affirme Cambadélis, François Hollande n'est peut-être pas seulement la victime du système « médiatico-sondagier », mais également de sa propre faiblesse), alors on vous fait aussitôt passer pour un membre de l'oligarchie en question. À la question de savoir *ce que vous dites*, ce genre de discours substitue toujours la question de savoir *qui le dit*, ce qui permet de ne pas

---

1. « Télématin », France 2, 19 avril 2016.
2. « La Matinale », LCI, 18 avril 2016.

entendre *ce qu'on lui dit*. De la gauche à l'extrême droite, la dénonciation de l'oligarchie n'est pas une pensée, mais une *façon de penser* qui s'adapte à tous les objectifs, et qui raffole des mots en deux parties (« médiatico-sondagier », « judéo-maçonnique », ou « parlementaro-capitaliste », etc.), car c'est le lexique des connivences et des collusions incestueuses.

Mais, avant d'être cela, avant de déchoir en l'un des termes dont les démagogues se sont servi pendant la campagne électorale pour désigner (et dénigrer) le fameux « système » auxquels eux-mêmes se défendaient d'appartenir, le mot « oligarchie » apparaît chez Platon, à l'endroit de *La République*[1] où Socrate distingue cinq régimes politiques, l'aristocratie (soit le « gouvernement des meilleurs ») et quatre régimes imparfaits, qui témoignent de la décadence ou du désordre : la timocratie (qui repose sur l'honneur), la démocratie (qui repose sur l'idée d'égalité), la tyrannie – qui est la fin de la politique (où le désir règne en maître) – et, intercalé entre timocratie et démocratie, l'affreuse *oligarchie* (le « commandement du petit nombre »), qui repose sur la richesse.

C'est le régime, dit Platon, « dans lequel les riches dirigent, et où le pauvre n'a pas de part au pouvoir de direction[2] ». C'est le monde où les plus riches (et « leurs épouses », ajoute Socrate) se dérobent aux lois dans le seul but de s'enrichir, aux dépens des démunis et des compétences véritables de chacun. D'une certaine manière, on n'est pas très loin de la vision de

1. Platon, *La République*, livre VIII.
2. *Ibid.*

Marine Le Pen ou de Jean-Luc Mélenchon. La vision d'un pouvoir que l'argent dérobe aux sanctions, l'idée d'une « caste » de politiques, de patrons et de « médiacrates » qui se servent en feignant de servir et conduisent le pays à sa ruine sous prétexte de le diriger… tout cela ressemble à la définition de Platon. À ceci près que, pour le philosophe, l'« oligarchie » correspond à un régime objectivement identifiable comme tel, avec des privilèges légalement établis.

Sous la monarchie absolue, par exemple, quand les institutions elles-mêmes réservent le pouvoir à la noblesse, ou dans la Russie d'aujourd'hui, quand Vladimir Poutine envoie en prison les industriels qui s'opposent à lui pour donner leur marché à d'autres hommes d'affaires plus conciliants, on est dans un système oligarchique.

En revanche, quand les chefs d'État ratifient le traité de Lisbonne, en 2007, sans en passer (comme pour la plupart des traités européens) par la voie référendaire, on est moins dans l'oligarchie que dans le jeu normal d'institutions démocratiques dont on peut regretter qu'elles enjambent la consultation populaire, mais dont les procédures n'avèrent en rien l'indémontrable captation du pouvoir par une élite ploutocratique auto-instituée.

Ce que Jean-Christophe Cambadélis, Marine Le Pen ou Jean-Luc Mélenchon appellent « oligarchie » (et que Jean-Marie Le Pen lui-même appelait la « Ripoublique », ou république des ripoux), c'est, en réalité, le parlementarisme lui-même. Ou le fait de présenter comme une dépossession l'exercice (pourtant) démocratique des attributions que confère le suffrage universel.

L'« oligarchie » est un gloubi-boulga vindicatif et confus de politiques et de puissants auxquels (et c'est tout le paradoxe) participent ses pourfendeurs – à l'image de démagogues eux-mêmes mis en cause mais qui dénoncent la corruption, de grands bourgeois qui dénoncent l'argent roi, ou de candidats qui écument les plateaux télé pour fustiger le journalisme. Tous ont en commun de jouir des privilèges qu'ils fustigent, et d'ignorer (faussement) que, dans un régime vraiment oligarchique, on n'aurait pas – on aurait moins – la liberté de dénoncer l'oligarchie.

Chaque génération est-elle un peuple nouveau ?

À l'ère du *fact checking*, il est étonnant de constater les libertés que prennent les hommes politiques avec les phrases des grands philosophes. Ainsi, dans le feu de sa victoire à la primaire de la gauche, Benoît Hamon a déclaré à ses militants le 29 janvier 2017 : « Comme dit Tocqueville, chaque génération est un peuple nouveau, c'est à vous de décider quel peuple vous voulez être. »

La phrase exacte se trouve dans *De la démocratie en Amérique* et donne ceci : « Les nations ne vieillissent point de la même manière que les hommes. Chaque génération qui naît dans leur sein est *comme* un peuple nouveau qui vient s'offrir à la main du législateur[1]. »

Tocqueville est le premier penseur de la dépolitisation, c'est-à-dire du danger que constitue, pour la démocratie, le désintérêt du peuple. Or un peuple, par définition, se renouvelle en permanence, et chaque génération porte avec elle le risque de l'oubli. De sorte, dit Tocqueville, qu'il dépend des lois de conjurer cette

1. Alexis de Tocqueville, *De la démocratie en Amérique*, *op. cit.*, p. 53.

amnésie, et de réveiller sans cesse l'*instinct de la patrie* en inscrivant les nouveaux citoyens dans l'Histoire et les habitudes qui les précèdent. En un mot, le fait que chaque génération soit « comme un peuple nouveau » n'est pas du tout le credo d'un enthousiaste mais le constat d'un anxieux.

Or Benoît Hamon se sert de cette phrase pour galvaniser ses troupes ! Que le candidat d'une gauche en lambeaux ait à cœur de présenter sa victoire à la primaire comme le matin du socialisme et sa résurrection, c'est de bonne politique. Mais que, pour ce faire, il cite un mélancolique aux yeux de qui le désir de couper les ponts avec le passé produit des catastrophes, c'est absurde. Issu de la plus vieille noblesse normande, Alexis de Tocqueville était, selon les mots qu'il aurait, dit-on, lui-même employés, « aristocrate de cœur et démocrate de tête ». Et cette double appartenance, cette déchirure intérieure, eut notamment pour effet de le rendre plus sensible qu'un autre à l'illusion de faire du passé table rase. Car nous ne sommes le commencement de rien. Et notre désir lui-même de tout recommencer témoigne de la persistance, en nous, d'une très vieille passion.

Ainsi, dans *L'Ancien Régime et la Révolution*, Tocqueville explique que si la Révolution française a échoué, c'est parce que en récusant l'Ancien Régime les révolutionnaires n'ont pas admis qu'ils en étaient les héritiers. En opposant à l'ordre ancien l'idéal d'égalité, ils n'ont pas vu ni compris que l'idée d'égalité leur venait paradoxalement de l'ancien régime lui-même (et du nivellement des conditions sous la tutelle d'un roi). C'est par ignorance qu'ils ont cru bien faire en faisant prévaloir l'égalité sur la liberté. Résultat : ils ont instauré un régime terroriste (Robespierre) et, surtout, ils ont ménagé l'avènement d'un despote (Napoléon). La méconnaissance et le refus du passé ont produit son retour. Quand elle croit qu'elle recommence, l'Histoire bégaie.

Le chevalier de la bonne figure

« Oui, oui et oui. » C'est ainsi que Benoît Hamon a répondu à la question de savoir s'il serait présent au second tour de l'élection présidentielle. Oui, c'est par un triple oui qu'il a dit oui. Oui, oui, oui… Au lieu d'un seul oui, on a eu trois tiers de oui, ce qui est suspect.

Le fin mot de cette trinité affirmative est que Benoît Hamon, en homme sensé, ne croit pas une seconde qu'il sera en finale de la présidentielle. Mais s'il tente, sans conviction, de se convaincre lui-même du contraire, c'est qu'il ne peut pas l'admettre publiquement.

Reconnaître l'évidence (« Je ne serai pas au second tour ») reviendrait à renier la primaire, et surtout à renoncer au remboursement des millions que sa campagne aura coûté au Parti socialiste. Benoît Hamon n'a pas les moyens d'affirmer qu'il ne sera pas au second tour et qu'il n'est pas même certain de faire un score à deux chiffres : *il ne peut pas le dire, alors que personne ne l'ignore.* Ce qui fait de sa réponse une forme singulière de langue de bois, car c'est une langue de bois qui n'a rien à cacher. Chacun sait ce qu'elle tait.

Quand Marine Le Pen bombe le torse pour ne pas dire qu'elle a peur de la justice, quand François Fillon invente un cabinet noir pour justifier sa candidature malgré sa mise en examen ou quand Jean-Luc Mélenchon évite courageusement le sujet des enfants gazés par Assad, c'est (encore) *avec l'espoir de convaincre* que tous trois pratiquent la langue de bois. Alors que Benoît Hamon, lui, n'a plus personne à convaincre. Cinq pour cent feraient son bonheur. Sa cause est perdue, mais il doit faire bonne figure. Hamon, c'est le chevalier de la bonne figure. Celui qui ne trompe personne. Il ne peut jamais mentir sans que ça se voie ; il doit pourtant continuer à le faire ! Mais comment faire campagne quand rien ne marche ? Quand aucun masque n'adhère au visage ? Benoît Hamon est un candidat que les circonstances ont privé du pouvoir de faire illusion. De tous les premiers rôles de la campagne, il est le seul à devoir enfiler son costume *devant* les spectateurs.

Dès lors, *grâce à cette campagne ratée*, on peut voir en transparence comment le pouvoir fonctionne : sous l'image d'un homme qui, comme Benoît Hamon, refuse d'avouer ce que tout le monde sait, on comprend qu'en politique toutes les vérités sont bonnes à savoir, mais que toutes ne sont pas bonnes à dire. Les mésaventures de Benoît Hamon enseignent que ce que les gens n'ont pas envie d'entendre n'est jamais ce qu'ils ignorent, mais souvent ce qu'ils savent déjà. Et l'on comprend, à l'écouter, que les électeurs ne demandent pas qu'on les convainque, mais qu'on les persuade, qu'on les dupe, ou qu'on leur « crève agréablement les yeux[1] ». Le pouvoir est une danse entre un peuple qui sait tout et un souverain qui ne dit pas tout. Le premier demande qu'on le trompe. Le second fait passer ça pour une caresse. Et tout le monde est content. L'enjeu, en politique, n'est pas de dire la vérité, mais de sauver les apparences.

1. Blaise Pascal, *Pensées*, *op. cit.*, chapitre XXV, « Faiblesse de l'homme ».

Quasi ment

Le gouvernement laisse « se développer dans le pays un climat de quasi-guerre civile[1] », a déclaré François Fillon, qui faisait référence à des meetings perturbés et aux concerts de casseroles qui accompagnent chacun de ses déplacements.

Ici, c'est « quasi » qui est intéressant.

Quasi sonne comme une atténuation : une « quasi-guerre civile » n'est pas une guerre civile, mais presque une guerre civile. À première écoute, « quasi » met de l'eau dans le vin. Or ce n'est pas du tout ce que fait François Fillon. En parlant de « quasi-guerre civile » à propos des incidents banals qui émaillent toute campagne électorale, le mari de Penelope Fillon joue plutôt les pyromanes. C'est tout le paradoxe, et la duplicité, du « quasi » : comme il donne le sentiment d'adoucir ce qu'on dit, il permet, à l'inverse, de pratiquer l'outrance. En feignant d'affaiblir ce qu'il raconte, « quasi » libère la parole et autorise à dire n'importe quoi – en l'occurrence, à présenter (comme si la France était la Hongrie des années 1950 ou la Corée du Nord)

1. Dans un communiqué publié le 26 février 2017.

une poignée sporadique de manifestants furax comme l'avant-garde de l'insurrection qui vient si l'État n'y met pas bon ordre. Au lieu d'amoindrir une parole, « quasi » permet de pratiquer la surenchère.

Souvenez-vous du personnage de « Nick *Quasi-*Sans-Tête », dans *Harry Potter*. C'est le fantôme d'un sorcier qui a été décapité, mais dont la tête (parce que la hache du bourreau était émoussée) est encore reliée, par un centimètre de peau et de tendon, au reste de son corps. Un peu comme un distributeur PEZ, dont la tête s'enlève *quasiment* pour laisser sortir les bonbons. Or, de la même manière, la tête de Nick pendouille de temps en temps, mais elle est toujours là. Alors que Nick a *toute sa tête* (et même plutôt une bonne tête), il est condamné à mener l'existence du fantôme dont on voit la tête tout en se disant qu'il ne l'a plus.

Pour en revenir à François Fillon et sa « quasi-guerre civile », la France n'est pas du tout en état de guerre civile, comme Nick n'est pas du tout sans tête. Mais, dans les deux cas, le mot « quasi » donne impunément l'impression inverse. Dire « quasi-guerre civile » permet d'aggraver la situation tout en se donnant l'air de la mettre en sourdine. « Quasi » est le miel qui fait passer l'idée qu'on veut. On peut le mettre à toutes les sauces et l'assortir de termes qui marquent les consciences sans, pour autant, qu'on puisse nous reprocher de les avoir employés. Avec « quasi », on peut tout dire, puisqu'on ne le dit pas complètement.

Éthique du déserteur

« Naufrage. » « Tristesse », « honte », « minable », « déshonneur », « déchéance de crédibilité »... les caciques du PS n'ont pas de mots assez durs pour qualifier la défection de Manuel Valls, qui, contrairement aux engagements pris lors de la primaire socialiste à l'élection présidentielle, a déclaré qu'il voterait Emmanuel Macron dès le premier tour.

À les entendre, c'est impardonnable. Or il y a des degrés dans la trahison. La question que pose l'attitude de Valls est simple : a-t-on tort ou raison d'abandonner (comme un traître) un navire en train de couler ?

Il y a trois écoles ici : l'école *Concordia*, l'école *Titanic* et l'école *Moby Dick*.

1) Vous êtes Francesco Schettino, le capitaine du *Costa Concordia*, qui a fait naufrage près des côtes de Toscane. Celui qu'on surnommait, à bon droit, « le Capitaine Trouillard ». Le type a planté son navire et tué trente-deux personnes parce qu'il voulait frôler la côte, et il a rejoint le rivage à minuit, alors que les derniers survivants, eux, étaient évacués à 6 heures du matin. Un traître de cette nature est un homme

dangereux. D'ailleurs, le Capitaine Trouillard a été condamné à seize ans de prison. Objectivement, Manuel Valls n'en est pas là.

2) Vous êtes un passager masculin de première classe sur le *Titanic*. Et, alors que les tout premiers canots (à moitié vides) quittent le navire en perdition, vous sautez dans l'un d'entre eux. En un mot, vous n'êtes pas un héros. Vous êtes assis dans une barque, tandis que des femmes et des enfants sont encore à bord, mais vous n'avez pris la place de personne ! Et votre crime n'est pas d'avoir tué, juste d'avoir fui avant les autres… ce qui n'est pas non plus le cas de Manuel Valls, que de nombreux ministres et députés ont précédé dans sa défection.

3) Vous êtes Starbuck, le fidèle second du capitaine Achab, et vous traversez les mers du Sud à bord du *Pequod*, à la recherche de Moby Dick, la baleine blanche. Elle est plus forte que vous, plus puissante, plus marine et mieux armée. Les marins sont épuisés, la coque est fragile, et le capitaine (lui-même unijambiste), dont l'unique obsession est de tuer (à tout prix) la baleine blanche, condamne inévitablement son équipage à l'abîme… et vous le savez ! Vous savez qu'au risque d'affaiblir les autres baleiniers vous voguez vers vos propres funérailles. Et voici que, soudain, à l'horizon, surgit un vaisseau de combat, rutilant, commandé par votre ancien lieutenant, dont l'équipage, hétéroclite mais enthousiaste, est en mesure, lui, d'abattre la baleine blanche.

Êtes-vous un traître, un salaud, un minable si, au lieu de vous noyer parmi les gens qui vous détestent, vous choisissez de vivre et de vous battre encore un peu parmi des individus qui vous ignorent mais pensent comme vous ? Est-ce que vous vous déshonorez si (tout en sachant qu'on va vous maudire et que les seconds couteaux vont vous lacérer de leur canif) vous troquez votre honneur contre l'espoir de vaincre vraiment la baleine blanche ? Quand c'est un désert qu'on déserte, est-on encore déserteur ?

Abstention, piège à cons

Dans un article des *Temps modernes* resté fameux[1], Sartre n'a pas de mots assez durs pour l'isoloir, qui, « planté dans une salle d'école ou de mairie, est le symbole de toutes les trahisons que l'individu peut commettre envers les groupes dont il fait partie… Personne ne te voit, tu ne dépends que de toi-même ; tu vas décider dans l'isolement et, par la suite, tu pourras cacher ta décision ou mentir. Il n'en faut pas plus, ajoute-t-il, pour transformer tous les électeurs qui entrent dans la salle en traîtres en puissance les uns pour les autres. La méfiance accroît la distance qui les sépare. »

Autrement dit, Sartre reproche à l'isoloir sa discrétion et les déloyautés, ou les infidélités, que celle-ci rend possibles. Un homme qui se cache pour voter est un fourbe en puissance : s'isoler pour mettre un bulletin dans une enveloppe qui, elle-même, va dans une urne où elle est noyée parmi les autres est non seulement une façon de se camoufler, mais aussi de

1. Jean-Paul Sartre, « Élections, piège à cons », *Les Temps modernes*, n° 318, janvier 1973.

se parcelliser, de s'atomiser, de se singulariser aux dépens de l'ensemble auquel tout homme appartient, car l'individu, pour le dernier Sartre, n'est jamais séparable d'un groupe qu'il anime de sa propre liberté : imagine-t-on, se demande-t-il, une équipe de foot dont chaque joueur jouerait dans son coin ? C'est l'effet de l'isoloir qui, au-delà de la victoire de tel ou tel candidat, promet la défaite de la démocratie réelle, et le remplacement, dit-il, du « pouvoir légitime » (du peuple) par le « pouvoir légal » (de ceux qui s'approprient le pouvoir en feignant de nous représenter). Il n'en faut pas davantage pour que, dans le sillage de Sartre, le philosophe Alain Badiou, par exemple, explique que « ramené à son contenu réel, le vote est une cérémonie qui *dépolitise* les peuples[1] ». Tel est le rêve d'une liberté si pure que, rendue à elle-même, elle coïnciderait avec le désir de tous. Or une telle liberté est platement réduite à l'égoïste libre arbitre de chacun quand on l'enferme dans l'isoloir où, tous les cinq ans, au lieu de s'engager et de mener des actions concrètes, les citoyens se donnent bonne conscience en déposant leur petit bulletin et se laissent ensuite gouverner par ceux qui confisquent le pouvoir ainsi reçu.

Ce n'est pourtant pas ce qui se passe dans l'isoloir où Sartre et Badiou ne sont jamais entrés.

L'électeur qui se cache pour voter ne se planque pas. Au contraire. Un électeur qui entre dans l'isoloir se débarrasse des regards et se dépouille librement

---

1. « Voter ou réinventer la politique ? », *Le Monde*, 18 avril 2017.

de sa propre individualité pour faire un choix qu'il se représente lui-même comme une brique supplémentaire de l'édifice démocratique. Qui vote se vit précisément comme le membre d'un tout. Voter n'est pas se couper du monde mais s'y *inscrire*, et le façonner dans la mesure de ses moyens. Voter n'est pas faire le calcul de l'égoïsme selon lequel le vote dissuaderait d'agir ensuite, mais c'est faire l'expérience d'une liberté qui va beaucoup plus loin que mon petit moi. Ne pas voter : là est la soumission.

Les abstentionnistes ne sont pas les seuls hommes à jeun dans l'ébriété universelle (comme dit Descartes) ni les gardiens d'une liberté difficile, mais des feignants et des ingrats qui négligent les acquis que d'autres ont payés de leur vie. Des gagne-petit qui veulent des droits sans devoirs.

Des malhonnêtes qui brandissent la « nullité » des politiques pour justifier leur flemme.

Des irresponsables qui s'en remettent à des gens qu'ils n'ont pas élus pour gérer les transports, la culture, ou les lycées de leur Région.

L'abstentionniste n'est pas un électeur si exigeant qu'en son âme et conscience, après un examen minutieux, aucune proposition ne satisferait. L'abstentionniste est un snob qui a une si haute opinion de sa propre opinion qu'il aurait l'impression de la souiller en la mêlant à la tourbe des autres. Un enfant gâté qui, parce qu'il a décidé de ne pas voter, prétend suspendre son vote à la coïncidence (hautement improbable) de ses désirs et des propositions que les politiques lui font. Il ne faut pas s'y tromper. Qui veut s'abstenir trouvera toujours d'excellentes raisons pour le faire.

En cela, l'abstentionnisme n'est pas seulement l'indice d'une inquiétante dépolitisation qui impose aux élus de se couvrir la tête de cendres… mais le signe d'une inquiétante nullité du corps électoral en personne, et de ses membres qui confondent paresse et liberté.

Peut-on dire que le libéralisme engendre l'extrémisme ?

Parmi les arguments qui revenaient le plus souvent en faveur de l'abstention au second tour de l'élection présidentielle de 2017, il y avait le sophisme suivant : « Puisque le libéralisme produit l'extrémisme, alors voter Macron en 2017, c'est assurer la victoire de Marine Le Pen en 2022. Autant s'abstenir. » Ce qui revient exactement à dire : « Puisque j'ai peur de mourir, je choisis de me suicider. »

En amont de cette logique insensée se trouve, donc, l'idée banale selon laquelle le « libéralisme » engendre l'extrémisme.

À première vue, c'est imparable : une certaine organisation du commerce (appelée grossièrement « libéralisme »), qui produit immanquablement de l'inégalité, enfante, pour cette raison, la colère et le ressentiment qui eux-mêmes engendrent l'extrémisme. C'est un très vieux procès, qui remonte à l'invention de la démocratie (c'est-à-dire à l'idée que l'inégalité n'est pas inscrite dans la nature mais *construite* par les hommes et leurs échanges et qu'il est donc possible de lutter contre elle). Et cette vieille idée culmine aujourd'hui dans le sentiment d'une arnaque quand le pompier pyromane Emmanuel Macron exige, devant le diable, qu'on vote pour lui, alors que son discours augmente et incarne l'injustice sociale dont se nourrit l'extrémisme qu'il prétend combattre.

On pourrait faire à ce discours toutes les objections de l'Histoire : rappeler qu'aucune démocratie n'existe sans économie de marché (parce que la liberté ne se scinde pas, et que la liberté d'expression est inséparable de la liberté d'entreprendre), faire valoir qu'un libéralisme bien compris exige l'égalité des chances (sans laquelle la concurrence est faussée), ou redire, tout bêtement, qu'il n'y a pas de liberté sans règles (et qu'en ce sens l'ennemi du libéralisme, c'est bien le monde abstrait de la finance)… Mais c'est un vieux face-à-face entre deux lectures du monde, qui ne convaincra que les convaincus.

Le vrai défaut de l'équation libéralisme = (à terme) extrémisme tient à sa condescendance. Quoi de plus hautain que de dire à un électeur : « Toi, mon brave, qui as voté pour les extrêmes, tu n'es pas responsable, ce n'est pas ta faute, mais tu es la victime de ceux qui, après t'avoir exploité, instrumentalisent maintenant ton vote pour garder le pouvoir sur toi » ? Pour qui se prend le militant qui parle aux autres sur ce ton ?

La faille n'est pas de dire qu'un libéralisme débridé produit de la misère (c'est vrai), mais de réduire le choix de l'extrémisme à la misère qu'il produit. L'erreur n'est pas de voir un lien de causalité entre la misère et la haine ; l'erreur est dans le *paternalisme* de celui qui, croyant avoir expliqué quelque chose, dépouille un électeur de sa responsabilité en le traitant comme une victime. Alors que, comme tout vote, l'extrémisme est un *choix*, que les conditions d'existence peuvent expliquer, mais qui ne s'y résume pas.

On n'a pas le droit, pour excuser quelqu'un, d'enfermer son opinion dans sa biographie.

On n'a pas le droit de tenir quelqu'un pour influençable juste parce qu'on a envie de le défendre.

Les gens sont libres de penser comme ils votent. Leurs idées, ce sont des décisions.

Et, pour cette raison, le premier responsable de la montée des extrêmes n'est pas l'*oligarque* délirant, le grand méchant libéral, ni le *médiacrate* mondialisé, mais c'est l'électeur, majeur, adulte et vacciné, qui, librement, en toute responsabilité, choisit de leur apporter sa voix.

« Ce n'est pas la conscience qui détermine la vie, c'est la vie qui détermine la conscience »

On trouve cette phrase, comme une pépite, dans l'*Idéologie allemande*, que Marx et Engels ont écrite vers la fin des années 1840.

« Ce n'est pas la conscience qui détermine la vie, c'est la vie qui détermine la conscience », autrement dit : les idées que nous croyons avoir tout seuls nous sont, en réalité, *dictées* par notre situation dans le monde et les rapports de force auxquels nous sommes exposés.

Nos idées sont inséparables de nos conditions d'existence.

Qu'on pense en bourgeois ou qu'on pense en ouvrier, le raisonnement que nous tenons est indissociable du lieu d'où nous parlons. En termes marxistes, la « production des idées » est l'émanation directe de nos « comportements matériels ».

Ce qui change tout.

On va désormais de la Terre au ciel (de la vie aux idées) au lieu d'aller du ciel vers la Terre. C'est révolutionnaire comme de découvrir que tout ce qu'on a cru faire librement est, en fait, surdéterminé par des forces si puissantes qu'on ne les sent même plus.

La vie change quand on s'aperçoit de cela, comme le jour où on s'aperçoit que la volonté ne choisit rien, mais qu'elle est toujours déjà orientée par des conditions qui la précèdent.

Ce qui est révolutionnaire ici est de découvrir que *la vie détermine la conscience*, c'est-à-dire que notre libre arbitre n'est qu'une illusion qui recouvre un chaos traversé par des rapports de force.

Ce qui revient à dire que, d'une certaine manière, nous ne sommes jamais libres.

Quiconque se prend (à tort) pour l'origine de ses actes ou de ses décisions est un pantin qui s'ignore. Vous croyez agir ou penser. En fait, vous êtes agi, et vous êtes pensé. Un homme vraiment libre sait qu'il ne l'est pas. La liberté n'est pas exactement le problème de Marx. Ce qui compte à ses yeux, c'est la *libération*. Et, pour se libérer d'un système, il faut en comprendre les mécanismes. Pour s'affranchir des préjugés qui nous forcent la main, il faut les décrypter. Pour sortir la tête de l'eau, il faut savoir qu'on est en train de se noyer. En écrivant que « ce n'est pas la conscience qui détermine la vie, mais la vie qui détermine la conscience », Marx fait au prolétariat le cadeau d'une prise de conscience. Mais il l'offre aussi à ceux qui (comme vous et moi) vivent dans une prison sans barreaux, c'est-à-dire dans un monde où, tels des zombies, les hommes agissent exactement comme on leur dit de le faire, tout en ayant le sentiment de contrôler leur destin. On manipule comme on veut les gens qui se croient libres.

Jaurès, ou le socialisme libéral

> « C'est une œuvre humaine que le socialisme entreprend, qui profitera aussi bien en définitive à la bourgeoisie qu'au peuple. »
>
> Jean Jaurès,
> *La Dépêche*, 29 mai 1890

L'expression « libéralisme de gauche » n'est contradictoire que si l'on s'en tient aux idées reçues. Si l'on réduit grossièrement la gauche à l'égalité matérielle, et le libéralisme à la liberté du renard dans le poulailler, ou si l'on dit que la gauche est une « générosité » alors que le libéralisme est un égoïsme, effectivement, l'expression est contradictoire. Mais on se prive alors de comprendre que toute une tradition à gauche (qui va de Jean Jaurès à Michel Rocard) revendique le « libéralisme de gauche[1] ».

---

1. En 2003, Monique Canto-Sperber proposait, dans *Les Règles de la liberté* (Plon, 2003), de réconcilier libéralisme et socialisme et expliquait que l'avenir du socialisme en France dépendait de sa capacité d'intégrer les idées libérales. Dans *Le*

Le libéralisme de gauche est un *libéralisme* : c'est-à-dire qu'il met la liberté au-dessus de tout. Mais c'est un libéralisme *de gauche*, c'est-à-dire qu'il considère : 1) qu'on est moins libre dans un monde où les inégalités augmentent, et 2) que *s'il faut lutter contre l'inégalité, c'est d'abord parce que l'inégalité tue la liberté*. Un socialiste libéral (ou un libéral de gauche) se résout à l'existence des inégalités (et déteste l'utopie de leur abolition), mais il refuse l'accroissement des inégalités, car la justice sociale est, à ses yeux, une condition de la liberté. Comme le dit John Rawls, « les inégalités sociales et économiques sont autorisées à condition qu'elles tournent à l'avantage du plus mal loti[1] ». C'est au nom même de la liberté qu'il faut lutter contre les inégalités en suscitant le mouvement qui les réduit. Et, de ce point de vue, Jean Jaurès est lui-même l'ancêtre du libéralisme bien compris.

Quel est l'idéal de Jaurès ? Selon ses propres termes, « aller à l'idéal et comprendre le réel[2] », comme on regarde la mort en face. Aux yeux du *réaliste* qui ne baisse pas les bras, la solidarité est inséparable de l'individualisme, et la victoire de l'égalité sur la liberté

Libéralisme et la gauche (Fayard, 2008), elle a repris et précisé son propos à partir de la nouvelle donne politique créée par les élections présidentielles de 2007 : le libéralisme ne se réduit pas au libéralisme économique ; la pensée libérale est encore une source d'inspiration politique ; les idées libérales peuvent recevoir une interprétation sociale ; une part de l'histoire de la gauche est marquée par la persistance d'une orientation libérale.

1. John Rawls, *Justice et démocratie*, Seuil, coll. « La couleur des idées », 1993, p. 51-53.

2. Jean Jaurès, « Discours à la jeunesse », Albi, 30 juillet 1903.

signifie la tyrannie : « Dans la passion de l'égalité, il n'y a pas seulement la passion de la justice », mais aussi « l'âpreté de l'intérêt matériel[1] ».

Le révolutionnaire qui se refuse à aller, « en période capitaliste, contre la nature même du régime capitaliste » considère que l'enjeu du progrès est de « faire entrer tous les hommes dans la propriété ». Et la « révolution »[2] qu'il appelle de ses vœux débouche sur le droit de faire des heures supplémentaires (« Quand tout travailleur sera assuré de sa part de travail, ceux qui, par-dessus ce travail minimum, voudront par un effort complémentaire s'assurer plus de bien-être ne feront tort à personne ; ils feront du bien à eux-mêmes et à la civilisation »), et l'entrée sans « hostilité sournoise et paralysante » des ouvriers socialistes dans les « conseils de l'industrie »[3] (c'est-à-dire les comités d'entreprise).

S'il défend le droit de grève bec et ongles (notamment face à ceux qui, à la fin du XIXe siècle voulaient militariser la profession de cheminot pour la priver de ce droit), Jaurès précise, dans un texte visionnaire : « si les ouvriers et employés des chemins de fer entreprenaient à la légère une grève de conséquences si vastes, s'ils suspendaient dans tout le pays le mouvement des hommes et des choses avant d'avoir épuisé les moyens d'action plus doux, avant d'avoir exposé clairement au pays et à tous les groupements ouvriers leurs justes

1. *Id.*, *La Dépêche*, Toulouse, 13 mai 1888.

2. *Id.*, « Socialisme et liberté », *La Revue de Paris*, 1er décembre 1898.

3. *Id.*, *La Revue socialiste*, mai 1896.

griefs et leurs vœux, ils auraient contre eux l'hostilité de la masse inorganique et l'indifférence même des organisations. Ils subiraient alors nécessairement, quelle que fût leur vaillance, un terrible échec et un long discrédit [...]. Lorsque les ouvriers accusent les patrons d'être des jouisseurs, ils ne comprennent pas bien l'âme patronale, précise Jaurès. Ce que veulent les patrons avant tout, c'est *gagner la bataille* [...]. Quand les ouvriers les outragent ou les haïssent, les ouvriers se trompent, les ouvriers ont tort[1]. »

Et, pourtant, cet homme-là était bien le père et le pape du socialisme. Toute son œuvre est une tentative d'inscrire le socialisme dans les « fibres mêmes de l'humanité » comme (à ses yeux) la religion l'était avant lui. Seulement « socialisme » signifie la « réconciliation de l'humanité avec elle-même » et non la victoire de son bras gauche sur son bras droit.

1. *Id.*, *La Dépêche*, Toulouse, 29 mai 1890.

À quelles conditions peut-on étendre à 16 ans le droit de vote ?

Et si on votait à 16 ans ? La question est reparue durant la campagne présidentielle de 2016-2017, sous la forme d'un référendum organisé par l'Union nationale lycéenne, suivi d'une tribune de Jean-Luc Mélenchon[1] sur le même sujet. Les arguments de Mélenchon sont excellents. Voter à 16 ans, explique-t-il, est un bon moyen de contrebalancer le vieillissement de la population par le rajeunissement de son *corps* électoral. La meilleure façon d'obtenir une politique de la jeunesse est d'avoir une jeunesse politisée. Enfin, à 16 ans, on peut travailler : comment payer des cotisations (ou des impôts) sans avoir son mot à dire sur l'usage qui est fait de cet argent ?

Tout cela suffit à y être favorable, mais à une réserve près – qui n'a l'air de rien, mais qui change tout… En France, la majorité civile (18 ans) – et les devoirs qu'elle implique – coïncide avec le droit de vote et (depuis 2011) avec le fait d'être éligible. Ce qui n'est

1. « Pour le droit de vote à 16 ans », sur « Le blog de Jean-Luc Mélenchon. L'ère du peuple, 27 octobre 2016.

pas un hasard. Qu'on soit majeur à 16, 18 ou 21 ans, la seule chose qui importe est l'obtention simultanée du droit de vote et de la majorité, sous peine de fabriquer des citoyens bancals, dont les jambes ne poussent pas au même rythme. Or, ajoute Mélenchon : « L'âge du droit de vote n'entraîne pas nécessairement de modification de l'âge d'autres droits et devoirs. » C'est là qu'est l'os.

De même qu'il est absurde de juger comme un majeur l'enfant à qui on dénie le droit d'être majeur avant 18 ans, il n'y a aucun sens à réclamer le droit de vote à 16 ans, tout en maintenant le droit d'être jugé différemment jusqu'à 18. Dans le premier cas, le devoir n'est pas assorti d'un droit. Dans le second, c'est l'inverse. Mais, dans les deux cas, le système est boiteux. Comment avoir le droit de vote tout en restant civilement irresponsable ? Nul ne peut être majeur et mineur en même temps. Un citoyen est adulte ou ne l'est pas.

Mélenchon fait valoir qu'à 16 ans on a déjà beaucoup de responsabilités : l'autorité parentale, le droit de vote en entreprise, etc. Il a raison de le faire. Mais, si l'on invoque les responsabilités qui pèsent déjà sur les épaules des enfants de 16 ans pour justifier l'obtention du droit de vote tout en affirmant qu'un tel droit n'implique en lui-même aucune responsabilité supplémentaire, alors les raisons qu'on se donne n'ont rien à voir avec le but qu'on poursuit.

En refusant d'aller au bout de son raisonnement, et de considérer qu'avec le droit de vote à 16 ans un jeune citoyen deviendrait tout simplement majeur et hériterait de la totalité des devoirs qui vont avec la majorité, Mélenchon donne le sentiment de vouloir non pas éduquer à la citoyenneté, mais séduire (à coups de droits sans devoirs) un corps électoral virtuel (les 16-18 ans) comme on achète des parcelles de Lune en attendant de s'y installer.

Et d'oublier au passage qu'un droit qui n'est pas assorti d'un devoir n'est qu'un *passe-droit*.

« Prendre ses responsabilités »

« J'appelle les Russes à prendre leurs responsabilités. » C'est de cette façon, toute diplomatique, que l'ancien ministre des Affaires étrangères Jean-Marc Ayrault a commenté les bombardements terrifiants de l'armée russe sur Alep qui ont précédé, fin 2016, la « libération » de la ville[1]. Autant dire qu'il n'y avait rien à faire. D'ailleurs, au cours de l'entretien, et avant de lancer solennellement cet « appel » bidon, M. Ayrault avait reconnu que la France ne pouvait pas faire grand-chose en Syrie, et qu'une résolution de l'ONU désapprouvée par la Chine et la Russie n'avait guère de chances de bouger les lignes.

De façon générale, l'invitation à « prendre ses responsabilités » intervient toujours quand il n'y a plus d'espoir mais qu'il faut encore dire quelque chose ; celui qu'on appelle à *prendre ses responsabilités* est celui sur le comportement duquel on n'a aucune prise.

Ça ne veut pas dire qu'on s'en fiche. Juste qu'on n'y peut rien et qu'en désespoir de cause on fait savoir qu'à défaut d'arranger les choses on est soi-même

1. Entre septembre et octobre 2016.

irresponsable de leur dégradation. Qui appelle les autres à « prendre leurs responsabilités » ne dit pas qu'il s'en lave les mains mais qu'il baisse les bras, ou qu'il « décline toute responsabilité ».

Le mal nommé Jean-Marc Ayrault est d'ailleurs coutumier du fait : quand *Charlie Hebdo* avait mis en une le dessin d'un mufti en fauteuil roulant poussé par un rabbin sous le titre « Intouchables 2 », l'alors Premier ministre Ayrault avait appelé chacun à « prendre ses responsabilités », ce qui lui permettait de dire qu'il désapprouvait cette une… sans pour autant s'attaquer à la liberté de la presse.

Il faut dire que Jean-Marc Ayrault est socialiste et diplomate à la fois. Or un socialiste est toujours sommé de parler plus fort qu'il n'agit (l'histoire du Parti socialiste est celle d'un recouvrement, par le maximalisme des discours, d'une gestion bourgeoise des affaires courantes, à l'image de la guerre que François Hollande avait déclarée au monde de la finance, avant de ne pas y toucher). Pour un diplomate, à l'inverse, c'est ordinairement par la vacuité des paroles (rendues aussi abstraites que possible) qu'on masque l'inaction. Or à mi-chemin de ces deux façons de recouvrir l'impuissance se trouve l'expression « Prendre ses responsabilités », qui se donne des airs de fermeté tout en étant d'une prudence de Sioux. Si l'expression est tellement répandue – et en vogue au pays de la langue de bois –, c'est à son flou qu'elle le doit, et au fait qu'elle dise le contraire de ce qu'elle laisse entendre… « Prendre ses responsabilités » laisse dans le vague celui qu'on invite à le faire, tout en donnant l'air (à celui qui l'emploie) de taper du poing sur la table. Elle se donne comme ferme alors qu'elle est évasive, comme en témoigne l'usage du pluriel lui-même (ce n'est jamais *sa* responsabilité qu'il faut prendre, mais *ses* responsabilités, ce qui permet de noyer le poisson).

« Prendre ses responsabilités » implique que l'heure est venue d'agir, or l'expression survient exactement au moment où il n'y a plus rien à faire. « Prendre ses responsabilités » suppose qu'il faut être « responsable » (c'est-à-dire tenir compte de la réalité) alors qu'elle permet juste à celui qui le demande de passer à autre chose. Quiconque appelle qui que ce soit à « prendre ses responsabilités » s'apprête surtout à fuir les siennes.

L'irresponsable ambiguïté

C'est toujours à son détriment qu'on sort Jean-Luc Mélenchon de l'ambiguïté.

« Je n'ai pas l'intention de m'excuser, car je tiens Bernard Cazeneuve pour responsable de la mort de Rémi Fraisse[1]. » C'est ainsi que Jean-Luc Mélenchon a répondu à l'ancien Premier ministre (ministre de l'Intérieur au moment des faits), qui s'était déclaré prêt à retirer sa plainte (pour diffamation) contre le leader de La France insoumise si ce dernier lui présentait des « excuses » pour avoir prononcé cette phrase : « Cazeneuve : le gars qui s'est occupé de l'assassinat de Rémi Fraisse[2]. »

Il est vrai que Mélenchon lui-même a reconnu qu'« assassinat » était un mot (*sic*) « mal calibré[3] »

1. À propos du militant écologiste, tué par un tir de grenade offensive lors d'un affrontement entre un groupe de manifestants et les forces de l'ordre le 25 octobre 2014, lors de l'émission « Les 4 Vérités », France 2, le 31 mai 2017.

2. Propos diffusés dimanche 28 mai 2017 dans un reportage de l'émission « C politique », sur France 5, et prononcés lors d'un meeting à Montreuil le 24 mai 2017.

3. Lors d'une conférence de presse, le 30 mai 2017.

– ce qui est un peu malheureux quand on parle des armes et de leur usage… Mais ce n'est pas le sujet. Le sujet (ou le problème) est que, pour éviter de présenter des excuses (ce que Mélenchon ne fait jamais), et en faisant valoir qu'il avait, à l'époque, demandé la démission du ministre de l'Intérieur, l'imprécateur des Insoumis a sciemment confondu deux sens du mot « responsabilité » : la responsabilité ministérielle et la responsabilité pénale.

Que Bernard Cazeneuve, en qualité de ministre de l'Intérieur, soit responsable de l'usage, par la police, des armes qui ont causé la mort de Rémi Fraisse, c'est vrai. Et il n'eût pas été absurde, d'ailleurs, qu'en vertu de cette responsabilité-là, Cazeneuve démissionnât. Ce n'est pas de cette façon que l'ancien ministre a « pris ses responsabilités », mais en interdisant les grenades offensives qui ont tué le jeune homme. Démission ? ou maintien ? De cela, on peut discuter.

Mais contrairement à ce qu'il laisse entendre en rappelant qu'il a demandé sa démission à l'époque, ce n'est pas du tout ce que Mélenchon a déclaré lors de son meeting vibrant. Il a dit, ce qui n'est pas la même chose, que Bernard Cazeneuve s'était occupé d'un assassinat… Il y a un abîme entre le fait de dire (ce qui se défend) qu'un ministre est responsable de ce qui arrive sous son autorité, et le fait de dire (ce qui est ignoble) que Bernard Cazeneuve « s'est occupé d'un assassinat ».

Dans le premier cas, la notion de responsabilité n'engage pas l'individu, mais la fonction qu'il incarne.

Dans le second cas, elle fait peser le soupçon que l'homme Bernard Cazeneuve a personnellement (et en cachette) recommandé aux policiers de tuer quelqu'un.

Le problème n'est pas l'outrance (peut-être involontaire) de Mélenchon.

Le problème est qu'en jouant délibérément sur l'ambivalence du mot « responsabilité », l'outrance recouvre une falsification qui permet à son auteur de rester ambigu et de jouer sur les deux tableaux de la polémique et des faits : Jean-Luc Mélenchon n'a pas exactement traité Bernard Cazeneuve d'assassin, mais bon, il n'a pas dit le contraire non plus…

Que reste-t-il de la responsabilité quand elle est salariée ?

Deux collèges privés de Tours ont mis en place (depuis quelques années) un système de bracelet visant à récompenser l'autonomie des élèves. Le collège Christ-Roi et l'établissement Sainte-Jeanne-d'Arc ont eu l'idée d'attribuer aux élèves un nombre de points (et un certain nombre de droits) qui varient selon leur « degré de responsabilité » : entre 8 et 11 points, par exemple, vous avez un bracelet « jaune vif » qui vous donne le droit de vous faire prêter une clé par un adulte de l'établissement. Au-delà de 24 points, votre bracelet devient vert foncé, et vous ouvre l'accès à une salle pendant la pause-déjeuner, à la gratuité de l'étude le soir et même à une dispense de faire ses devoirs à la maison. En revanche, si vous êtes un « mauvais sujet » et que vous portez un bracelet rouge, alors vous ne pouvez même pas vous présenter comme délégué de classe.

On peut s'indigner d'une telle pratique. On peut aussi, plus modestement, la trouver contradictoire : sous le prétexte de donner plus d'autonomie aux enfants, on les transforme en clients, avec des services préférentiels. La carte Fnac (avec ses points-cadeaux) ne fonctionne pas autrement que les fameux bracelets rémunérateurs. Sous prétexte de leur donner confiance en eux, on leur apprend le mépris du type qui est en dessous. Enfin, et c'est le plus grave : sous prétexte de motiver les élèves (de leur donner envie de changer la couleur du bracelet), on les étiquette, on les « tague » et *in fine* on les enferme dans le regard d'autrui.

Comment éviter, dans ce monde en couleurs, que la première chose qu'on regarde ne soit pas la couleur du bracelet de son camarade ? Le système des bracelets est un stupéfiant dévoiement de la motivation en stigmatisation qui souille la neutralité du paysage scolaire en renseignant tout le monde sur la vertu de chacun. À quoi sert-il de lutter contre le port de signes religieux à l'école si c'est pour leur substituer le port de signes vertueux ? Sous prétexte de créer des individus, on recrée des classes d'individus (*alpha*, *bêta*, *gamma*, *delta*, *epsilon*, etc.).

Lutte des classes et meilleur des mondes dans l'enceinte même d'un lycée. Est-ce en les y accoutumant qu'on prépare les élèves à l'univers intégralement marchand qui les attend ? Que reste-t-il de l'apprentissage quand la vertu elle-même procède de l'appât du gain et lorsque l'individu est tout entier soluble dans la quantité ? Salarier la responsabilité, c'est renoncer à l'éducation.

De la fumée sans feu

En apparence, ça veut juste dire qu'« il n'y a pas d'effet sans cause ». Mais la métaphore (et son lexique) n'est pas innocente. Si je dis « Il n'y a pas d'effet sans cause », vous ne sentirez pas la présence d'un danger. Mais si je vous dis « Il n'y a pas de fumée sans feu », vous vous demanderez s'il n'y a pas le feu chez vous. Ce n'est pas pareil.

Chercher la cause derrière l'effet, c'est le noble travail du savant.

Chercher le feu d'où vient la fumée, c'est la tentation du suspicieux.

C'est toute la différence entre l'enquête et le soupçon.

Dès lors, dire qu'il n'y a pas de fumée sans feu est plutôt une façon de tenir le brouillard qui nous entoure pour le masque d'une mauvaise intention. Un peu comme les enfants, *pour se rassurer*, peuplent de fantômes l'obscurité qui les affole. L'avantage de croire qu'on nous cache tout (ou qu'il n'y a pas de fumée), c'est qu'ainsi le néant se peuple. Dire qu'il n'y a pas de fumée sans feu n'est pas dissiper la brume, mais dissiper l'inquiétude qu'elle éveille en la réduisant à un paravent : vous n'y voyez rien ? *Ne vous inquiétez pas*, c'est normal, on vous cache quelque chose... Vous êtes dans le brouillard ? Soyez tranquilles... C'est juste la preuve qu'on *veut* vous aveugler. « Il n'y a pas de fumée sans feu » est la formule magique d'un *soupçon qui rassure*.

Rien n'est plus rassurant que croire au feu derrière la fumée. Puisque, sans dissiper la fumée, le soupçon du feu (qu'on ne voit jamais) donne un peu l'illusion qu'on la transperce du regard. Alors on reste aveugle, bien sûr, mais on a au moins l'impression d'être clairvoyant (un peu comme les gens qui, devant n'importe quoi, plissent les yeux et déclarent « Hummmm, *c'est pas clair, ça !* » – ce qui veut dire à la fois qu'ils n'y voient rien, et en même temps qu'ils y voient clair, eux, dans la fumée). « Il n'y a pas de fumée sans feu » est un mélange de complotisme et de bon sens. C'est à la fois la devise du type dont l'œil acéré (croit-il) voit le rideau de fumée que des puissances occultes ont tendu devant lui et le credo inoffensif du gros malin qui se dit « Quand c'est flou, c'est qu'il y a un loup ».

La prégnance de cette fausse lucidité sur les consciences est aussi la raison pour laquelle aucun démenti n'efface une diffamation. Celui qui dit « Il n'y a pas de fumée sans feu » pensera toujours, pour cette raison, que les rumeurs sont vraies. Le résultat est que, même quand une personne est injustement diffamée, il en reste toujours quelque chose.

La fumée sans feu est une fausse rumeur qui vous consume et qu'on ne peut pas éteindre. Ce sont des allégations souvent ignobles, sans fondement, mais dopées aux réseaux sociaux, qui se nourrissent d'elles-mêmes et qui poussent (en premier) les innocents au suicide. Car la vérité n'a aucune prise sur le soupçon.

Les autruches indomptables

Le monde des abstentionnistes est si vaste qu'il est varié. Il y a les flemmards, les égoïstes, les ignares (qui ne savent pas ce qu'ils négligent), et les vaniteux qui donnent à leur paresse les contours flatteurs d'une théorie, voire d'un *engagement*, ce qui est un comble. Mais il y a aussi, dans ce troupeau, ces moutons provisoires qu'on appelle les « abstentionnistes de second tour ». Prenant à loisir le contrepied de l'idée banale selon laquelle « au premier tour, on choisit, au second on élimine », ils votent *contre* au premier tour et s'abstiennent au second, faute de trouver leur bonheur – comme disent les grands-mères – dans l'offre qui subsiste.

#sansmoile7mai ! Tel était le hashtag en vogue chez tous ceux qui refusèrent de choisir entre Emmanuel Macron et Marine Le Pen le 7 mai 2017.

Naturellement, chacun est responsable de ses actes et, qu'on le fasse toujours ou de temps en temps, ne pas s'engager, c'est déjà s'engager. Mais l'abstentionniste par principe ne voterait pour rien au monde, alors que l'abstentionniste de second tour ne vote que pour *son* candidat. Son snobisme s'arrête à ses convictions. Par conséquent, à la différence de celui qui ne vote jamais (et qui, parfois, est perméable à la conscience de son néant), l'abstentionniste de second tour est fier de son geste (puisque ce n'est qu'une fois) au point de faire du prosélytisme. Ainsi, ceux qui déclarent « sans moi le 7 mai » disent en réalité : « Nous n'allons pas à la soupe et ne mangeons pas de ce pain-là. Nous, les *insoumis*, sommes le peuple, nous sommes grands, nous sommes libres, nous sommes des autruches indomptables que personne n'empêchera de plonger la tête dans le sable ! Non, monsieur ! »

C'est de l'indécision que naît ici la fierté.

Non que l'Insoumis autoflatté de s'abstenir soit déchiré entre deux détestations (Marine Le Pen et Emmanuel Macron). Un dilemme serait trop simple.

Avec Emmanuel Macron, les Insoumis ne partagent rien. De lui, ils détestent tout. L'ancien métier, les références, l'ambition, les mœurs et la vision du monde. En revanche, ne leur en déplaise, les Insoumis partagent avec le Front national des positions cousines (sinon communes) sur l'Otan, Schengen, la Syrie, la Russie, l'Europe, la retraite à 60 ans, le protectionnisme, l'usage du référendum, le dégagisme, la haine des médiacrates et des oligarques, la confusion de Macron et de Hollande, l'ambition d'être les candidats « du peuple », le rejet des traités de libre-échange, etc. Seulement, il s'agit encore du Front national, qui, aux yeux d'une majorité d'Insoumis, incarne le diable. Ou le mal absolu. Ou le méchant parti raciste. De sorte que ce qu'on présente comme une alternative intenable entre le Charybde libéral et le Scylla xénophobe est en réalité l'impossible aveu d'une réelle convergence avec les idées de la seconde.

Quand *Jean-Marie* Le Pen est arrivé en finale en 2002, Jean-Luc Mélenchon a présenté le vote au second tour comme un devoir républicain malgré la nausée d'un bulletin « Chirac ». Si le même homme, quinze ans plus tard, alors que Marine Le Pen est en finale, ajourne les résultats comme un condamné fuit son couperet, attend, pour s'exprimer, que ses militants débattent, pousse la mauvaise foi jusqu'à exclure la possibilité même du vote FN dans la « grande consultation » qu'il a offerte à ses ouailles dans l'entre-deux tours et entre sous terre à la façon d'un enfant qui s'enfonce sur sa chaise dans la crainte que son prof ne l'interroge, c'est qu'en lui-même l'ombre portée d'une haine antique pour le diable frontiste recouvre encore, un peu, l'inavouable constat d'une parenté profonde avec l'essentiel de son projet. Mais qu'il ne s'y trompe pas : qui se ressemble s'abstient.

Pourquoi Jacques Chirac nous est-il tellement sympathique ?

La France entière tremble pour son ancien Président, dont elle guette l'agonie avec pudeur. Mais d'où vient l'immense sympathie que Jacques Chirac inspire aux Français depuis toujours ? Même quand Chirac était empêtré jusqu'aux yeux dans de vilaines affaires, même après l'assaut d'Ouvéa et la raclée de mai 1988, quand il dépensait des millions de francs publics en frais de bouche, ou quand il ressuscitait Godzilla à Mururoa, les Français continuaient, tout en protestant, de le trouver sympathique. Les filous sympathiques ne manquent pas. Mais tout le monde n'est pas aimé comme lui.

Jacques Chirac était un politicien (au sens le plus péjoratif du terme) dont les manœuvres ont coûté leur carrière à des gens plus estimables que lui ; Chirac fut l'artisan de collusions profondes entre le pouvoir et l'argent, et c'est, jusqu'à nouvel ordre, le seul ancien président de la République à avoir été condamné par la justice. Ses opinions sont des zigzags (il a été thatchérien comme il a été jacobin, nationaliste comme altermondialiste). Il a tellement menti qu'une marionnette à son effigie s'appelait « Super Menteur » et que le slogan de campagne de Lionel Jospin en 2002 (« Présider *autrement* ») s'en servait comme d'un message subliminal. Son testament politique est nul. La vision du monde qu'il lègue à la postérité est une caricature de bons sentiments, et son unique fait d'armes consiste à s'être (vainement) opposé à une guerre absurde, à l'unisson des neuf dixièmes de la planète. Et tout le monde sait ça ! Et tout le monde adore Chirac ! Qu'a donc de si charmant le cul de la vache pour que son palpateur soit absous ?

Hypothèse : on adore Chirac comme on aurait pu le détester. « L'instinct d'imitation et l'absence de courage gouvernent les sociétés comme les foules. Et tout le monde rit de quelqu'un dont on voit se moquer, quitte à le vénérer dix ans plus tard dans un cercle où il est admiré[1] », explique Proust pour étayer la disgrâce et les pièges où son peu d'esprit vaut à l'archiviste Saniette de tomber, immanquablement, en société.

Autrement dit, celui qu'on excommunie eût, en d'autres temps, pavoisé parmi ses bourreaux. La haine et la vénération procèdent de la même souche. Les passions que certains hommes inspirent à certaines foules relèvent toutes du même mécanisme, qui consiste (depuis qu'un homme est mort pour nos péchés) à s'unir, par la détestation ou l'amour, sur le dos de quelqu'un. Jacques Chirac aurait pu tomber

---

1. Marcel Proust, *À la recherche du temps perdu*, vol. IV, *Sodome et Gomorrhe*, t. II, *op. cit*, p. 96.

du mauvais côté mais, à la différence de Saniette (que sa détresse n'excuse pas d'être, par ailleurs, un emmerdeur et un imbécile), Chirac est adorable. Cet homme a tous les défauts, sauf le mépris. On peut se sentir trahi par lui, mais personne, jamais, ne s'est senti négligé. Chirac est d'un autre temps, mais il a offert, par son anthume succès, à la société du spectacle la plus belle victoire de l'image sur le fond. À lui tout seul, le sympathique Chirac a triomphé du menteur, du traître et du fripon. Jacques Chirac est le bouc émissaire de notre indulgence.

Les foules sont folles

À rebours de la désapprobation générale, Jean-Luc Mélenchon avait, en 2016, remercié et applaudi les salariés d'Air France qui, en arrachant la chemise de leur DRH, parvenaient, à ses yeux, à mettre en lumière la violence des « condamnés à la mort sociale[1] ». La chemise arrachée était la contrepartie symbolique de la violence sociale infligée par la direction d'Air France à ses salariés. En termes simples, il est légitime (sinon légal) que des salariés mécontents déshabillent eux-mêmes ceux qui les ont mis à poil. Tout ça se défend, mais ne va pas chercher très loin.

Car il y avait beaucoup plus dans ce geste qu'un simple retour de bâton.

C'est l'anthropologue René Girard[2] qui permet – mieux que Marx – de saisir la portée de l'image où un homme à moitié dénudé tente, sous les quolibets, de s'extraire de la foule.

René Girard enseigne qu'une violence unanime est une violence fondatrice.

---

1. BFMTV, le 6 octobre 2015.
2. Dans *La Violence et le Sacré*, Grasset, 1972.

Pour éviter la rivalité des désirs et la guerre de tous contre tous, les sociétés humaines ont spontanément mis au point un mécanisme monstrueux (mais salvateur) qui consiste à remplacer le *tous contre tous* par le *tous contre un.* Pour le dire autrement (et comme en témoigne, pour Girard, la passion du Christ), toute société humaine a besoin du lynchage (et donc d'un bouc émissaire) pour se constituer en société.

Or c'est exactement ce qui s'est passé avec les salariés d'Air France, dont le mécontentement social n'est que l'alibi du geste archaïque (et tribal) au terme duquel une meute devient un groupe. On emploie souvent l'expression « union sacrée », mais c'est un pléonasme qu'il faut prendre au pied de la lettre : l'union des individus exige toujours, en son origine, qu'il y ait un sacrifice. Ce qui s'est passé avant-hier n'est pas une vengeance dictée par l'injustice sociale ; c'est un rite primitif dicté par le besoin de faire cause commune. Là est la raison pour laquelle aucun salarié n'a pris la défense de cet homme, mais tous ont ricané au spectacle désolant d'un martyr dont le sort eût indigné chacun d'eux isolément.

Comment demander, au nom de l'égalité, que la loi ne soit pas la même pour tous ?

« On est allés les chercher comme des bandits… tout est permis quand il s'agit des gens simples… » Ainsi a réagi Jean-Luc Mélenchon, après que la police est allée chercher (à leur domicile) à 6 heures du matin les salariés d'Air France qu'on soupçonne d'avoir arraché sa chemise à leur DRH : « La méthode, ajoute le tribun, manifeste une espèce de *morgue de classe* qui est insupportable[1]. »

Certes, il est incommode et désagréable d'être enlevé par la police à 6 heures du matin. Mais Jean-Luc Mélenchon aurait, de toute façon, protesté contre l'arrestation des salariés même si on était venu les chercher en milieu d'après-midi. Ce qui dérange Mélenchon n'est pas tant la méthode des policiers (qui ont respecté la loi) que la loi elle-même. En protestant contre l'arrestation des salariés (qui seront pourtant reconnus coupables d'un délit), Mélenchon demande tout simplement qu'on suspende la loi à leur profit.

1. BFMTV, 13 octobre 2015.

Tout se passe comme si le républicain Jean-Luc Mélenchon était, constamment, en conflit avec le marxiste Jean-Luc Mélenchon. Le premier réclame l'application de la loi (notamment contre ceux qui se pensent au-dessus des lois). Le second dénonce l'application de la loi (que les policiers ont parfaitement respectée) quand elle se fait aux dépens des salariés en lutte. Le premier exige que tout le monde soit à la même enseigne. Le second réclame ni plus ni moins qu'un traitement de faveur pour une certaine catégorie de personnes dont le combat (à ses yeux) sacré leur donne le droit de déshabiller leur DRH en place publique sans avoir à répondre de leurs actes.

Qu'il soit républicain ou marxiste, Mélenchon n'a pas tort de remarquer que certaines personnes sont au-dessus des lois. Mais les puissants dont Mélenchon dénonce (à juste titre) l'impunité se situent précisément *au-dessus* des lois, c'est-à-dire *hors la loi.* Et Mélenchon a raison de vouloir que la loi s'applique et que les puissants aillent en prison comme tout le monde… Mais, dans le cas des salariés d'Air France, soudain, *ce sont les hors-la-loi* que défend Mélenchon ! Le délit qui l'indigne quand ce sont les puissants, il l'applaudit quand ce sont les salariés. Or, qu'on soit faible ou bien puissant, un passe-droit reste un privilège.

La liberté est-elle dans la révolte ?
(Bac philo)

Le 26 mai 2016, la CGT a bloqué la distribution des journaux qui refusaient de publier un tract dénonçant la loi Travail.

Tels *Granma* ou la *Pravda*, seule *L'Humanité* était dans les kiosques ce jour-là.

Le syndicat qui dénonce les pressions de la finance sur la presse a lui-même imposé le silence à tous les journaux : comment le dévoiement de la révolte en atteinte spectaculaire à la liberté d'expression est-il possible ? Ou comment éviter que la révolte ne tue la liberté qu'elle est censée défendre ?

Être libre, c'est dire non. C'est, face à l'oppression, pratiquer l'insoumission. Quand un pouvoir est écrasant, la liberté est de se révolter. Les exemples ne manquent pas, mais ce n'est pas une raison pour les prendre au hasard.

Citons : 1) la suppression du tsarisme, et 2) la disparition de l'Union soviétique, car les deux événements ont eu lieu au même endroit. L'abolition du tsarisme est de même nature que celle de l'URSS, qui, pourtant, est elle-même née de l'injustice. Et la mutation de la révolte en tyrannie renouvelée donne à comprendre que la liberté réside dans la *fidélité au geste initial de la révolte*, et non dans son remplacement par un système encore plus coercitif que le précédent.

En d'autres termes, comment préserver la révolte du goût de l'absolu qui conduit les consciences, au nom de la liberté, jusqu'à la rancune totalitaire ? Comment éviter que 1917 n'engendre Staline ? ou que 1789 ne produise Robespierre ?

C'est-à-dire : comment sauvegarder la liberté au sein de la révolte ?

Ou comment sauvegarder la révolte elle-même ? Comment rester révolté ? Comment éviter que le camarade ne devienne apparatchik ? Comment ne pas devenir, à l'image de la CGT, plus conservateur que les conservateurs ?

En retenant de *L'Homme révolté*, d'Albert Camus, l'idée que la révolte est un refus, *mais* un refus qui est porté par l'amour avant d'être mû par la colère. En termes camusiens, l'homme révolté *dit oui avant de dire non*[1]. Dès lors, la révolte n'est pas une liberté, mais une *libération*, c'est-à-dire un mouvement qui, pour ne rien perdre de son énergie, doit se donner des limites et développer une pensée non pas du compromis, mais de la mesure. C'est à ce compte-là qu'on peut changer *le* monde, à défaut de changer *de* monde. Camus encore : « La révolte est [...] amour et fécondité, ou elle n'est rien. »

---

1. « Qu'est-ce qu'un homme révolté ? Un homme qui dit non. Mais s'il refuse, il ne renonce pas : c'est aussi un homme qui dit oui, dès son premier mouvement » (Albert Camus, *L'Homme révolté* (1951), Folio, 1985, p. 27).

La fresque de la discorde

On l'appelait la « fresque de la discorde ». Dans le cadre du festival Street Art Fest à Grenoble, l'artiste de rue Goin a représenté (en juin 2016) deux policiers en tenue antiémeute matraquant une Marianne au sol, ensanglantée, qui tient un drapeau tricolore en lambeaux.

Bref, c'est un dessin stupide, dont l'auteur accuse explicitement la police française de fouler aux pieds la liberté et de lui taper dessus quand elle est au sol – ce qui est faux. Nous ne sommes ni à Téhéran, ni à Damas, ni à Moscou, ni à Pékin. La police française n'est pas le bras armé d'un pouvoir autoritaire. Et les petits-bourgeois qui enfilent une cagoule avec le sentiment de prendre les armes contre la tyrannie devraient faire un tour en dictature pour voir ce qu'est une véritable interdiction de manifester.

La question qui se pose ici n'est pas de savoir si la France est une dictature (ce qu'il est idiot de croire), mais d'où vient une telle confusion entre les polices dictatoriales et la police républicaine : or, l'origine se trouve dans une lecture de l'Histoire qui (tenant la justice sociale pour le seul critère de « démocratie réelle ») ne fait aucune différence entre un régime qui nous prive de nos droits (comme une dictature) et un système qui produit du chômage (comme une démocratie libérale). De là le sentiment, fou, qu'entre la police de Vichy (par exemple) et la police républicaine c'est le même panier à salade. Or un amalgame si grossier a l'avantage (pour celui qui le pratique) de présenter, sans vergogne, les encagoulés qui frappent les flics et le syndicat qui empêche de lire les journaux (ou de faire le plein, en période de blocage) pour des champions de la liberté.

Pour autant, réclamer l'« effacement immédiat » de la fresque, comme l'a fait Geneviève Fioraso (l'ancienne ministre socialiste qui appartient à l'opposition municipale grenobloise) n'a aucun sens. L'argument selon lequel, étant financé par les fonds publics, le festival Street Art Fest devrait s'interdire ce genre de représentation est aussi sot que la fresque elle-même. Défendre la République, c'est défendre le droit de la critiquer – même quand son critique est un crétin.

Il faut faire la différence (parmi ceux qu'indigne cette fresque) entre ceux qui, comme Bernard Cazeneuve (alors ministre de l'Intérieur), avaient raison d'apporter leur soutien à la police républicaine, et ceux qui, comme Geneviève Fioraso, avaient tort de réclamer l'effacement de la fresque. Que voulaient les effaceurs ? Qu'on célébrât le pouvoir, parce que le pouvoir nous finance ? Qu'on ne produisît que des œuvres *républicainement* correctes ? Qu'après le « réalisme socialiste » (qui imposait de faire des œuvres à la gloire de la Révolution russe) on imposât un réalisme républicain célébrant le « vivre-ensemble » ? Un tel écueil n'est pas moins dangereux que l'autre. Le problème n'est pas la fresque (que sa bêtise autodétruit), mais le face-à-face entre des peintres de rue qui se prennent pour le Che et des élus de la République qui oublient trop vite que l'État est garant de *toutes* les libertés, y compris celle d'être idiot.

Pourquoi tant de rites ?

Pourquoi tant de rites lors d'une passation de pouvoir ? À quoi bon un tel protocole ? D'où vient l'étrange besoin que les humains éprouvent parfois d'être tellement solennels ?

C'est leur humanité, justement, qui rend les rites obligatoires. C'est parce qu'ils sont mortels que François Hollande, Emmanuel Macron ou Laurent Fabius se sont successivement déguisés en statues ou en symboles le jour de la passation de pouvoirs. Le Divin n'a que faire d'un tel tralala. Dieu n'est pas dans les églises ni dans les cérémonies, mais dans les cœurs. Contrairement à une passation de pouvoirs, une prière n'a pas besoin de témoins.

Quand, en revanche, à la différence du pouvoir céleste ou de la Vérité en personne, le pouvoir (tyrannique ou non) est institué par des hommes et pour un temps donné, le pouvoir est une coquille vide que les hommes remplissent de leurs désirs. Le pouvoir est cérémonieux, car, sans cérémonie, le pouvoir n'est rien. Il *faut* l'onction d'un rite à quelque chose qui, comme le pouvoir, existe si peu. Aucun pouvoir n'est possible sans sceptre ni hochet ni médaille.

Le pouvoir ne se suffit pas : il est inséparable des symboles qui l'incarnent. Si vous lui enlevez l'apparat, vous le déshabillez. Si vous le déshabillez, vous lui enlevez tout. Le monde politique est inévitablement une scène de théâtre où chacun joue la comédie du pouvoir. Et, comme au théâtre, personne n'est dupe. Chacun sait, devant son écran, que les acteurs sont des acteurs et que tout ça n'est qu'une fable. Mais, comme au théâtre, la force de la fable dépend de la crédulité volontaire du spectateur. Plus on y croit, plus ça existe.

C'est ainsi que fonctionnent les « grandeurs d'établissement[1] ». À la différence des « grandeurs naturelles » (qui sont de vraies qualités et donc se suffisent à elles-mêmes), les grandeurs d'établissement désignent tous les titres, les médailles ou les masques qu'on se dépose tour à tour les uns sur les autres. Ce sont les grandeurs frivoles ; un jour, vous êtes tout, le lendemain vous n'êtes rien du tout. Aussi ces grandeurs ont-elles besoin d'apparaître pour exister. Une grandeur aussi minuscule que le pouvoir n'existe que si on la remarque.

En dictature, où l'on confond le pouvoir et la personne qui l'exerce, les cérémonies sont toujours à la gloire du tyran. En démocratie (quand le pouvoir sait qu'il n'est rien), c'est l'inverse : les rites ont pour but de dépouiller de lui-même, pas à pas, le Président élu, jusqu'à ce qu'il ne reste plus de lui qu'un masque – masque de Président, de chef des armées, de grand

1. Blaise Pascal, *Trois discours sur la condition des grands* (v. 1660).

maître de l'ordre national de la Légion d'honneur, etc. Peu importe le masque, tant que la fonction recouvre la personne. « Vaincre son ego pour se replacer dans le sens du rite, dit Confucius, c'est le sens de l'humain[1]. »

1. Confucius, *Entretiens* (v. 500 av. J.-C.).

Où, pour un scrutin, l'on soumit *La Disparition* à un infamant plagiat… (tribut à G. P.)

Comment Georges Perec, l'auteur de *La Disparition*, aurait-il raconté (sans jamais utiliser la lettre « e ») la campagne présidentielle de 2017 ?

Il suffit d'un iota d'imagination pour ça !

Il y a un an, l'aspirant candidat ayant pour nom Manu Macron, inconnu au bataillon, fils putatif du papa François (qu'il largua durant son mandat), qu'on soupçonna gai mais qui, sourd aux ragots, maria sa prof, dont nul n'imaginait, alors, qu'il parvînt au pouvoir par un scrutin, Macron, donc, lança son futur parti, imposant à tous qu'on marchât.

Mais qu'advint-il alors ? Nous voilà dans l'inconnu.

Pour sûr ! Qui l'aurait cru ? Lui, Macron, l'oisillon chu du nid, dont (gourou imbu) Attali disait qu'il irait loin, vainquit, au bout d'un combat mirobolant, François Fillon (un mormon mû par l'appât du gain), l'insignifiant Hamon, portant sur son dos l'imposant corbillard d'un parti moribond, puis Juan-Luc, commandant « insoumis », adorant Castro, vaincu vindicatif, grognon, bourru, infoutu d'offrir un choix clair aux militants furax.

On vit ainsi, à l'instar du non-choix, pas mal d'individus brandir un quitus blanc. Instants navrants. Choix fatal. Noir horizon. Diagnostic malsain. Tout ça pour ça ? Mais l'on vit aussi maints coups du sort moins contrariants… Moult vaincus furibards l'ont dit « candidat du patron », ballon buzzant ou finançant Rothschild… mais Macron s'amusait, avançant d'un bon pas, conjurant un amas d'intrigants bruits sournois (dont l'on-dit d'un amour aux bras du Grand Poutin), tandis qu'un animal ultra-marin, blond blanc, diffamant sans fin, finançant son parti aux frais du diablotin transnational, divaguait soudain, dansant dans un studio, brassant l'air durant la discussion – accouchant d'un GIF parfait, viral, mondial – faisant hara-kiri lors du combat qui l'opposa au bondissant bambin. « *Yann ! Aiuto !* hurlait son papa ! » – Mais non ! Mais si ! Tout allait *à volo* quand Manu Macron gagna !

« Bonjour-z-aux-nanas, bonjour-z-a-tous… Moi, individu sans clan, j'ai su, j'ai grandi, j'ai vaincu, j'ai *compris vous.* Marchons, marchons… » Ainsi parla Macron. Alors, un pays qui s'abîmait dans un chagrin sans fond claqua du talon, opta soudain pour la mutation, applaudit à sa proposition ! Aussi a-t-il fait un carton.

Voici donc Macron. L'anti-Quasimodo. Galopin sans blason ni avoir familial (dont on craignait, non sans raison, qu'il n'offrît aux mal-nourris d'insignifiants rogatons), Macron, toujours marchant, prit d'assaut, d'un coup, un pouvoir à l'abandon.

De quoi le Soldat inconnu est-il le nom ?

Le 11 novembre 1920, la tombe du Soldat inconnu a été installée sous l'Arc de Triomphe, à Paris, et chaque année, le même jour, un hommage de la nation est rendu à cette figure sans visage. De qui (ou de quoi) le Soldat inconnu est-il le nom ?

On dit souvent des anonymes qu'ils sont *tout le monde et personne à la fois*. Or, ici, ce n'est pas exact. Car il y a dans cette tombe des reliques, qui sont le témoignage d'une vie.

La tombe du Soldat inconnu n'est pas un monument aux morts. C'est même l'inverse puisque, sur un monument aux morts, on trouve le nom des gens dont le corps s'est volatilisé, alors que, dans la tombe *innommée* du Soldat inconnu, il y a *quelque chose* qui, un jour, a été *quelqu'un*. Un jeune homme est né, dans une famille aimante peut-être, a grandi (qui sait ?) dans un des beaux villages de France (de Somme ou de Champagne), a peut-être perdu son pucelage, une matinée d'automne, avec la nièce de son voisin, a aimé, chéri, détesté, bref *vécu* avant d'être appelé sous les drapeaux, puis, drapé sans appel dans un linceul de mauvaise toile, rangé dans un cercueil de chêne, déposé dans la chapelle de la citadelle de Verdun, à la sixième place en partant de la gauche, et choisi, pour cette raison, par le soldat de deuxième classe Auguste Thin, qui appartenait lui-même au *sixième corps*. Le Soldat inconnu, c'est *tout le monde et quelqu'un à la fois*. Et le régime d'existence tout à fait particulier de ce Christ militaire lui vaut des résurrections surprenantes.

De source sûre, on l'a vu sur le front, pendant la guerre d'Espagne, prendre une balle en pleine tête sous l'objectif de Robert Capa.

Des témoins fiables jurent avoir reconnu le Soldat inconnu sous les traits d'un étudiant praguois qui taguait les panneaux de sa ville pour égarer les chars soviétiques avant d'être abattu comme un chien par ses « libérateurs ».

En 1989, le Soldat inconnu s'est surpassé puisque, à lui tout seul, avec un sac de courses à la main, il a arrêté toute une colonne de chars qui se rendait place Tian'anmen pour écraser des étudiants, et en novembre de la même année il était le premier à chevaucher le mur de Berlin, en blouson de cuir noir.

Depuis 2015, dernière incarnation en date, le Soldat inconnu est musulman, et montre son visage en criant « Je suis *Charlie* ! ».

Autrement dit, le Soldat inconnu ressuscite chaque fois qu'un humain, parce qu'il pense clair, prend les armes non pas pour la victoire, mais parce que la seule vraie défaite serait de baisser les bras. Ou bien dès qu'un homme est capable, comme dit Hannah

Arendt, de sacrifier sa vie « au bénéfice de la liberté du monde[1] ». Sous certaines conditions, l'anonymat est un antidote à l'innommable.

1. Hannah Arendt, *La Crise de la culture* (1972), Folio Essais, 1994, p. 203.

Que veut dire « Je ne suis pas *Charlie* » ?

Comme on fait amende honorable après l'élan qu'on se reproche, ou comme on reprend la parole après une longue minute de silence, les #jenesuispascharlie sont devenus légion, et fleurissent désormais un peu partout, chaque fois que la une du « journal irresponsable » plaisante avec l'innommable.

Or, que veut dire « Je suis *Charlie* » ?

Non pas « J'adhère à *Charlie Hebdo* » ni « J'aime les dessins de *Charlie Hebdo* ».

« Je suis *Charlie* », ça veut dire « C'est aussi sur moi qu'on a tiré », ou encore « C'est aussi ma liberté qu'on a entamée quand on t'a fait taire ». Et non « J'aime les caricatures du prophète Mahomet » ni encore « Je pleure de rire devant le corps du petit Aylan » ! À dire vrai, on s'en fout des dessins de *Charlie*.

Ce qui est représenté dans Charlie compte moins que ce que *Charlie représente*. *Ce qui est représenté dans le journal* est libertaire (ce qui concerne peu de gens). Mais ce que le journal représente est la *liberté elle-même* – ce qui concerne tout le monde. Ceux qui suspendent le fait d'*être Charlie* au contenu de ce journal n'ont rien compris au sens de cette phrase.

Croire que « Je suis *Charlie* » signifie « J'adore les dessins de *Charlie* » a permis à tout un tas de gens d'affirmer courageusement (à leurs yeux) qu'ils « n'étaient pas *Charlie* » et de le vivre comme une liberté, comme une insoumission, alors que c'est exactement le contraire : « Je ne suis pas *Charlie* » signifie « Je ne suis pas concerné par l'amputation de ma propre liberté ». C'est une servitude volontaire, déguisée en révolte. Dire « Je ne suis pas *Charlie* » revient à combattre pour son propre esclavage comme s'il s'agissait de sa liberté.

Le sourire de Jupiter

> « Si la photo est bonne,
> Qu'on m'amène ce jeune homme,
> Ce fils de rien, ce tout et pire,
> Cette crapule au doux sourire. »
>
> Barbara, « Si la photo est bonne »

Le portrait d'un Président n'est pas une photo, mais une image qui relève le défi de l'incarnation à travers une forêt de symboles. Sur le portrait du président Macron (qui est l'œuvre de Soazig de La Moissonnière), rien n'est laissé au hasard. Pas même la couleur du ciel, dont les nuages (*ie* les problèmes) s'estompent dans le bleu. Que dire du bleu ? Le bleu est la France, dont la diversité est reflétée par six nuances : bleu du ciel, bleu corail du drapeau français et azur du drapeau européen, qui encadrent le bleu marine d'un costume lui-même fendu par le bleu minuit de la cravate que surplombe l'aigue-marine du regard.

Dans le sillage du drapeau français, on trouve un encrier surmonté d'un coq, les *Mémoires de guerre* du général de Gaulle ouverts à une page choisie, et deux iPhone que la main recouvre : Identité, Éternité, Modernité.

À l'inverse, sous le drapeau européen n'apparaissent qu'une horloge et deux livres clos : autrement dit, l'Europe est à la France ce que le temps est à l'éternité, mais également ce que l'avenir est au présent, et ce que l'action est à la méditation.

Le corps du Président n'est pas exactement vertical, puisqu'il repose un peu sur le bureau, dans une sorte de station debout-assise (qui rappelle explicitement le président Bartlet dans *The West Wing*), ni symétrique, puisque c'est surtout son profil droit, côté France, qu'il offre au regard. Le versant européen du visage est un peu dans l'ombre, mais la végétation au troisième plan est, elle, à l'image des pensées, plus élevée du côté de l'Europe que du côté de la France. En d'autres termes : j'ai les pieds dans la glaise de mon pays, mais mon ambition me porte au continent. « Il en est de l'homme comme de l'arbre, chante Nietzsche. Plus il veut s'élever vers les hauteurs et la clarté, plus profondément aussi ses racines s'enfoncent dans la terre, dans les ténèbres et l'abîme, – dans le mal[1]. »

C'est dans le visage, et le sourire, que le bât blesse. Un sourire n'est le symbole de rien. Un sourire est malin. Un sourire peut cacher une pensée, mais il ne l'incarne pas. Un sourire est toujours une malice, surtout s'il est en coin. Et la malice n'a rien à faire ici.

1. Friedrich Nietzsche, *Ainsi parlait Zarathoustra* (1883-1885), Robert Laffont, coll. « Bouquins », 1993, p. 314.

Le sourire est l'aveu d'un individu (et manifeste ses petites pensées), or ce qui, en Emmanuel Macron, relève de l'individualité doit aussi s'estomper ici. Du sourire, l'autre est exclu (« Pourquoi tu souris ? » demande-t-on, en général). Or le Président, comme un rêve de pierre, n'exclut personne. Le sourire donne l'air habile, mais l'habileté habille mal le pouvoir. Soit le sourire est l'effet de la lumière du projecteur qui plisse insensiblement le visage, auquel cas cela laisse entendre que le Président est sensible à la lumière – ce qui ne va pas –, soit il s'agit d'une concession à l'air du temps et au *paraître*, et alors elle ressemble à l'introduction d'un drame bourgeois dans une pièce classique. Quoi qu'il en soit, le sourire introduit de la mobilité, de l'*actualité*, du non-symbolique dans une image qui, pour entrer dans l'Histoire, avait pourtant soigneusement remplacé les apparences par leur signification. Qu'y puis-je ? Jupiter ne sourit pas.

Vaudeville céleste

> « Deux personnes mariées peuvent fort bien s'aimer… à condition de ne pas être mariées ensemble. »
>
> Sacha Guitry

En juillet 2016, cinq ans après son lancement, en 2011, la sonde spatiale *Juno* est arrivée dans le voisinage de Jupiter. Sa mission d'observation consiste à réaliser trente-six survols de la planète géante en vingt mois, pour en recueillir des données sur les couches internes et la composition de son atmosphère.

Ce qui est amusant, dans cette aventure, ce sont les noms des protagonistes. Nul n'ignore que Jupiter (ou Zeus) est le roi des dieux. Mais on sait moins qu'il était l'époux de Junon (Héra), déesse de la Jalousie et *cornuta mundiale*, comme disent les Italiens.

Si l'on met de côté ses premières femmes (Métis, Thémis, Eurynomé), les maîtresses du roi des dieux sont innombrables. La nymphe Antiope, à qui il fait deux enfants (sous la forme d'un satyre), la princesse Europe (qu'il enlève sous la forme d'un taureau), la nymphe Callisto (qu'il change en ourse), la princesse Danaé, séquestrée par son père, que Zeus féconde en s'introduisant dans sa cellule sous la forme d'un fil d'or, la prêtresse Io (que le cavaleur transforme en génisse), Égine, qu'il enlève sous la forme d'un aigle, Sémélé, la mère de Dionysos (que Héra fit brûler vive), la reine Alcmène (mère de Héraclès), dont la nuit avec Zeus fournit à Plaute (puis à Molière) le sujet d'Amphitryon, la titanide Léto (mère d'Artémis et d'Apollon), la pléiade Maïa (mère de Hermès), la déesse Déméter (déesse de l'Agriculture et des Moissons)… Et nous n'en sommes pas à la moitié.

En qualité de roi des dieux, Jupiter est comptable des événements de ce monde. Or chacune des aventures du coureur de jupons permet d'expliquer un phénomène naturel : l'enlèvement d'Europe délimite les contours du continent éponyme, le drame de Callisto est à l'origine de la constellation qu'on appelle la « Grande Ourse », le sort de Danaé symbolise la sécheresse puis la fécondité d'une terre arrosée par la pluie, et ainsi de suite. C'est l'Histoire même du monde que les Grecs ont déclinée en adultères.

Et cette divine comédie, ce vaudeville olympien se rejoue, à un milliard de kilomètres d'ici, par la mise en orbite de la sonde *Juno*, dont les raisons d'être sont, comme pour toute épouse indiscrète, de tourner autour de Jupiter, de prendre des photos, d'étudier sa composition et d'en surveiller le comportement.

La confiance : cause ou conséquence ?

Il arrive aussi que des enseignes se marient. En l'occurrence, Darty a épousé la Fnac. Et inversement. Pourquoi ne pas, à l'occasion de ces fiançailles, revenir sur le slogan qui, dans un mariage, devrait, en principe, garantir la paix des ménages : le « contrat de confiance » ?

L'expression est contradictoire : que vaut la « confiance » quand elle est garantie par un contrat ? Pourquoi accorder sa confiance à celui que la loi oblige à tenir parole ? Une parole donnée que la loi renforce est une parole sur laquelle pèse le soupçon légitime de n'être pas sincère. On n'indexe pas la vertu sur une récompense : une vertu qui dépend de la loi n'est jamais qu'un vice caché. Si la confiance est un « contrat », alors ce n'est plus de la confiance, c'est de la crainte. Un contrat de confiance, c'est un contrat de défiance, ou bien (littéralement) un slogan *qui craint*. Mais, alors, d'où vient la confiance, me direz-vous ?

De nulle part ! sinon de soi-même. Étymologiquement, la confiance vient de *fides* (qui veut dire la « foi »). Le latin *cum fide* signifie « honnêtement », ou « de bonne foi ». La confiance est un acte de foi. L'expression même de « confiance aveugle » est un pléonasme. Toute confiance est aveugle. En tout cas, la confiance se donne au bénéfice du doute. La confiance est un saut dans le vide, comme le « pas de Dieu », dont la meilleure image est celle d'un trapéziste qui fait *confiance* à son partenaire pour le rattraper. Bref, la confiance doit être sans filet, ou alors c'est une défiance qui s'ignore. À ce compte-là, il est très rare d'accorder (vraiment) sa confiance… parce que c'est risqué ! La confiance est une vertu du risque.

La confiance est toujours un pari. C'est pour cette raison que les électeurs ont la *sagesse* de renouveler leur confiance à des gens qui l'ont déjà trahie. C'est aussi la raison pour laquelle ce n'est pas la confiance qui dépend du retour de la croissance, mais, inversement, la croissance qui dépend du décret de la confiance. La confiance est première. Tout comme la foi qui tient bon malgré les épreuves de la vie, la confiance ne dépend pas du monde extérieur mais s'impose, malgré les circonstances. Bref, la confiance est une cause. Pas une conséquence.

Faut-il supprimer les notes ?

La suppression des notes en classe aurait-elle des effets positifs sur les apprentissages ? À en croire une étude du CNRS[1], abolir la notation aurait permis que l'écart entre élèves issus de classes sociales favorisées et défavorisées fût réduit de moitié, notamment en mathématiques. Le problème, évidemment, c'est que, pour mesurer cette réduction, il a fallu comparer… les notes (des tests standardisés du début aux résultats du brevet qui ont permis de mettre les élèves en concurrence) !

Plus qu'irresponsable (ou contre-productive), la suppression des notes est tout simplement impossible. Puisque, pour en donner les résultats, il faut les évaluer, or, sous toutes les latitudes, il n'y a qu'une façon de le faire : noter.

L'évaluation de l'étude (rappellent ses partisans) se fait à partir d'une échelle de quatre niveaux : « Non maîtrisé », « Partiellement maîtrisé », « Maîtrisé » et « Très bien maîtrisé ». Mais ces quatre niveaux correspondent

---

1. Selon les résultats, présentés le 4 mars 2016, d'une étude menée dans soixante-dix collèges et lycées de l'académie d'Orléans-Tours au cours de l'année scolaire 2014-2015.

exactement à ce qu'on appelle des notes. Que ces notes se nomment « A », « B », « C » ou « D » et qu'on en réduise le nombre (et donc les écarts entre les élèves) est une chose. Qu'on les supprime est un rêve.

Apprendre aux élèves à s'intéresser à autre chose qu'à leur classement, s'attacher à voir dans un mauvais élève un talent qu'on n'a pas su encourager, c'est très bien. Mais qu'on enseigne le mépris de la compétition à des enfants ; qu'on déplore, comme dit Pascal Huguet (le directeur de recherche au CNRS, qui a dirigé l'enquête en question), que les élèves « cherchent encore à se comparer au lieu de s'intéresser uniquement aux progrès qu'ils peuvent faire », qu'on prépare, on somme, les enfants aux bassesses de la vie active en leur ôtant le goût d'être meilleurs que leur voisin, c'est aussi irresponsable qu'envoyer des soldats au front avec des couteaux en plastique.

D'autant que la suppression des notes aurait pour conséquence d'accroître le champ de la notation : comment savoir ce qui compte vraiment (c'est-à-dire ce qu'on ne peut pas compter) si on ne compte plus rien ? Comment préserver ce qui, dans l'existence, échappe à la notation si tout échappe à la notation ? Comment ne pas réduire un chagrin à une équation si l'équation ne fait, pas plus que le chagrin, l'objet d'une évaluation ? Comment se dire que certaines choses n'ont pas de prix si tous les chiffres ont disparu ? Retirer les notes, ce n'est pas faire disparaître l'évaluation, mais, au contraire, courir le risque d'y soumettre tout ce qui, jusqu'ici, lui échappait : l'introuvable suppression de la note déboucherait sur l'extension du domaine de la notation.

Respect

Dans la chanson[1] qui commémore le dixième anniversaire de la mort de Zyed Benna et Bouna Traoré[2], le rappeur Kery James écrit : « J'ai abandonné l'idée qu'ils me perçoivent un jour comme français/Mais j'abandonne pas l'idée que l'État français me doit le *respect.* »

Que demande Kery James quand il demande le « respect » ? Qu'on le respecte en tant que Noir (qu'à cet égard on ne percevra jamais comme français, dit-il), ou bien qu'on le respecte en tant que citoyen ? Qu'on respecte sa « différence » ou bien qu'on abolisse cette différence dans une loi qui serait (vraiment) la même pour tous ?

Tout à sa colère, et considérant que la France est un État raciste et encore colonial, le rappeur se contente de vouloir qu'on respecte la couleur de sa peau. Ce qui revient à lutter contre le racisme avec les moyens mêmes du racisme. Entre Kery James qui dit « *Nous*,

1. Kery James, « *10 ans après* », 2015.
2. Les deux adolescents sont morts électrocutés dans un transformateur EDF à Clichy-sous-Bois, le 27 octobre 2005.

les Noirs, on n'est pas français » et Nadine Morano qui lui donne raison en présentant la France comme un pays de « race blanche[1] », entre Kery James qui déclare « *Nous*, les Arabes et les Noirs, on n'est pas là par hasard, toute arrivée a son départ » (dans sa *Lettre à la République*) et le FN qui dit « La France, tu l'aimes ou tu la quittes », c'est blanc bonnet et bonnet blanc.

Comment lutter contre le délit de faciès et tous les clichés négrophobes si on brandit, comme une valeur en soi, la couleur de sa peau ? Les deux discours relèvent du même cauchemar. Le communautarisme et l'extrême droite croient qu'ils sont adversaires mais se ressemblent comme deux gouttes d'eau et se tiennent par la main. Plutôt Martin Luther King que Malcolm X. Plutôt Barack Obama que son propre pasteur Jeremiah Wright. Plutôt Mandela que Kery James. Bref : plutôt les héros qui dépassent la question du racisme et savent rêver « en noir et blanc » que ceux dont la colère, si légitime soit-elle, a pour seul effet de renforcer le camp d'en face. Le vrai respect à conquérir est l'indifférence à la couleur de la peau.

---

1. Propos tenus lors de son passage sur le plateau d'« On n'est pas couché » (France 2), le samedi 26 septembre 2015.

De la bobophobie

> « Quoi ? Qu'avez-vous ?
> — Moi, rien… c'est… c'est… c'est ce bobo. »
>
> Edmond Rostand,
> *Cyrano de Bergerac*

Le 15 juin 2017, Nathalie Kosciusko-Morizet a été agressée par Vincent Debraize, maire sans étiquette du petit village de Champignolles (dans l'Eure), au cri de « Bobo de merde ! ». Qu'a-t-il voulu frapper, ce primate ? Que déteste-t-il au point de l'agresser ? De quoi NKM est-elle à ses yeux le symbole ? Bref, qu'est-ce qu'une bobo ?

Au commencement, « bobo » est un amalgame qui se vit comme une clairvoyance. Tantôt il est l'ancien soixante-huitard (que NKM n'est pas). Tantôt le bourgeois BM qui se prend pour un bourgeois *bohème*. Tantôt c'est le yogi qui boit son Coca light à une terrasse du Marais en lisant le premier livre de Michel Onfray. Ou bien c'est l'amoureux du commerce équitable qui adore son iPhone fabriqué en

Chine. Bref, le bobo n'est rien de précis, mais *c'est un petit peu tout ça à la fois*. Et, comme on n'arrive pas vraiment à le définir, on en fait une idée vague et haïssable : le *boboïsme* serait une sorte de maladie infantile de la social-démocratie, un gloubi-boulga d'énergies renouvelables et de bons sentiments, une modalité de la bonne conscience qui tweete contre la faim dans le monde en finissant son tartare de thon rouge. Comment le bobo qui (selon les mille définitions qu'on en donne), dans le pire des cas, est parfaitement inoffensif en vient-il à incarner, aux yeux de ses agresseurs, le mal absolu ?

Si le boboïsme désignait uniquement une modalité de la bien-pensance ou de la bonne conscience, il inspirerait moins de violence. En réalité, la bobophobie est une haine, une *phobie* dont l'enjeu n'est pas de serrer un concept, mais de produire un bouc émissaire : le bobo, on ne sait pas vraiment *ce que c'est*, mais on sait *qui c'est*. On ne le connaît pas, mais on le *reconnaît* dans la rue – et si on a un doute à son sujet, on le dissipe en lui tapant dessus.

La bobophobie est un racisme qui – même si les violences ne sont pas comparables – ressemble à l'antisémitisme ou à l'homophobie dans la mesure où, comme le *juif* ou l'*homo*, le *bobo* (dont l'identité n'obéit à aucun critère précis) est indéfinissable et, par conséquent, arbitrairement désigné par celui qui le déteste.

Et c'est ainsi que tout un tas de braves gens aussi différents que l'humaniste au ventre plein, le *start-upper* sans gluten, la candidate d'une droite non réac ou le mâle blanc qui dénonce les mâles blancs se voient soudain, par la grâce d'une haine autonome, mis dans le même sac et transformés en cause de tous les maux de la Terre : la crise, la corruption, la décadence, l'arrivée des migrants, la victoire d'Anne Hidalgo, tout ça, c'est le mal du bobo ! Si le bobo n'existait pas, le bobophobe l'inventerait.

Ne pas jeter de l'huile sur le feu !

Ne pas jeter de l'huile sur le feu permettait, au moment de la publication des caricatures du Prophète, de demander à *Charlie Hebdo* de se censurer lui-même, tout en feignant de défendre la liberté de la presse.

C'est la même peur de l'« huile sur le feu » qui permettait (au nom de la raison) d'offrir les Sudètes à Hitler, ou bien la Crimée à Poutine, avec, chaque fois, le sentiment qu'on évite la guerre.

Ne pas jeter d'huile sur le feu, c'est le mantra des politiques (en campagne ou non) qui, par l'emploi de cette expression, donnent d'eux-mêmes l'image de rassembleurs apaisants. L'oléophobie installe magiquement celui qui la revendique dans la position du souverain qui, quand tout le monde s'enflamme, regarde, lui, la situation avec sang-froid… alors qu'en réalité c'est lui, le pyromane. Le véritable incendiaire est toujours celui qui *refuse* de jeter de l'huile sur le feu.

D'abord parce qu'il fait comme si le feu est prêt à s'éteindre de lui-même si on ne l'entretient pas. Comme si Hitler, comme si Poutine, ou comme si les salafistes allaient s'en tenir là. « Ne pas jeter d'huile sur le feu » est la formule qui préserve les conflits en posant un voile dessus. François Hollande, à la tête du PS, a passé dix ans à *ne pas jeter de l'huile sur le feu*. Le résultat fut une primaire pour rien, à plusieurs dizaines de candidats, qui s'entretuent pour le titre de cinquième de la course finale.

L'homme qui ne veut pas *jeter d'huile sur le feu* n'est pas exactement le même que celui qui *s'en lave les mains*. Son souci est plutôt de ne pas les salir. Le réel ne lui est pas indifférent mais lui fait peur.

Et, comme il a honte d'avoir peur, il donne à sa trouille les contours flatteurs de la pondération. Et, comme il a honte de maquiller sa peur en pondération, il donne à cette phrase les contours d'une morale provisoire : c'est toujours « dans ce contexte » (pour l'instant, en ce moment) qu'il *ne faut pas jeter d'huile sur le feu*. Comme si ce n'était qu'une mesure temporaire, un code éphémère de bonne conduite, comme si, un jour, on allait enfin pouvoir jeter de l'huile sur le feu ! Comme si celui qui dénonce les caricatures du Prophète ne le faisait qu'en raison du contexte et allait finir par s'en réjouir, un peu plus tard.

Il ne faut pas s'y tromper : dire qu'il ne faut pas jeter d'huile sur le feu, c'est prôner la censure définitive des comportements qu'on réprouve. Celui qui dit que c'est « dans ce contexte » qu'il ne faut pas le faire parle pour l'éternité. Et oublie, dans l'immédiat, que le problème, c'est le feu. Pas l'huile.

Une opportune folie

Un an et demi avant l'affaire Sarah Halimi[1], trois juifs étaient attaqués par un déséquilibré près d'une synagogue de Marseille[2].

Ce qui surprend, ici, c'est la hâte avec laquelle on a insisté sur le « déséquilibre » de l'homme en question : « un *déséquilibré* en état d'ébriété a agressé deux fidèles et un rabbin ». Voilà ce qu'on lisait un peu partout, avant d'apprendre qu'il avait ensuite (à bon droit) été interné.

Il n'est pas gênant de dire que l'agresseur était déséquilibré. Évidemment que le type était fou. Quand vous agressez au couteau, dans la rue, trois personnes qui ne vous ont rien fait, vous êtes fou ! Nul besoin d'un psychiatre pour le savoir. Mais quand vous vous en prenez à des juifs et qu'à cette agression vous ajoutez des insultes antisémites, vous êtes

1. De confession juive, Sarah Halimi, âgée de 65 ans, a été défenestrée par son voisin le 4 avril 2017. La qualification d'homicide volontaire antisémite a finalement été retenue par le parquet, après des mois d'atermoiements inexplicables.

2. Le 24 octobre 2015.

antisémite *et* vous êtes fou. Avant d'être le geste d'un « déséquilibré », ou d'un ivrogne (ou des deux), cette agression doit être nommée pour ce qu'elle est : une agression antisémite.

Que le geste n'ait manifestement pas été prémédité n'y change rien. Peut-être l'agresseur n'avait-il pas prémédité d'attaquer ces trois juifs-là. Mais enfin : voilà un homme qui se promène dans la rue avec un couteau, et qui attaque trois juifs au couteau pendant l'intifada des couteaux… Si fou soit-il, le fou avait peut-être Internet chez lui ? Peut-être même qu'il avait la télévision ? L'hypothèse d'un lien avec ce qui se passe au Proche-Orient n'est peut-être pas complètement folle ? Mais non… « Il est fou, il est fou… ne vous inquiétez pas. Il est fou, donc (en un sens) il n'est pas méchant. Et en plus, il était bourré ! Alors… tout va bien ! » Ouf !

Ce qui est vraiment fou dans cette histoire, c'est qu'il soit nécessaire de rappeler que le fait d'agresser au couteau trois juifs dans la rue est d'abord, avant tout (sinon uniquement), un geste antisémite ! Pourquoi a-t-on si peur de parler d'antisémitisme ? Pourquoi a-t-on l'impression de jeter de l'huile sur le feu quand on appelle les choses par leur nom ? Si, demain matin, un « déséquilibré » agresse au couteau trois musulmans dans la rue, on pourra dire qu'il est fou, mais avant de dire ça, il faudra dire que c'est un connard islamophobe, et que sa folie, on s'en fout ! Ce n'est pas parce qu'on est fou qu'on n'est pas antisémite.

Le pseudo-double de Mehdi Meklat

Qui *sont* Mehdi Meklat ?

« Faites entrer Hitler pour tuer les juifs » ; « Je crache des glaires sur la sale gueule de Charb et tous ceux de *Charlie Hebdo* », etc. Ces phrases odieuses et bien d'autres ont été tenues sur Twitter jusqu'en 2015 (sous le pseudonyme de Marcelin Deschamps) par Mehdi Meklat, un écrivain édité au Seuil, chroniqueur au *Bondy Blog*, à *Mediapart*, sur France Inter et à Canal+, et qui a même fait la une des *Inrockuptibles* début février 2017[1], avec Christiane Taubira.

Pour sa défense, Meklat explique que son double sur Twitter (Marcelin Deschamps) lui avait *échappé*, que son avatar était devenu un personnage de fiction maléfique, misogyne, antisémite et homophobe, et que, grisé par l'infinie liberté d'être homophobe, misogyne et antisémite, Mehdi n'a pas su « contrôler Marcelin ». Autrement dit : « Ce n'est pas moi, m'sieur, c'est l'*autre en moi* qui a tweeté tout ça ! Moi, je suis innocent. Je ne suis que Frankenstein,

1. Parution du 1er février 2017.

ou bien Dr Jekyll ; ma créature (dont je “partage les colères”) m’a glissé entre les doigts. »

Faute d’être convaincant, son argumentaire est bien pratique. L’argument du mauvais génie, c’est du génie.

Quoi de mieux qu’un méchant soi-même à l’intérieur de soi (donc disponible à toute heure) auquel imputer nos mauvaises pensées ou nos mauvaises actions ? « Ce n’est pas moi qui ai tweeté, non… c’est ma *part d’ombre* (ou ma “part de liberté”) ! Et, en fait, quand l’affreux Marcelin Deschamps écrit « Mort aux juifs », ce n’est pas moi qui parle, c’est juste moi qui m’*éclate !* »

Ce qui est dément, c’est que, malgré son système de défense, Mehdi Meklat a des défenseurs. Dont la mansuétude est étonnante. Tous grisés par l’idée du double maléfique.

Certains célèbrent la *poésie*, l’*intelligence* et l’*humanité* de l’homme qui, sous pseudo, souhaitait la mort aux auteurs de *Charlie Hebdo*… – et, si vous avez bêtement pris ses paroles au premier degré, disent-ils, c’est juste qu’étrangers à ce dédoublement sublime vous n’avez pas vu qu’en fait il imitait ce qu’il dénonçait !

D’autres voient dans le Janus qui veut casser du juif et du pédé l’émissaire souterrain de l’enfer, un poète de l’immondice dont les cauchemars sont des « égarements » qui interpellent le « progressisme ».

D’autres enfin repèrent (d’abord) dans l’exhumation de Tweets appelant à l’*extermination des juifs* un méchant complot des fascistes et des islamophobes pour jeter le discrédit sur les jeunes de banlieue.

Outre une opportune fascination pour le dédoublement littéraire, tous les défenseurs de Meklat ont l'emphase pour point commun, car crier permet de se taire, et le lyrisme dispense de l'examen de conscience. Plutôt encenser Meklat (après avoir, pour certains d'entre eux, lancé sa carrière), plutôt en faire l'artiste maudit dont la plume folle est réduite à ses outrances par nos esprits étroits qu'accepter l'idée (plus simple) d'un nazillon déguisé en type sympa.

Et que le pseudo-double de Mehdi Meklat ne cache que sa duplicité.

L'homosexualité est-elle un « refus de l'autre » ?

Que vaut l'argument, brandi par les éléments les plus cultivés de la Manif pour tous, selon lequel l'homosexualité est d'abord une « peur de l'autre » ? Il y a beaucoup de gens qui, sans se penser le moins du monde homophobes, souscrivent à l'idée selon laquelle l'homosexualité serait, comme son nom l'indique, un désir du même (« homo ») et donc un refus de l'autre (« hétéro »). Comment répondre à *celzéceux* qui, de bonne foi, considèrent que c'est par « altérophobie » qu'on désire une personne de même sexe ?

Que sous-entend (celle ou) celui qui le dit ? Que croit-on quand on pense ça ?

Qu'être homosexuel ne va pas de soi.

Que, contrairement à l'hétérosexualité, qui (parce qu'elle joue le jeu de la nature) ne présente aucune difficulté, l'homosexualité est forcément un problème (ou un refus) pour celui qui la pratique. Dire que l'homosexualité est un « refus de l'autre » donne à voir en elle un symptôme, et présume que *quelque chose ne va pas* là-dedans – qui impose l'examen, la critique, le pardon ou le soin. En parlant ainsi de l'homosexualité, on donne les contours chatoyants d'un concept (l'« autre ») à l'intuition viscérale qu'être homosexuel c'est ne pas être normal.

Qu'en est-il de l'altérité elle-même ?

En quoi désirer quelqu'un de même sexe n'est-il pas un refus de l'altérité ?

C'est une altérité grossière, réduite à l'altérité du sexe ! Dire que l'homosexualité est un « refus de l'autre » revient à cantonner l'altérité au genre. Comme si, en lieu et place des individus, il y avait deux blocs monolithiques (les hommes et les femmes) qui se feraient face et dont la rencontre sexuelle serait gage de tolérance. Or, la meilleure façon de *refuser l'autre* n'est pas de coucher avec un homme quand on est un homme (ou avec une femme quand on est une femme), mais de réduire l'individu, homme ou femme, au genre qui est le sien. L'altérophobie (le refus de l'autre) n'est pas dans l'homosexualité, mais dans la réduction de toute l'altérité du monde à l'autre sexe.

Et, si l'on pousse la logique à son terme, du point de vue de celui qui tient l'homosexualité pour un refus de l'autre, le monde se divise entre les hétérosexuels (qui acceptent l'autre) et les homosexuels (qui le refusent). De sorte qu'on en vient à refuser l'homosexualité au nom du fait qu'elle-même est un refus. Pour le dire plus simplement, en disant de l'homosexualité qu'elle est un refus de l'autre, on utilise la tolérance (qui accepte l'autre) pour pratiquer l'intolérance (qui refuse l'homosexualité). C'est parce que moi j'aime les autres, se dit l'homophobe, que je n'aime pas les autres qui n'aiment pas les autres ! C'est parce que j'aime que j'ai le droit de détester : s'il suffit d'être du même sexe pour ne pas être différent, alors l'amour du prochain culmine dans la haine du semblable…

(À la suite de cette chronique sur l'homosexualité comme « refus de l'autre », j'ai fait l'objet d'un étonnant malentendu. Alors que j'attaquais cette idée, de braves gens qui n'avaient pas écouté la chronique ont cru que, puisque j'en parlais, j'en étais le partisan. Parmi ces durs d'oreille, une personne m'a suggéré de « parler plutôt de l'hétérosexualité comme un refus de l'autre ». Ce qui était tellement hors sujet que je lui ai répondu en souriant que je suivrais sa suggestion le jour où il y aurait une journée contre l'hétérophobie, c'est-à-dire jamais ! Que les choses soient claires : à aucun moment je n'ai appelé à une journée contre l'hétérophobie. Ce qui serait grotesque. Ce n'est pas ce que j'ai dit. J'ai juste répondu par une boutade à une remarque déplacée. Mais tant pis. Twitter, qui n'est pas une arme de destruction massive mais de destruction individuelle, décida qu'en appelant à la création d'une journée contre l'hétérophobie j'étais une « ordure », une « raclure », un « mâle blanc », un « irresponsable connard » qui crachait à la figure des gens persécutés en Tchétchénie [et ailleurs] à cause de leur orientation sexuelle. Peu importe que, deux semaines plus tôt, je dénonçasse moi-même l'extermination des homosexuels en Tchétchénie. Sur les réseaux sociaux, la réalité ne compte pas. Exactement comme dans La Tache *[le roman de Philip Roth, où un professeur de littérature est accusé de racisme pour avoir traité de « zombies » deux étudiants noirs qu'il n'a jamais vus et dont il ne connaît pas la couleur de la peau], des milliers de trolls*

politiquement corrects, que la haine empêchait de voir qu'à aucun moment je n'avais tenu les propos incriminés, se sont jetés sur moi [pour souhaiter ma mort tout en me faisant la morale] avec l'avidité d'une meute qui tombe sur un os de mammouth. Et, ce qui est fascinant dans cette histoire, c'est la nullité de la cause, c'est l'impossibilité absolue de dire à la meute qu'elle s'est tout simplement trompée de proie. Autant convaincre un incendie qu'il s'est trompé de forêt.)

De l'islamophobie

Comment lutter contre l'amalgame avec un mot qui le pratique ?

C'est un drôle de mot. Un mot fourbe et finaud, qui joue sur les deux tableaux du blasphème et de la xénophobie.

L'« islamophobie » est offerte à l'opinion publique comme l'équivalent de l'antisémitisme (c'est-à-dire comme un racisme), tout en désignant le rejet (non pas d'une ethnie mais) d'une religion, l'islam. Ce qui permet de mettre dans le même panier la critique d'un dogme religieux et la haine d'un groupe humain.

Or ce n'est pas la même chose.

Quand on est raciste, c'est-à-dire quand on déteste un groupe de gens sur fond de leur origine ou de leur couleur de peau, on veut les exclure de la société. Le raciste dit : « On n'aime pas les Arabes, donc on n'en veut pas chez nous ! »

Mais, quand on moque une religion, sur fond de ses croyances ou de ses rites, on prétend, au contraire, l'*inclure dans la société* en lui infligeant le régime laïc d'insolence auquel aucun culte n'échappe, qu'il soit juif, chrétien ou musulman.

Un groupe qu'on stigmatise est un groupe qu'on *exclut*, mais une religion dont on se moque est une religion qu'on *accueille*.

Pour saisir cette différence entre la haine d'un groupe et la critique d'une religion, il faut en revenir à Nietzsche.

Dans la première partie de la *Généalogie de la morale*, Nietzsche se lance dans un réquisitoire d'une violence inouïe contre le judaïsme. Sa thèse consiste à dire que le judaïsme constitue, avant le christianisme, la première mécanique à faire passer la haine pour de l'amour. Et c'est, aux yeux de Nietzsche, parce que Jésus était juif qu'il a su maquiller une religion du ressentiment (le christianisme) en une religion de bonté !

« Ce Jésus de Nazareth, écrit-il, cet évangile incarné de l'amour, ce "Sauveur" qui apportait aux pauvres, aux malades, aux pécheurs, la béatitude et la victoire – n'était-il pas précisément la séduction dans sa forme la plus sinistre et la plus irrésistible, la séduction qui devait mener par un détour à ces valeurs *judaïques*, à ces rénovations de l'idéal ? Le peuple d'Israël n'a-t-il pas atteint, par la voie détournée de ce Sauveur, de cet apparent adversaire qui semblait vouloir disperser Israël, le dernier but de sa sublime rancune[1] ? » Or, contrairement à ce qu'on a voulu faire croire, Nietzsche n'était pas du tout antisémite. Au contraire : il vomissait la « racaille » (*sic*) antisémite, cette « engeance impudente et crétine » qui brandissait ses livres sans

1. Friedrich Nietzsche, *Œuvres complètes*, *Généalogie de la morale* (1887), vol. XI, Mercure de France, 1900, p. 46.

les lire[1]… L'antijudaïsme virulent de Nietzsche n'a rien à voir avec l'antisémitisme.

Si l'on applique maintenant cette nuance à la question de l'islam et du syntagme crétin d'islamophobie qui mélange une communauté et une religion, il apparaît que critiquer, moquer ou même détester tel ou tel aspect de tel ou tel islam est un droit. Alors que haïr publiquement les Français d'origine maghrébine est un délit. Mais (pour l'heure) nous ne disposons que d'un seul mot pour désigner les deux comportements. Et ce mot-valise (qui met Le Pen et Cabu dans le même panier) empêche la critique, dissipe les nuances et permet opportunément de présenter la laïcité comme un racisme.

1. Friedrich Nietzsche, *Ainsi parlait Zarathoustra*, *op. cit.*

Cessez-le-fer

Il y a eu l'intifada des pierres (associée, dans l'inconscient collectif, à l'image d'un adolescent jetant une pierre sur des soldats – tel David et sa fronde contre Goliath et son armée).

Ensuite, il y a eu l'intifada du feu, avec l'image des bus calcinés et la question de savoir comment lutter contre celui qui est prêt à mourir pour tuer.

Désormais, on assiste à ce que certains commentateurs appellent déjà l'« intifada des couteaux », avec une recrudescence inédite des attaques au couteau en Israël et en Cisjordanie. Pourquoi, au XXIe siècle, en revenir à l'arme blanche ?

Le couteau a le double avantage, en temps de guerre, d'être à la fois modeste et terrifiant : de passer pour l'arme des humbles qui n'ont que ça sous la main tout en évoquant les images atroces d'égorgement (puis de décapitation) abondamment mises en ligne par Daech.

Et puis un couteau ne paie pas de mine. N'importe qui peut aller dans sa cuisine et passer à l'acte. Le couteau est l'arme sournoise. L'utilisation du couteau permet, stratégiquement, d'étendre au premier venu le régime de la suspicion. C'est l'arme rêvée d'un ennemi invisible.

On aurait tort de voir dans l'utilisation du couteau un retour à l'âge de pierre. Au contraire, le couteau est l'arme d'une intifada 2.0, d'une individualisation de la révolte, alimentée par les réseaux sociaux, dont les acteurs n'ont plus besoin de recevoir un ordre ou une instruction pour agir. Du point de vue israélien, le couteau dissimule l'ennemi, qui ne se montre que quand il passe à l'acte – d'où l'impuissance à l'arrêter. Et du point de vue palestinien, l'utilisation du couteau ringardise les structures verticales de commandement (c'est-à-dire le Hamas) en leur opposant l'anarchie d'une décision individuelle et (parfois) spontanée – d'où l'impuissance à le gouverner. Après le *cessez-le-feu*, il faudra en appeler à un *cessez-le-fer*.

Il n'est pas nécessaire d'être juif pour être victime de l'antisémitisme

« Donne ton pognon, sale juif », ont hurlé à un serrurier ses agresseurs, qui lui avaient donné rendez-vous à une adresse bidon pour l'attaquer au couteau et à la bombe lacrymogène. Les faits remontent à fin novembre 2016, et les agresseurs (trois adolescents de Bussy-Saint-Georges) n'ont été appréhendés et mis en examen qu'un mois plus tard. Qui plus est, on ne sait même pas si la victime est effectivement juive, mais ça ne change rien à la nature de l'agression. Il n'est pas nécessaire d'*être juif* pour être victime de l'antisémitisme. Il suffit d'être désigné comme tel, en vertu de critères (qui vont de la forme du nez au patronyme de son employeur) qui sont eux-mêmes une création de l'antisémite !

L'antisémitisme n'a pas besoin du judaïsme. Pas plus que la jalousie n'a besoin de la culpabilité. Ou que l'homophobie n'a besoin de l'homosexualité pour traiter n'importe qui de « pédé ». Ce sont des passions autonomes. Peu importe aux jeunes barbares de Bussy-Saint-Georges que leur victime soit réellement juive. L'essentiel est de lui taper dessus à ce titre. Le réel ne les intéresse pas. Le soupçon leur suffit. N'importe qui fait l'affaire. Ce qui a le double avantage d'étendre au monde entier le régime de la suspicion, tout en réduisant le judaïsme à la seule idée qu'on s'en fait.

De sorte que le geste idiot de trois adolescents qui tendent un guet-apens à l'employé d'une entreprise dont le nom « sonne juif » n'est pas si bête. C'est beaucoup plus grave que ça. C'est une *imputation de judaïsme*, en vertu de ce qu'on tient pour sa définition – en l'occurrence : est juive toute personne qui travaille dans une entreprise dont le nom sonne juif. Or ce geste-là se retrouve à tous les niveaux.

Quand Tariq Ramadan avait commis un article, paru en 2003[1], sur ce qu'il appelait les « intellectuels communautaires », tout comme les adolescents qui frappent le serrurier, le journaliste rangeait, à tort, Pierre-André Taguieff parmi les intellectuels juifs. Or Taguieff travaille depuis vingt ans sur le complotisme, l'antisionisme et l'antisémitisme, mais n'est pas du tout juif…

Seulement, de la même façon que les barbares de Bussy-Saint-Georges n'imaginent pas que l'employé d'une entreprise dont le nom sonne juif ne soit pas juif lui-même, l'éminent Tariq Ramadan n'imaginait pas, à l'époque en tout cas, qu'un intellectuel français qui se donne la *judéophobie* pour objet d'étude ne fût pas juif lui-même. Les critères ont varié, bien sûr.

1. « Critique des (nouveaux) intellectuels communautaires » (https://oumma.com/critique-des-nouveaux-intellectuels-communautaires).

Le style est différent. Tout comme le résultat. Mais la méthode est la même. Et l'erreur est identique. Ici comme ailleurs, ça commence par des mots, ça finit par du sang. Ici comme ailleurs, selon le mot de Sartre, « Si le juif n'existait pas, l'antisémite l'inventerait[1] ».

---

1. Jean-Paul Sartre, *Réflexions sur la question juive* (1946), Folio, 1985, p. 14.

Faut-il faire une différence entre les attentats ?

Peut-on parler de la même manière des attentats des 7 et 9 janvier et des attentats du 13 novembre ? Que vaut le discours de ceux qui font une *différence* entre ces deux attentats ? Que vaut la parole des gens qui considèrent que, bien sûr, les attentats des 7 et 9 janvier étaient une tragédie mais… une tragédie dont la gravité est légèrement atténuée par les motifs des terroristes ?

Pour le dire simplement : il était horrible, à leurs yeux, d'abattre des journalistes, des policiers ou des juifs, mais, enfin, les journalistes avaient *quand même* dessiné le cul du prophète, les juifs de France, *quand même*, sont un petit peu des binationaux franco-israéliens, et la police, c'est *quand même* la police… Alors que les victimes du 13 novembre, elles, n'avaient *vraiment* rien fait de mal ! Et, *à ce titre*, à la différence des attentats de janvier, les attentats de novembre ne sont pas seulement graves, mais absolument impardonnables.

Chacun pense ce qu'il veut. On pourrait discuter indéfiniment des motifs ou des convictions qui animent le discours de la dissymétrie. Les conséquences, en revanche, sont terribles.

Dire ce qu'ils disent, établir une différence entre les deux attentats, *quantifier* l'innocence des victimes[1] selon leur degré d'implication dans tel ou tel combat, c'est parler comme Raymond Barre, qui, au soir de l'attentat contre la synagogue de la rue Copernic, avait regretté que des « Français innocents » (c'est-à-dire non juifs) figurassent aussi parmi les victimes. Pour parler des gens qui n'étaient « pas concernés », il a employé le mot « innocent », déniant ce mot, de fait, aux juifs qui, pourtant, n'étaient coupables qu'aux yeux de leurs assassins.

Pour en revenir aux attentats de janvier et de novembre, le fait même que les terroristes s'en prennent indifféremment aux journalistes, aux policiers, aux juifs *et* (en novembre) à ceux que Raymond Barre aurait appelés les « Français innocents » prouve bien qu'eux-mêmes ne font aucune différence entre leurs victimes et que, s'ils le pouvaient, ils n'épargneraient personne. Il n'y a pas de hiérarchie dans l'innocence.

---

1. Séquence filmée, « Raymond Barre : "Cet attentat odieux qui a frappé des Français innocents" », « TF1 Actualités », dernière, 3 octobre 1980.

Tuer des enfants

> « Tuer des enfants est contraire à l'honneur. Et, si un jour, moi vivant, la révolution devait se séparer de l'honneur, je m'en détournerais. »
>
> Albert Camus, *Les Justes*

Un double attentat perpétré par Boko Haram dans un camp de déplacés du nord-est du Nigeria a tué cinquante-huit personnes le 10 février 2016. Deux femmes ont déclenché leur ceinture d'explosifs mais, quand elle a compris que ses parents, ses frères et ses sœurs étaient dans le camp, une troisième femme kamikaze a finalement refusé de le faire, avant de se rendre aux autorités. Si tragique et épouvantable soit-il, cet attentat (pourtant « réussi ») est aussi le plus grand échec des islamistes.

Il serait faux de dire que la jeune femme a eu peur d'actionner sa ceinture. Elle a eu le courage de ne pas le faire. Le courage de retourner sa veste (littéralement) et de *ne pas* tuer – ce qui est beaucoup plus difficile que de tuer et de mourir en tuant. L'amour des siens qui lui retient le bras, et qui l'emporte sur la cause pour laquelle elle se croyait prête à donner sa vie est le garde-fou du néant, le cauchemar des islamistes et la meilleure arme de déradicalisation. Pour lutter contre le terrorisme, il faut faire appel au sens de la famille plus qu'aux grands principes républicains. Plutôt que de brandir des valeurs abstraites, il faut en revenir à la source même de la morale : l'égoïsme. L'espèce d'égoïsme dont Camus délivre la formule dans la pièce intitulée *Les Justes*.

C'est l'histoire vraie d'un révolutionnaire russe qui s'apprête, au nom de la cause, à jeter une bombe sur la calèche du grand-duc, et qui renonce, *in extremis*, parce qu'il y voit des enfants (pas les siens, bien sûr, mais tout de même), le neveu et la nièce du grand-duc… « Des enfants, des enfants…, dit-il. As-tu regardé des enfants ? Ce regard grave qu'ils ont parfois[1] […]. Ils se tenaient tout droits et regardaient dans le vide. Comme ils avaient l'air tristes ! Perdus dans leurs habits de parade, les mains sur les cuisses, le buste raide[2] ! »

Ce n'est pas seulement en leur nom qu'il s'abstient de tuer, c'est en leur présence. La seule présence des enfants suffit à le dissuader de faire passer la « justice » (ou l'idée qu'il s'en fait) avant l'amour. Et l'hésitation magnifique de cet homme (Kaliayev) que ses camarades traitent de lâche alors qu'il est évidemment le plus courageux d'entre eux[3], ce petit moment de

1. Albert Camus, *Les Justes* (1949), acte I.
2. *Ibid.*, acte II.
3. On retrouve trait pour trait la même histoire dans *Scarface*.

flottement dont parle Camus (et qu'a éprouvé, à son tour, la kamikaze de Boko Haram) est un antidote au terrorisme, bien plus efficace que l'état d'urgence ou la déchéance de nationalité. La justice est morte quand elle est sanguinaire.

Les enfants tueurs

Deux fillettes se sont fait exploser dans un marché de Maiduguri (au nord-est du Nigeria), faisant au moins un mort et dix-huit blessés[1]. « Les fillettes sont descendues d'un pousse-pousse et sont passées devant moi sans trahir une quelconque émotion. » C'est un témoin qui le dit.

Elles avaient 7 et 8 ans. Et elles étaient impassibles.

Il y a eu, cette semaine-là, des attentats plus sanglants que celui-là, comme à Istanbul, mais c'est l'âge des terroristes qui impose de réfléchir au carnage de Maiduguri.

On a vu que, dans *Les Justes*, Albert Camus montre que rien (même une cause juste) n'autorise le meurtre d'un enfant. Autrement dit : si noble soit l'ambition d'un monde meilleur, le révolutionnaire Kaliayev a raison de *ne pas* lancer la grenade sur la calèche du grand-duc puisque des enfants sont assis à côté de lui. Et, en s'abstenant, c'est la justice elle-même qu'il sauve et préserve. Mais ce que Camus n'envisage pas, c'est la possibilité, comme à Maiduguri, que

1. Le 11 décembre 2016.

les enfants soient eux-mêmes des assassins ! Quand Camus raconte qu'aucune lutte n'autorise un tel crime (sous peine d'être immédiatement disqualifiée par les moyens qu'il se donne), il n'envisage pas le cas de figure des enfants soldats ou des enfants terroristes. Or ça change tout.

On n'a plus affaire (comme au XXe siècle) à des révolutionnaires qui redoutent de tuer des enfants en attaquant l'oppresseur, mais à des illuminés qui n'hésitent pas à envoyer des enfants à la mort et au meurtre. Et, si on peut encore trouver (comme Camus) de l'humanité au terroriste inquiet du sort des enfants qui croisent sa route, il n'y en a plus chez celui qui leur lave le cerveau pour en faire des bombes sournoises.

D'ailleurs, il n'est pas seulement obscène mais aussi contradictoire qu'un lecteur de Camus comme Michel Onfray appelle au « dialogue diplomatique[1] » avec Daech (ou Boko Haram, c'est pareil), c'est-à-dire avec des gens qui n'hésitent ni à tuer des enfants ni à en faire eux-mêmes des soldats ou des tueurs. On ne discute pas avec celui qui envoie les enfants au martyre. Dans un monde où les enfants sont eux-mêmes les tueurs, tout est différent. L'idée de Camus selon laquelle aucune cause ne justifie le meurtre d'un enfant ne résiste pas au cas de figure (impensable) où le meurtre d'un enfant permet d'éviter un attentat.

1. Interview de Michel Onfray sur iTélé, le 21 novembre 2015. « Nous devrions, nous la France, cesser de bombarder les populations musulmanes sur la totalité de la planète [...]. Est-ce qu'il n'y a pas des chancelleries, des diplomaties, des pays avec lesquels on pourrait envisager autre chose que bombarder l'État islamique ? »

Pour ne prendre qu'un seul exemple, quand le tireur d'élite Chris Kyle (dont Clint Eastwood raconte l'histoire dans *American Sniper*) est contraint d'abattre, à Bagdad, un enfant kamikaze qui menace d'exploser au milieu des soldats, son geste, si fou soit-il, ne peut pas lui être reproché. En temps de guerre, aucune cause ne justifie le meurtre préventif d'un enfant… hormis le crime d'un enfant.

Sisyphe contre l'horreur

> « Car il savait ce que cette foule en joie ignorait, et qu'on peut lire dans les livres, que le bacille de la peste ne meurt ni ne disparaît jamais, qu'il peut rester pendant des dizaines d'années endormi dans les meubles et le linge, qu'il attend patiemment dans les chambres, les caves, les malles, les mouchoirs et les paperasses, et que, peut-être, le jour viendrait où, pour le malheur et l'enseignement des hommes, la peste réveillerait ses rats et les enverrait mourir dans une cité heureuse. »
>
> Albert Camus, *La Peste*

Que faire de l'horreur qui revient ? Comment échapper au désespoir et à la lassitude quand on se dit que, quoi qu'il arrive, on n'en finira jamais avec le terrorisme ? Nous sommes, face au terrorisme, dans la position de Sisyphe, dont le rocher retombe, comme chacun sait, à l'instant où, atteignant la crête, il croit avoir achevé son effort. À peine sortons-nous d'un traumatisme qu'un nouvel attentat nous y replonge aussitôt : comment ne pas baisser les bras devant une tâche sans cesse à reprendre ? Pourquoi tenter encore de couper la tête de l'hydre, puisque la tête repousse toujours ?

Camus ne répond pas à cette question ; il la surmonte. C'est au cœur du désarroi qu'il trouve une raison d'agir. Camus ne dit pas : « Gardez l'espoir, ne vous en faites pas, tout ira mieux demain. Un jour, vous verrez, il n'y aura plus de terrorisme. » Camus laisse entendre, au contraire : « Perdez l'espoir. Débarrassez-vous de l'espoir. Des terroristes et des attentats ignobles, il y en aura toujours. Cessez de vous compliquer la vie avec l'espoir et remplacez-le par la force d'accomplir au quotidien la tâche de maintenir, malgré tout, le monde en sa beauté. »

Or, quand on pense comme ça, la grande fatigue disparaît. Celui qui fatigue, celui qui n'en peut plus de porter le caillou, c'est l'homme d'espoir qui rêve, les yeux ouverts, comme d'une normalité ajournée, d'un monde enfin sans terrorisme. Ce monde-là n'existe pas. C'est l'une des leçons de Camus.

La peste revient toujours.

La peste recommence. Aussi sûrement que retombe le rocher.

Mais quand on le sait, quand on ne commet pas l'erreur de suspendre son énergie à l'espoir introuvable d'une sortie de crise, bref, quand on *consent* à l'absurdité des choses, à la violence inévitable, à l'intermittente résurrection du fanatisme et à l'insondable lâcheté de ceux qui trouvent des excuses aux assassins, quand on comprend tout cela avant de le juger, et quand on oppose infatigablement la persévérance à la routine, on reste vulnérable, mais on est invincible, « et ce chant d'amour sans espoir peut aussi figurer la plus efficace des règles d'action[1] ».

---

1. Albert Camus, *Noces* (1938), *op. cit.*, « Le désert ».

To do or not to do

To be or not to be… Là est le seul vers de Shakespeare que tout le monde connaisse dans sa langue. Pourquoi Hamlet, prince héritier du Danemark, se pose-t-il soudain une telle question, au début du troisième acte de la pièce, juste avant de briser, délibérément, le cœur d'Ophélie (dont il est pourtant amoureux) ?

Par définition, les deux termes de l'alternative sont exclusifs l'un de l'autre. « Être *ou* ne pas être », c'est vivre ou mourir.

D'un côté, la vie, c'est-à-dire « les flèches et les coups d'une fortune indigne », la « souffrance du cœur », la violence des tyrans, l'angoisse des amours bafouées, la morgue des gens en place, les vexations que la vertu reçoit de la bassesse et les « mille blessures »[1] qui sont le lot de la chair.

De l'autre, la mort volontaire, c'est-à-dire la fin des soucis, le quitus qu'on se donne d'un simple coup de poignard, et la souveraineté retrouvée d'un homme qu'on a dépossédé de sa vie mais qui décide, au moins, de sa mort.

1. William Shakespeare, *Hamlet*, acte III, scène 1.

Si l'alternative est celle-là, pourquoi hésiter ?

Pourquoi ne pas se tuer quand on tient la mort pour l'unique remède aux tourments de l'existence ? Il est si facile de se supprimer… Pourquoi est-ce si rare ? D'où vient cette force étrange qui, en dépit du bon sens, prolonge une vie dont le non-sens et l'injustice nous sautent aux yeux ? « Routiniers du désespoir, dit Cioran, cadavres qui s'acceptent, nous nous survivons tous, et ne mourons que pour accomplir une formalité inutile. Comme si notre vie ne s'attachait qu'à reculer le moment où nous pourrions nous débarrasser d'elle[1]. »

La réponse que donne Hamlet à ce mystère est elle-même paradoxale : ce n'est pas par amour de la vie (ni même par habitude de vivre) que les hommes ne se tuent pas, mais c'est parce que « la terreur de quelque chose après la mort, ce pays inconnu dont nul voyageur n'a repassé la frontière » trouble notre dessein… et si « la réflexion ne faisait pas de nous des lâches », nous nous serions tous suicidés depuis longtemps. Autrement dit, c'est parce que l'âme ne meurt pas avec le corps, et que, par conséquent, le sommeil de la mort n'est pas un sommeil sans rêves qu'on ne se tue pas.

À quoi bon vivre si la vie n'est qu'une douleur ? Mais à quoi bon se tuer si la mort ne met pas un terme à cette douleur ? La mort qui n'est pas une fin perd, incontestablement, de son pouvoir d'attraction. Pour bien entendre cette alternative, il faut se souvenir que

1. Emil Cioran, *Œuvres*, *Précis de décomposition* (1949), La Pléiade, 2011, p. 37-38.

Hamlet est une pièce sur la procrastination, puisque c'est l'histoire d'un homme qui met cinq actes à *passer à l'acte*, justement, c'est-à-dire à tuer lui-même le meurtrier de son père. L'enjeu n'est pas seulement de savoir s'il faut vivre ou mourir, mais s'il faut accomplir ou non la vengeance dont Hamlet pressent qu'elle ne le soulagera pas plus que sa mort… Agir ou ne pas agir (*To do or not to do*), là est la question.

Les intermittences de la mémoire

Une minute de silence
Calme, dense, inutile.

(anagramme)

L'enjeu d'un hommage national aux victimes du terrorisme n'est pas de se souvenir mais de *conserver*, de confier à une stèle le soin du souvenir, pour reprendre enfin le cours ordinaire de nos vies après avoir rangé nos émotions dans le monument qui leur sert de garde-meuble.

Tous les discours, cérémonies, photos, larmes, minutes de silence ne servent qu'à passer à autre chose.

À l'issue du dialogue intitulé *Phèdre*, Platon raconte le mythe de Theuth le scribe.

Theuth invente l'écriture et se présente à Thamous, le père des dieux, en lui disant : « Voici […] le savoir qui fournira aux Égyptiens plus de savoir, plus de science et plus de mémoire ; de la science et de la mémoire, le remède a été trouvé[1]. » Mais Thamous

1. Platon, *Phèdre*.

refroidit ses ardeurs en lui répondant que, contrairement à ce qu'il croit, l'art de l'écriture « produira l'oubli dans l'âme de ceux qui l'auront appris, parce qu'ils cesseront d'exercer leur mémoire [...] c'est du dehors, grâce à des empreintes étrangères, et non du dedans, grâce à eux-mêmes, qu'ils se souviendront[1] ».

Ce que Theuth a mis au point en inventant l'écriture n'est pas la mémoire, mais la *remémoration*, c'est-à-dire le fait de confier ses propres souvenirs à une autre mémoire que la sienne – une mémoire mécanique dont les souvenirs ressuscitent à date fixe et dispensent du moindre effort.

Les hommages n'ont aucune autre vertu. On se tait, on pleure en silence, on pense aussi fort que possible aux nouveaux disparus, on grave leur nom comme on efface des traces de sang, ou comme s'estompe le dessin d'un cadavre sur la chaussée. Et on passe à autre chose.

Beaucoup ont dit qu'après les attentats rien ne serait plus comme avant, mais c'est tout le contraire : ce qu'il est vraiment triste d'admettre, c'est que, bientôt, tout sera de nouveau comme avant.

---

1. *Ibid.*, 275 b.

Gadget et Columbo

« C'est le sentiment d'être trompé
qui est trompeur. »

Clément Rosset,
Le Réel et son double

À chaque attentat, les théories du complot renaissent de leurs cendres.

Et le cauchemar du 13 novembre 2015 n'a pas fait exception à ce rite imbécile.

Le lendemain, les « contre-enquêtes » se multipliaient déjà : on a déformé les propos du journaliste Jonathan-Simon Sellem, qui avait dit, le matin de l'attaque, que la communauté juive de France *se préparait* à un attentat[1] (ce qui ne veut pas dire qu'elle le prévoyait pour le soir même), on s'est interrogé sur la présence d'un passeport près de la dépouille d'un terroriste, on a cru reconnaître dans le visage d'une jeune fille celui d'une « actrice de crise » qui joue

1. Le journaliste déclarait sur le site internet *Times of Israel* que « la communauté juive est en alerte depuis des mois de crainte d'un attentat terroriste majeur ».

les victimes sur toutes les scènes de crime, on a cru bon de remarquer que le Bataclan avait *attendu* de ne plus appartenir à des juifs pour subir un attentat, on s'est étonné que les vitres du Comptoir Voltaire aient résisté à l'explosion, enfin, on s'est émerveillé qu'un Tweet en date du *11 novembre* annonce 120 morts et 270 blessés à Paris, sans voir qu'il s'agissait d'un générateur de Tweets qui, remixant des dépêches, prédisait la même chose dans une mosquée au Nigeria ou dans une école de Peshawar.

À ceux qui, de bonne foi, s'étonnent de l'accumulation de détails troublants, il faut répondre que ce sera toujours le cas. Si l'on part du principe qu'on nous cache quelque chose, on repère aussitôt le détail qui en témoigne. Si vous voulez penser qu'on vous ment, vous n'aurez aucun mal (dans un *second* temps) à en trouver la « preuve ». Les théories du complot ne sont pas des découvertes de complots, mais des *a priori* de complots qui demandent, après coup, à la réalité (c'est-à-dire aux images) d'attester leur propos. C'est la raison pour laquelle, même quand on invalide une « preuve » de complot, on ne parvient jamais à détourner les gens de la certitude qu'on leur ment. Car les preuves ne sont pas des preuves, mais les illustrations d'un préjugé.

Le complot est un système déguisé en enquête.

Le complotiste ressemble à l'inspecteur Gadget avec un masque de Columbo. Il se présente comme un homme de bonne foi que son sens de l'observation conduit à mettre en cause la version « officielle » des faits. Mais c'est un théoricien qui fouaille les images pour y trouver la preuve qu'on le trompe. Or *ce n'est pas parce qu'il s'en aperçoit qu'il est convaincu qu'on le trompe, c'est parce qu'il est convaincu qu'on le trompe qu'il croit s'en apercevoir* – tout comme Gadget est insensiblement conduit par sa nièce à la conclusion qu'il croit trouver tout seul.

Le *fact checking* est un travail voltairien

Le 9 mars 1762, le protestant Jean Calas fut condamné à mort par le parlement de Toulouse, avant d'être étranglé, roué vif et brûlé le lendemain sur la place Saint-Georges… Or Calas était innocent. Son seul péché était d'être calviniste en terre catholique – ce qui est à peu près aussi dangereux que d'être féministe en Arabie saoudite, chrétien à Mossoul, démocrate en Chine ou juif en Iran.

L'honnête négociant Jean Calas, établi à Toulouse depuis quarante ans – et dont le culte est autorisé malgré l'édit de 1724 contre les protestants –, retrouve, un jour funeste d'octobre 1761, son fils aîné, Marc-Antoine, pendu dans le magasin. Et il dissimule le suicide, qu'il tient pour un déshonneur. Malheureusement (si j'ose dire), le fils pendu s'était lui-même converti au catholicisme – ce qui n'empêchait pas le père de continuer à lui verser une pension, mais donna l'occasion à un peuple « superstitieux et emporté » de tenir ce suicide pour un meurtre.

Et il a suffi qu'un seul imbécile, dont l'opinion plaisait à la foule, décrétât que la famille de Marc-Antoine l'avait étranglé par haine du catholicisme, pour que, le moment d'après, plus personne n'en doutât et pensât que, chez les protestants, un père et une mère dussent assassiner leur fils en cas de conversion. S'ensuivit une théorie du complot où des gens bien informés (les Sputnik, Al-Manar, Quenel+, RT ou Stop Mensonges de l'époque) affirmèrent que des protestants du Languedoc s'étaient assemblés la veille en secret pour désigner, en la personne du jeune Lavaysse, le bourreau de Marc-Antoine.

Après avoir cru lui-même à la culpabilité de Calas, Voltaire a fait ce que les médias alternatifs (et conspirationnistes) ne font jamais : il s'est documenté. Il a enquêté. Grâce à lui, Calas fut réhabilité en 1765, et le parlement de Toulouse fit amende honorable : le procès Calas a cessé d'être le procès d'un infanticide pour devenir celui des falsificateurs qui voulaient absolument voir dans ce calviniste la figure d'un protestant sanguinaire.

Or, des mini-Calas (des mensonges qui nuisent, qui désinforment ou qui tuent et qu'on tient pour vrais parce qu'ils nous font plaisir), il y a en tous les jours sur les réseaux sociaux.

Que le Mossad soit derrière le 11 Septembre, que Hillary Clinton soit à la tête d'un réseau pédophile, que Barack Obama ait mis son successeur sur écoute ou que 200 000 personnes soient venues acclamer François Fillon place du Trocadéro (qui n'en contient que 50 000)… tout cela est aussi délirant que l'infanticide de Calas, mais fonctionne parce que ça plaît aux trolls qui sévissent sur Internet, comme il plaisait aux complotistes du XVIIIe siècle qu'un calviniste fût un tueur d'enfants.

Voltaire et les trois monothéismes

Il faut relire, à intervalles réguliers, comme on respire ou comme on boit, ce que Voltaire osait dire, au XVIIIe siècle, de nos trois monothéismes. Et se souvenir, en le faisant, que Voltaire croyait en Dieu. C'est d'ailleurs la raison pour laquelle il détestait les religions qui donnent au besoin de croire les contours inutiles de leur folklore, de leur époque ou de leur ethnie.

Le judaïsme ? « Ce peuple doit nous intéresser, puisque nous tenons d'eux notre religion, plusieurs même de nos lois et de nos usages, et que nous ne sommes au fond que des Juifs avec un prépuce. » Néanmoins, ajoute Voltaire, la témérité de lire dans les intentions divines se double d'un « grand ridicule » quand on veut prouver que le Dieu de tous les peuples n'agit qu'en considération de cette « horde opiniâtre et rebelle » qui s'autoproclame « peuple élu[1]… »

Et l'islam, alors ?

---

1. Voltaire, *Œuvres complètes*, Bibliothèque Angelica, 1875, p. 327-403.

L'islam ou le « mahométisme » est né dans « un peuple de brigands », dit Voltaire, qui « voulut attirer tout à lui, et se crut fait pour dominer ». De là une religion prosélyte et austère (qui prive de vin, qui impose le jeûne, la circoncision et un pèlerinage « au milieu des sables arides ») dont le prophète a excité l'enthousiasme et la rage pour des raisons politiques : mais, aux yeux de Voltaire, par l'« unicité de sa foi, l'Islam eût été une religion pure et belle [...] si on n'y avait pas ajouté que Mahomet est son prophète ».

Et le christianisme ?

Une religion absurde, qui adore un juif mais qui déteste *les* juifs, qui pratique le blasphème de dire que trois dieux font un Dieu, qui mange, enfin, ce Dieu qu'elle adore, et, pour seul hommage, « rend à la selle son créateur ». Est-ce parce que ses adorateurs défèquent du Divin tous les jours que (selon Voltaire) la « sainte et douce religion du Christ est devenue, par nos fureurs, la plus intolérante de toutes et la plus barbare ? » Le fait est que, avec leur folklore, « leurs mystères, leurs fausses reliques, le commerce des indulgences et la papauté dans son ensemble, les chrétiens couvrent de ridicule la Vierge Marie, l'ange qui la salue, le pigeon qui l'engrosse, le charpentier qui en est jaloux, et le poupon que les trois rois viennent complimenter entre un bœuf et un âne ».

Lire et relire Voltaire, pour se souvenir que le respect du fait religieux est incompatible avec l'exercice de la liberté.

L'erreur vient-elle de nos sens, ou de notre jugement ?

> « Il est aisé à voir, que ce qui aiguise en nous la douleur et la volupté, c'est la pointe de nostre esprit. Les bestes, qui le tiennent sous boucle, laissent aux corps leurs sentiments libres et naïfs. »
>
> Michel de Montaigne, *Essais*

Le basketteur Kyrie Irving a déclaré, en février 2017, très sérieusement et à plusieurs reprises : « La Terre est plate… Je vous le dis, la Terre est plate… Ils nous mentent… La vérité est juste là, il vous suffit d'aller chercher[1]. »

Peut-être prend-il pour un disque le ballon qu'il excelle à mettre dans un panier ?

Le meneur de Cleveland (et star de la NBA) a parfaitement le droit de croire que la Terre est plate. Et pour cause : nous croyons tous – nous *voyons*

1. Dans le podcast *Road Trippin' with R. J. & Channing*, avec deux de ses coéquipiers.

tous – que la Terre est plate. C'est ainsi que les choses sont vécues. Ce que nous savons du réel ne change rien à ce qu'on y perçoit : « Quand nous regardons le Soleil, nous l'imaginons à une distance de nous d'environ deux cents pieds, dit Spinoza, et même si plus tard nous venons à savoir que le Soleil est à une distance de nous de plus de six cents diamètres de la Terre, nous n'en continuerons pas moins à l'imaginer proche de nous[1]. » La raison ne rectifie pas nos perceptions. Aucun discours n'a de prise là-dessus.

Le problème n'est pas de voir les choses comme tout le monde les voit (nous-mêmes ne voyons pas les choses autrement), mais de dire que les choses *sont* comme on les voit. Ce qui est faux n'est pas ce qu'on perçoit, mais le jugement qu'on en tire. Ce qui est faux n'est pas le sentiment que la Terre est plate, mais le discours qui ne fait aucune différence entre un tel sentiment et la vérité elle-même.

« Tout ce que j'ai reçu jusqu'à présent pour le plus vrai et assuré, je l'ai appris des sens, ou par les sens, se souvient Descartes : or j'ai quelquefois éprouvé que ces sens étaient trompeurs, et il est de la prudence de ne se fier jamais entièrement à ceux qui nous ont une fois trompés[2]. » Une sensation ne désigne qu'elle-même et, à ce titre, ne peut être inexacte. La sensation d'un membre fantôme, par exemple, n'est

1. Baruch Spinoza, *Éthiques*, Presses universitaires de France, 1990, p. 228.

2. René Descartes, *Méditations métaphysiques* (1641), « Première méditation », Garnier-Flammarion, 1979, p. 57.

pas fausse ; ce qui est faux est d'en déduire la présence du membre en question.

L'erreur de Descartes est de combattre la *matière* de ses erreurs (c'est-à-dire ses propres sensations, les illusions des sens et la tromperie des apparences) au lieu de pourfendre la *manière* de ses erreurs (c'est-à-dire le jugement qui s'appuie sur elles). Et d'en déduire ensuite que la santé de l'esprit dépend de sa capacité à se désolidariser des injonctions du corps, alors que la santé de l'esprit dépend de sa capacité *à ne pas tenir nos sensations pour des injonctions*. Comme le rappelle Clément Rosset : « Seul l'homme délire, parce que seul l'homme dispose d'un esprit. Les animaux ne délirent pas, parce qu'ils sont hors d'état de se laisser abuser par l'esprit [...]. L'imagination n'est pas l'effet d'une déteinte du corps sur l'esprit, mais l'effet d'une provocation du corps de la part de l'esprit. Le corps ne contamine jamais l'esprit ; c'est toujours au contraire l'esprit qui contamine le corps. Il y a pour l'esprit mille et une façons de s'égarer. Le corps lui, ne s'égare jamais[1]. »

Pour en revenir à notre basketteur platiste, Kyrie Irving peut croire tant qu'il veut que, si l'horizon est plat, alors la Terre est plate, et que si le Soleil se lève à gauche et se couche à droite, c'est que, comme le ciel l'indique, la Terre est un disque éclairé par une ampoule géante... du moment que, cessant de se prendre pour le centre du monde, il n'en fait pas une vérité. Si délirant soit-il, aucun contenu ne

1. Clément Rosset, *Principes de sagesse et de folie*, Minuit, 1991.

disqualifie une opinion ; seule y parvient la méthode qui y conduit.

Si Kyrie Irving disait que, jusqu'à nouvel ordre, étant donné la forme de l'horizon, la Terre, quoi qu'on en dise, lui semble plate… s'il exposait son discours à la communauté scientifique en la mettant au défi de l'invalider, son opinion serait recevable (et il en changerait rapidement).

Mais Kyrie Irving fait exactement le contraire et présente comme un complot le discours qu'il récuse. À l'image des créationnistes qui tiennent les darwiniens pour des satanistes attachés à détruire la parole biblique (ou du président américain qui déclare que « toute mauvaise nouvelle est une fausse nouvelle » – *Any wrong news is fake news*, Kyrie Irving prend sa perception pour un jugement : il affirme que la terre est plate *afin* de présenter toute objection comme une mauvaise intention, comme on ferait à l'âge adulte le procès de nous sortir de l'enfance. La platitude de la Terre est, en cela, la quintessence du « fait alternatif ».

Sean Spicer et l'école du réel

« Quant au réel, s'il insiste, et tient absolument à être perçu, il pourra toujours aller se faire voir *ailleurs*. »

Clément Rosset,
Le Réel et son double

La foule qui s'est réunie autour de Donald Trump fut « la plus grande foule jamais vue lors d'une investiture, point barre », a déclaré Sean Spicer, l'ancien (bref[1]) porte-parole de la Maison-Blanche, lors de son tout premier débriefing. Pourtant, si l'on compare les photos de l'investiture d'Obama, en 2009 et 2013, et de celle de Trump, en 2017, on voit clairement le contraire… Il n'y a pas photo ! Il faut d'ailleurs prendre cette phrase au premier degré ; si la photo ne convient pas au pouvoir, alors, littéralement, *il n'y a pas photo*. Comme le réel, en l'occurrence, déplaît au président américain, son porte-parole demande (littéralement) à la réalité elle-même d'*aller se faire voir*

1. Il démissionnera le 21 juillet 2017, six mois après sa prise de fonctions.

ailleurs. Voilà le genre de déni que désigne l'expression, si répandue désormais, de « post vérité ».

Dans un petit livre merveilleux, intitulé *Le Réel et son double*, Clément Rosset prend l'exemple d'un type au volant, qui rencontre un feu rouge sur sa route[1]. Quatre possibilités s'offrent à lui :

1) Le type se résigne à être en retard, s'arrête et attend que le feu passe au vert. Acceptation du réel. Dans le cas de Sean Spicer, cela eût donné : « Effectivement, il y avait plus de monde pour Obama que pour Trump, mais on va changer ça ! »

2) Le type refuse une perception qui contrarie ses desseins, ignore l'interdiction et brûle le feu. Autrement dit : il ne voit pas le réel, dont il a pourtant reconnu l'existence. En termes spiceriens : « Certes, il y avait moins de monde pour Trump que pour Obama, mais ça ne veut rien dire : Trump est plus populaire que son prédécesseur. C'est vrai, puisque je vous le dis. »

3) Le type au volant estime que l'obstacle du feu rouge est vraiment trop injuste et décide d'en finir avec la vie – un peu comme si Sean Spicer avait dit : « Il y avait incontestablement plus de monde pour Obama, c'est la honte pour nous : le président Trump démissionne et moi je retourne à l'asile. »

4) (La plus folle et pourtant celle qui fonctionne ici.) Le type voit que le feu est rouge, *mais il en conclut que, du coup, c'est à lui de passer !* En d'autres termes : malgré l'évidence, malgré les images, malgré les faits,

---

1. Clément Rosset, *Le Réel et son double*, Gallimard, 1985. p. 15-16.

la foule des supporters de Trump fut (comme dit Sean Spicer) « la plus grande foule jamais vue lors d'une investiture, *point barre* ».

Tout homme a tendance à réduire le monde à ses besoins. Le cerveau, dit Bergson, est une gare de triage qui permet d'extraire « ce dont j'ai besoin pour éclairer ma conduite », une « simplification pratique » où « les différences inutiles à l'homme sont effacées, les ressemblances utiles à l'homme sont accentuées[1] ». En niant l'évidence (et en affirmant ce qu'il nie), Sean Spicer n'a fait que porter à la psychose une tendance inscrite en chacun de nous.

Certains diront qu'il a refusé de se prêter aux questions des journalistes pour fuir les objections, mais c'est plus grave que cela : Sean Spicer a fui les questions parce qu'il ne voit pas du tout l'intérêt d'une question.

À quoi sert une question ? Qu'est-ce qu'une question ? Comment sonne une question (n'importe laquelle) aux oreilles de celui qui congédie le réel quand il disconvient ? Si (parce que c'est le cas et quelles que soient leurs opinions) les journalistes déclarent qu'il y avait moins de monde à l'investiture de Trump qu'à celles d'Obama, cela prouve juste, aux yeux de Sean Spicer, qu'ils sont hostiles à Trump. Le réel est odieux de n'être pas de mon avis.

Dans le monde de la post vérité – comme dans celui des enfants qui, n'ayant pas encore accès à la parole, se voient constamment déçus dans leurs attentes – la

1. Henri Bergson, *Le Rire* (1900), PUF, coll. « Quadrige », 2012, p. 115-117.

vérité n'est elle-même qu'une opinion dont la valeur dépend de la douceur, et dont la douceur dépend de mon désir. La vérité a cessé d'être vraie pour devenir tour à tour bonne ou mauvaise selon qu'elle correspond (ou non) au discours qu'on tient : par une prodigieuse inversion des priorités, les faits sont sommés de se soumettre à nos souhaits, sous peine d'être répudiés comme une vieille concubine, coupable de ses rides.

« La vérité est ailleurs »

Longtemps avant la perte de l'acuité visuelle, la baisse de l'audition, les troubles de l'équilibre ou ceux de la mémoire, le vieillissement s'éprouve dans toute sa cruauté le jour où le vainqueur de Roland-Garros est plus jeune que vous (alors que vous regardez encore le tennis avec un œil d'enfant et ses pratiquants comme des demi-dieux).

Puis vient le jour où vous vous apercevez que Courteney Cox ressemble à Rachida Dati et que le président de la République est plus jeune que vous alors que vous-même ne savez toujours pas remplir votre déclaration d'impôts.

Puis ce sont tous les « monsieur » suivis de votre nom, tous les « mon vieux », tous les « papa » par lesquels votre entourage s'adresse soudain à vous, et le moment où, sans vous en apercevoir, vous commencez vos phrases par « Tu te souviens »…

Mais aucune mesure du vieillissement n'est plus impitoyable que la résurrection d'une vieille série télévisée, en particulier quand celle-ci prétendait, *à l'époque*, être en avance sur son temps. Aucun passé n'est plus lointain que celui qui, ressuscitant, vous rappelle, impitoyable, que, vingt ans plus tard, « vingt ans » se dit *vintage*. *X-Files* est de retour, donc. Contrairement à l'âge que vous aviez quand tout ça vous intriguait. Les vieillards Fox Mulder et Dana Scully reprennent du service au département des affaires classées, pour six épisodes interdits aux moins de 40 ans. Fox Mulder et Dana Scully… Le renard et la rousse. Le non-dupe et la rationaliste. Le cartérien (l'âme damnée de Chris Carter) et la cartésienne. Le paranormal et la voltairienne (l'un plus vieux, l'autre pluvieuse), ombres en exil dans un siècle attardé, téléphones à cadran dans un monde connecté, enfilent à nouveau leur vieux costume et, malgré l'arthrose, traquant les extraterrestres, décapitent les fantômes, combattent les loups-garous, démontent les complots et pourfendent le cannibalisme, les vampires, la pyrokinésie et les manipulations génétiques.

Des acteurs (Gillian Anderson et David Duchovny) au générique, en passant par le slogan, rien n'aurait changé. Est-ce la dernière saison ? Qui le sait ? La seule certitude est que nous n'aurons jamais le fin mot de l'histoire. Dans *X-Files*, « la vérité est ailleurs ».

Autrement dit, chaque fois que Mulder et Scully s'approchent de la vérité, elle leur glisse entre les doigts. À qui la faute ? Aux enquêteurs eux-mêmes plus qu'aux sadiques avisés qui se dérobent toujours. Paradoxalement, dire que « la vérité est ailleurs » n'est pas une façon de chercher la vérité, mais de la fuir : *qui croit, dur comme fer, que « la vérité est ailleurs » verra toujours (pour cette raison) dans la vérité qu'on lui propose le paravent de la vérité qu'on lui cache*. C'est logique : si « la vérité est ailleurs », alors tout ce qu'on nous présente comme la vérité ne peut être qu'un mensonge. Dire que « la vérité est ailleurs » ne veut pas dire qu'on cherche la vérité mais, au contraire, qu'on s'arrange pour ne jamais l'atteindre, à l'image de Mulder et Scully, dont les enquêtes s'arrêtent au seuil d'une vérité qu'ils croient saisir… avant de s'apercevoir qu'elle est ailleurs.

Aucun complot, aucun mensonge d'État n'arrive à la cheville du mensonge qu'on se fait à soi-même quand on se persuade que, quoi qu'on fasse, « la vérité est ailleurs ».

Ce n'est pas parce que la vérité est « ailleurs » qu'on ne met pas la main dessus, mais c'est parce qu'on ne veut pas découvrir la vérité qu'on déclare qu'elle est « ailleurs ». Qui pense que « la vérité est ailleurs » imagine qu'il a le courage de chercher la vérité derrière le rideau des apparences, alors qu'il a la trouille d'assumer ce qu'il a sous les yeux. Son cauchemar n'est pas qu'on lui mente, mais de constater qu'on ne lui ment pas. « La vérité est ailleurs » ne prouve pas la lucidité du citoyen, mais (au contraire) sa trouille et sa naïveté.

Du sang sur les mains

On connaît depuis longtemps les crimes racistes et les insultes et agressions liées à la couleur de la peau. Voici venir les *délits antiracistes.* Qui sont rigoureusement les mêmes, aussi bêtes et violents que les premiers, à la seule différence qu'ils sont commis au nom du Bien – ce qui, à dire vrai, ne change rien.

Argenteuil, octobre 2016. Alors qu'un instituteur venait de réprimander une élève, deux types sont sortis d'une voiture aux cris de « Tu lui parles pas comme ça, raciste ! » et l'ont frappé au visage devant les autres élèves, stupéfaits, avant de prendre courageusement la fuite…

On pourrait se dire que les agresseurs sont juste des imbéciles, mais ce serait oublier que, derrière toute sottise, il y a une idée : tabasser (parce qu'on croit que c'est du racisme) l'instituteur qui réprimande une élève n'est pas seulement un geste stupide, mais aussi une *idée stupide*. Et, de même qu'en cas de délit raciste on a raison de fustiger le discours haineux et décomplexé qui l'inspire et le justifie, il faut ici dénoncer le discours haineux et structuré qui inspire et justifie des actes de cette nature.

Or ce discours fétide, c'est le discours fou qui dénonce, en France, un « racisme d'État » (l'État incarné, en l'occurrence, par un professeur). C'est le discours qui voit, par exemple, dans la loi sur les signes religieux dans les écoles publiques[1] la preuve d'un racisme colonial. Qui racialise les relations humaines au point de lire dans la remarque d'un Blanc l'ultime avatar d'une haine *institutionnelle*, et dans tout fait de racisme la preuve d'un « mécanisme structurel » qui diffuse en haut lieu. Quand on rappelle aux bons esprits qui tiennent ce discours qu'en France ce n'est pas l'État qui est raciste (mais la société qui l'est, parfois), ils vous répondent que les lois antiracistes elles-mêmes sont l'expression de la condescendance du Blanc pour le *racisé*, qu'il méprise en lui offrant sa protection.

Le racisme est un scandale absolu. Mais ceux qui le combattent en hallucinant sa présence un peu partout sont aussi dangereux que leurs ennemis. D'abord parce qu'ils accréditent le sentiment qu'il n'y a aucune différence entre la République et la France des années sombres, ensuite parce qu'ils crachent sur une époque où le racisme est un délit.

Le vrai souci avec ces idéologues n'est pas tant un problème de méconnaissance historique qu'une faute de méthode (qui n'est pas soluble dans quelques cours d'Histoire) : plus encore que de tenir la blancheur de

---

1. Adopté en 2004, l'article L 141-5-1 du Code de l'éducation interdit « dans les écoles, les collèges et les lycées publics, le port de signes ou tenues par lesquels les élèves manifestent ostensiblement une appartenance religieuse ».

la peau pour la source de toute oppression, l'erreur est de croire qu'on rétablit l'équilibre quand on remplace une haine par une autre, et, par conséquent, de tabasser un prof dont le seul tort est d'être accidentellement blanc et d'exercer, au sens noble, son métier de maître. Depuis cette date, les théoriciens infatués d'une oppression systémique et d'un « racisme d'État » ont du sang de prof sur les mains. Et ce n'est que le début.

Stigmatisation

« Stigmatisation » est un mot qu'on emploie à tort et à travers, en oubliant, le plus souvent, son origine religieuse.

Au commencement, les stigmates du Christ, infligés lors de la crucifixion, ne sont pas seulement des blessures, mais aussi le symbole de tout le mal que l'homme peut faire à l'homme. Et pour cause : puisque c'est le Divin en personne qui s'incarne dans la figure du Christ, les plaies de sa chair et ses cicatrices vont au-delà de son corps.

Par extension, « stigmatiser » désigne le fait de critiquer non pas une personne mais (à travers elle) la communauté qu'elle représente. Dans nos univers laïcs (dont le lexique demeure religieux), de même que toute l'humanité est mise en cause par le calvaire christique, le fait de *stigmatiser* signifie qu'on jette l'opprobre sur une communauté entière en critiquant l'un de ses membres. Ce qui rend le mot à la fois nécessaire et ambigu.

Nécessaire, car, dans certains cas, c'est parce qu'il appartient à une communauté (qu'on stigmatise à travers lui) qu'un individu se voit humilié, ou blessé.

Quand on confond islamiste et islamique, et qu'on indexe sur l'appartenance à l'Islam la décision de poser une bombe, c'est toute la communauté musulmane qu'on stigmatise. De même, quand le dessinateur Siné explique que Jean Sarkozy s'est converti au judaïsme par amour du pouvoir et de l'argent[1], il stigmatise la communauté juive tout entière, indûment réduite, par lui, à ces deux passions.

Toute la difficulté est de critiquer une personne sans être commodément accusé, chaque fois, de critiquer la communauté qu'elle représente. Le fait de confondre la critique et la stigmatisation est aussi une stratégie qui permet (opportunément) d'échapper à la critique.

Quand on critique, par exemple, le fait que les femmes n'aient pas le droit d'entrer dans un bar à Sevran[2] (sans se faire insulter ni menacer), ce n'est pas la banlieue qu'on stigmatise, mais c'est un dysfonctionnement qu'on critique. Seulement, parler de *stigmatisation* ici permet de fermer les yeux sur ce qui s'y passe, en faisant comme si le problème n'était pas que les femmes fussent exclues d'un café mais plutôt que tel (ou telle) s'en indignât. Dans le cas de Sevran, l'accusation de stigmatisation (imaginaire) de la banlieue dans

1. Dans une chronique publiée le 2 juillet 2010 par *Charlie Hebdo* : « Il vient de déclarer vouloir se convertir au judaïsme avant d'épouser sa fiancée, juive, et héritière des fondateurs de Darty. Il fera du chemin dans la vie, ce petit ! »

2. En référence aux séquences filmées en caméra cachée par Nadia Remadna et Aziza Savah dans « Quand les femmes deviennent indésirables dans les lieux publics », France 2, décembre 2016.

son ensemble a permis de détourner l'attention de la stigmatisation (bien réelle, celle-là) des femmes, et du danger que la misogynie leur fait courir, en tant que femmes, dans certains lieux de la République. Se servir de la stigmatisation comme d'un alibi, c'est cracher à la figure de (celles et) ceux qui la subissent vraiment.

La non-mixité : apartheid et dialogue

L'antiracisme ne donne pas le droit d'être raciste.

C'est par Nuit debout[1] que les « groupes organisés en non-mixité » (c'est-à-dire des groupes réservés à ceux qui se présentent comme des « dominés » : les femmes, les « non-Blancs », les homosexuels, etc., et rigoureusement interdits aux autres) se sont fait connaître d'un public non militant.

À ceux qui osent remarquer qu'un tel dispositif ressemble à s'y méprendre à tout ce qu'il prétend combattre, les partisans de la non-mixité rétorquent immanquablement qu'il s'agit d'une lutte *par* les opprimé-e-s et *pour* les opprimé-e-s. Et que si les « dominés » – comme ils se désignent eux-mêmes – sont contraints d'exclure (*au nom de l'antiracisme et de l'antisexisme*) tous ceux qui n'ont ni la même couleur de peau ni la même orientation sexuelle, c'est uniquement la faute au racisme d'État des hommes blancs et hétérosexuels dont ils conchient la tutelle. Autrement dit, « ne vous y trompez pas, hétéros et

1. Mouvement né le 31 mars 2016 à la suite d'une manifestation contre la loi Travail.

hommes blancs. Ce n'est pas qu'on vous exclut de nos réunions, c'est juste qu'on ne vous accepte pas ! Ce n'est pas qu'on vous en veut, c'est juste qu'on vous tient pour les "dominants", ce qui nous donne le beau rôle de dominé-e-s. Comme dirait Renaud, "Les méchants, c'est pas nous !" Parce que nous, on n'est pas racistes, on est juste "mieux entre nous" », c'est-à-dire loin des Blancs.

Pour bien comprendre ce qui se joue ici, il faut imaginer l'inverse, c'est-à-dire la même chose : le régime de Vichy, dont les parcs à jeux étaient « interdits aux juifs et aux chiens », l'Afrique du Sud au temps de l'apartheid, où les bus, les parcs, les plages, les toilettes, les escaliers étaient divisés entre Blancs et Noirs, comme le sont, la nuit, certains endroits de la place de la République, entre homos et hétéros (« cisgenres »).

Afin de faire passer cet emprunt spectaculaire de l'antiracisme au racisme le plus élémentaire et l'essentialisation qui est à l'œuvre dans l'étiquetage d'un comportement ou d'une couleur, ses tenants la présentent comme une morale provisoire, soluble dans un monde (enfin) sans injustice. Ce n'est qu'un moment, disent-ils. Le jour où le racisme aura disparu, la non-mixité n'aura plus lieu d'être. « Et si la *mixité choisie* (ou, plus exactement, la possibilité de *choisir* – ou pas – la mixité) constitue un objectif pour les dominé-e-s, le chemin qui y mène passe nécessairement par des moments de *non-mixité choisie*[1]. » Traduction : un

1. Christine Delphy, « La non-mixité : une nécessité politique », discours prononcé le 8 mai 2006, à l'occasion des 50 ans du *Monde diplomatique*.

dominé peut donc se conduire comme un dominant puisqu'il est dominé. Les réunions non mixtes n'existent que provisoirement, le temps de rétablir l'équilibre entre dominants et dominés (comme si on travaillait en ce sens en corrigeant une discrimination par l'addition d'une autre). Le jour où le racisme aura complètement disparu de la Terre, promis juré, on ne fera plus de *réunions non mixtes*. C'est rassurant.

Batman contre Superman

Batman contre Superman, ce n'est pas seulement l'affrontement d'une chauve-souris et d'un surhomme. « Batman » est un costume. Qui recouvre et dissimule la personne de Bruce Wayne. Superman est l'identité véritable, recouverte par le costume de Clark Kent. Mais il serait trop simple de réduire leur affrontement au combat d'un déguisement contre une authentique personne.

Avant de découvrir le grand secret de son origine[1], Superman lui-même a longtemps voulu n'être que Clark Kent. Tandis que Bruce Wayne souffre depuis l'enfance (et la mort de ses parents) d'un trouble identitaire qui lui vaut, justement, de devenir (et de rester, au-delà de son masque) un homme chauve-souris.

Celui qu'on présente comme un héros caché par son déguisement (Superman) a longtemps pris son déguisement pour son identité elle-même, alors que le costume qu'on réduit à son masque (Batman) s'est

1. Originaire de la planète Krypton, il est le fils de Jor-El et Lara Lor-Van, tués lors de l'explosion de la planète. Clark est sauvé et envoyé sur Terre.

toujours mêlé à celui qui le porte au point de constituer, à parts égales, un élément de son identité.

Certes, quand il s'agit d'en venir aux mains, Batman *enfile* un costume, et Superman retire son costume. Batman appartient incontestablement à la famille des héros dont la force est inséparable des outils qu'ils se donnent (une famille où on trouve également Iron Man, Thor – dans une moindre mesure – ou bien Œil-de-Faucon), alors que Superman appartient à la famille de ceux dont la force n'a besoin que d'elle-même (et dont Hulk, incontestablement, est avec le Kryptonien le meilleur représentant). Batman est le symbole d'une identité d'artifice, inséparable de ses attributs (qu'on appelle, paradoxalement, l'« identité sociale » : *je suis ce que j'ai, je suis ce que je possède et, si on me dépouille de ce que j'ai, je ne suis plus personne*) ; Superman, lui, incarne l'identité métaphysique (*je suis ce que je suis*, même quand je me déguise en celui que je ne suis pas). À cette nuance près que Batman est un être nocturne et double (et un gentil à tête de méchant), mais n'a rien à craindre de lui-même et, d'une certaine manière, il a domestiqué l'altérité qu'il porte en lui. Tandis que Superman est un être solaire et d'un seul tenant, mais la seule chose qui puisse le vaincre est un morceau de kryptonite, c'est-à-dire un morceau de lui-même.

Comme dit Borges (de mémoire), « tout homme est deux hommes et le véritable est l'autre. »

Qu'est-ce que la négritude ?

> « Écoute-moi bien, vieux frère. Je ne te demande pas de ne pas mordre les Noirs. Je te demande de ne pas mordre *seulement* les Noirs[1]. »
>
> Romain Gary, *Chien blanc*

Forgée par Aimé Césaire dans les années 1930, reprise ensuite par Senghor et tous les penseurs décoloniaux (afin, dit-il, de « pousser d'une telle raideur le grand cri nègre que les assises du monde en seront ébranlées[2] »), la négritude est d'abord une idée magnifique. Et un splendide retour de bâton : « Ni une tour ni une cathédrale », dit Aimé Césaire, mais la mutation poétique d'une insulte en fierté.

La négritude désigne l'acte par lequel le « Nègre » – à qui on a toujours appris à dire « blanc comme neige » pour désigner l'innocence – prend enfin conscience de lui-même, et met en place, dans la

1. Romain Gary, *Chien blanc*, Gallimard, 1970, p. 56.
2. Aimé Césaire, *Discours sur le colonialisme*, Présence africaine, 2000.

langue du colonisateur, les torsions du langage qui lui permettent enfin de faire entendre ce qu'il est. La négritude est un attentat poétique, qui détruit la langue de l'oppresseur tout en la perfectionnant : elle *défrancise les mots* pour donner le jour à la poésie d'un sang noir et célébrer, dit Sartre, « l'Afrique éblouissante, incendiée, huileuse comme une peau de serpent[1] ».

En postulant l'existence d'une « âme noire », la négritude court évidemment le risque d'être un enfermement dans la couleur noire, un « racisme antiraciste », comme dit encore Sartre avant d'ajouter que, en fait, « cette poésie qui paraît d'abord raciale est finalement un chant de tous et pour tous[2] ». Comprendre comment la négritude prétend réconcilier l'humanité avec elle-même en vantant l'une de ses couleurs permet de saisir la logique qui conduit à affirmer qu'une exclusion produit *in fine* de la tolérance.

Tout comme, aux yeux de Marx, le prolétaire revendique, par l'universalité de ses souffrances, le titre d'humanité tout entière, la « race noire », dit Sartre, « parce qu'elle a eu l'horrible privilège de toucher le fond du malheur, est une *race élue*. Le noir conscient de soi souffre pour tous, même pour le blanc[3] ! » Qu'est-ce à dire ? Passé le moment d'un

1. Jean-Paul Sartre, « Orphée noir », préface à l'*Anthologie de la nouvelle poésie nègre et malgache*, de Léopold Sedar Senghor, PUF, 1948, p. XVI.

2. *Ibid.*, p. XI.

3. *Ibid.*, p. XXXIV.

contre-racisme inévitable, la négritude doit elle-même s'abolir dans un amour : le racisme antiraciste est le seul chemin qui puisse conduire à la suppression des différences de race. « Parce qu'il a, plus que tous les autres, souffert de l'exploitation capitaliste, le nègre a acquis, plus que tous les autres, le sens de la révolte et l'amour de la liberté. Et parce qu'il est le plus opprimé, *c'est la libération de tous qu'il poursuit nécessairement, lorsqu'il travaille à sa propre délivrance*[1]. » Comme dit le grand écrivain haïtien Jacques Roumain : « Noir messager d'espoir : tu connais tous les chants du monde[2]. »

Malheureusement, ça ne marche pas.

En guise de prise de conscience, on a des réunions non mixtes interdites aux Blancs, c'est-à-dire un racisme renouvelé, qui s'excuse lui-même d'emprunter ses méthodes à la haine, en faisant valoir que la non-mixité n'est que momentanée. La promesse d'une humanité qui affirme pacifiquement ses différences culmine dans la fixité non mixte d'un face-à-face entre identitaires et « racisés ». Dans un monde en noir et blanc, où la lutte contre l'oppression est elle-même devenue un commerce, le racisme antiraciste est resté raciste.

---

1. *Ibid.*, p. XXXIX.

2. Jacques Roumain, « Prélude », *Bois d'ébène*, suivi de *Madrid*, Mémoire d'encrier, 2003.

Catachrèse !

Quand le capitaine Haddock traite, au téléphone, de « catachrèse » la dame qui avait cru, l'instant d'avant, qu'il la traitait déjà de « vieille perruche bavarde » (injustice absolue, puisque Haddock adressait en fait ces compliments à Coco, le « perroquet des îles » que la Castafiore avait cru bien faire de lui apporter en remerciement de son séjour à Moulinsart[1]), que lui dit-il ? Qu'elle est ringarde. Que le nom qu'elle porte encore n'a plus rien à voir avec la réalité qui lui a donné le jour. Telle est la catachrèse : l'emploi abusif d'un mot qui a survécu aux circonstances de sa naissance.

Quand on le sait, les catachrèses apparaissent dans le champ du langage comme autant de coquelicots sépia : quand vous *démarrez*, vous n'enlevez pas les amarres, quand vous *déclenchez* quelque chose, vous ne levez pas la clenche (la barre de métal des vieilles serrures), si vous passez vos vacances au Club Méditerranée des Maldives, vous n'êtes pas en

1. Dans Hergé, *Les Aventures de Tintin*, t. XXI, *Les Bijoux de la Castafiore*, Casterman, 1963.

Méditerranée, et quand vous concourez au Dakar, vous n'allez pas en Afrique mais en Amérique du Sud.

Certains mots demeurent, au mépris de leur naissance, car les noms ne sont pas seulement des noms, mais des conservatoires de substance. Peu importe que la chose disparaisse si le nom demeure et, avec lui, la mémoire, c'est-à-dire l'identité. Ainsi, depuis 2009, le Paris-Dakar, malnommé, se déroule en Amérique du Sud, sans que personne ne soit choqué. Dire « le Dakar » pour désigner une course automobile qui va de Buenos Aires à Rosario revient à maintenir l'*être* du Dakar par-delà la disparité de ses manifestations, tout comme Descartes, devant un morceau de cire qui est tantôt froid et sonore, tantôt chaud, liquide et silencieux, continue de dire qu'il s'agit de la cire[1]. La diversité des phénomènes est recouverte par l'unicité d'un nom.

L'unique différence entre le rallye et le morceau de cire est que – froide ou chaude – la cire reste, effectivement, la cire. Alors que le rallye, lui, n'est plus le même. Et ce qui, chez Descartes, donne au langage la puissance d'unifier le réel (en employant un mot unique pour une réalité multiple) a pour enjeu, dans le cas du Dakar, de construire une marque sans support, un signifiant sans signifié, un mythe qui perdure même quand on le change de continent.

---

1. René Descartes, *Méditations métaphysiques*, *op. cit.*, « Méditation seconde », p. 83-84.

Some of these days…
(Le retour du vinyle)

Le vinyle est de retour ! Après une pause de trente ans, le géant japonais Sony a décidé de relancer la production de ces « galettes noires » qu'on avait crues mortes et enterrées dès l'invention du CD, à la fin des années 1980. On aurait tort, pourtant, de réduire un tel retour en grâce à la seule nostalgie. Il serait trop facile de présenter les acheteurs de vinyles comme les Mohicans d'une époque révolue qui font de la résistance alors que tout est disponible en ligne. Si nostalgie il y a, que dit-elle ? Que le présent n'a pas d'oreille, car les vinyles – à la différence des CD ou des morceaux qu'on trouve en ligne – ont un *grain*, une *saveur*, bref, une *qualité* dont le numérique est dépourvu.

Et, pourtant, le vinyle grésille et craque, alors que tous ces bruits s'estompent quand on télécharge les mêmes morceaux. Car, en matière de musique, la *qualité* n'est pas la pureté. L'épuration du son n'est pas une amélioration. La musique a besoin de ces aspérités que le numérique (peut reproduire mais) ne comprend pas. D'où vient le plaisir d'entendre quelques secondes (comme des violons qui s'accordent) les crépitements d'un disque *avant* que la musique ne s'élève ? D'où vient l'impression qu'on est paradoxalement *plus près* de la musique quand elle est parasitée par ces petits bruits ? Pour comprendre cette bizarrerie, il faut plonger dans *La Nausée*, de Jean-Paul Sartre.

La scène se passe à Bouville. Il est cinq heures et demie, Antoine Roquentin boit un dixième bock au Rendez-vous des cheminots quand, à sa demande, la serveuse, Madeleine, met dans le *phonographe* « un disque Pathé pour aiguille à saphir » qui crachote un peu comme on s'éclaircit la voix. Et, soudain, au milieu des crépitements et des ressorts qui grincent, dans le bruit des rires, des rots, des verres qu'on rince et des mains aux doigts bagués qui ramassent les cartes, s'élève la voix grave de Sophie Tucker qui chante un ragtime.

Et la mélodie qui transperce le vacarme où elle naît (et qu'il entendrait moins s'il y avait moins de tapage autour de lui) injecte un peu de temps à l'état pur dans la banalité d'une journée et donne à son auditeur le sentiment que l'existence est plus large que la vie quotidienne[1].

1. Jean-Paul Sartre, *La Nausée*, Folio, 1976, p. 28. « Si j'aime cette belle voix, c'est surtout pour ça : ce n'est ni pour son ampleur ni pour ses tristesses, c'est qu'elle est l'évènement que tant de notes ont préparé, de si loin, en mourant pour qu'il naisse. Et pourtant je suis inquiet : il faudrait si peu de chose pour que le disque s'arrête : qu'un ressort se hisse. »

Pour prendre un autre exemple, le vieux piano de la plage, comme dit Charles Trenet, ne donne au mélomane un « frisson d'autrefois » que parce qu'il possède un « *la* qui n'est pas gai », un « *si* cassé qui se désole », un « *mi* fané qui le console », un « *do* brûlé par l'grand soleil du mois de juillet[1] ». Il faut à la musique l'écrin du vacarme, comme il faut à une idée l'hospitalité d'un cerveau. Des fausses notes d'un vieux piano aux sillons poussiéreux d'un vinyle, en passant par le bruit des klaxons ou des verres qu'on range, tout ce qui entrave la musique est aussi ce qui la justifie. Le vinyle est à la musique ce que la chair est au désir.

1. Charles Trenet, « Le piano de la plage », 1958.

Téléphone, ou le temps retrouvé

Téléphone (alias Les Insus) est de retour. Le meilleur groupe de rock du monde a entamé[1] (trente ans après la séparation) sa nouvelle tournée au Zénith d'Amiens, devant un public venu « retrouver sa jeunesse » – telle est l'expression qu'on entend le plus souvent quand on demande aux fans ce qu'ils sont venus chercher.

La nostalgie joue-t-elle un si grand rôle dans ces retrouvailles ? Rien n'est moins sûr. On a la nostalgie des morts : les musiciens de Téléphone sont bien vivants, comme un grand bordeaux, à peu près indestructibles. À moins de les mettre au réfrigérateur, on ne peut rien contre eux.

En vérité, ce que les gens sont venus chercher n'est pas le souvenir de leur jeunesse – enfouie sous des cheveux blancs –, mais leur jeunesse elle-même. Ceux qui observent que les fans ont vieilli, pourtant, comme les musiciens, et que, quoi qu'ils fassent, leur jeunesse est derrière eux sont des enfants qui croient que la jeunesse n'est qu'une question d'âge.

1. Le 27 avril 2016.

À la toute fin d'*À la recherche du temps perdu*, en 1919, le narrateur se rend à une matinée chez la princesse de Guermantes. Des années le séparent de sa dernière sortie. Et sa première impression, quand – tel le fan de Téléphone qui retrouve ses idoles sur scène trente ans plus tard – il arrive dans le grand salon, est que tout le monde a teint ses cheveux en blanc : « Au premier moment je ne compris pas pourquoi j'hésitais à reconnaître le maître de maison, les invités, pourquoi chacun semblait s'être "fait une tête", généralement poudrée et qui les changeait complètement. Le prince avait encore, en recevant, cet air bonhomme d'un roi de féerie que je lui avais trouvé la première fois, mais cette fois, semblant s'être soumis lui-même à l'étiquette qu'il avait imposée à ses invités, il s'était affublé d'une barbe blanche et traînait à ses pieds, qu'elles alourdissaient, comme des semelles de plomb. » Il met quelques instants à comprendre que ce n'est pas une comédie : la blancheur n'a rien d'un maquillage, les gens ont vraiment vieilli, telle cocotte est devenue une vieille poule, telle duchesse une vieille momie, et lui-même ne se sent plus très bien. Le temps qui chiffonne les corps, les empâte ou les dessèche, oppose au désir d'écrire l'objection redoutable d'une mort certaine : « Certaines figures sous la cagoule de leurs cheveux blancs avaient déjà la rigidité, les paupières scellées de ceux qui vont mourir, et leurs lèvres, agitées d'un tremblement perpétuel, semblaient marmonner la prière des agonisants[1]. »

---

1. Marcel Proust, *À la recherche du temps perdu*, vol. VII, *Le Temps retrouvé* (1927), Garnier-Flammarion, 1986, p. 319-326.

Mais les ravages du temps sont contrariés deux fois : d'abord, le temps embellit autant qu'il détruit (« Les parties d'une blancheur de neige de barbes jusque-là entièrement noires, rendaient mélancolique le paysage humain de cette matinée, comme les premières feuilles jaunes des arbres, alors qu'on croyait encore pouvoir compter sur un long été, et qu'avant d'avoir commencé d'en profiter, on voit que c'est déjà l'automne[1] ») et surtout : le temps n'a aucune prise, paradoxalement, sur ce qui, en lui, refuse de changer. Devant un gros monsieur grisonnant qu'il n'avait jamais vu (croyait-il), le narrateur entend soudain le rire familier d'un ancien camarade, « un fou rire étouffé d'enfant, sous un œil en pointe comme un crayon bleu bien taillé[2] », et ce rire-là, ce rire cristallin, comme le clin d'œil d'un passé qui n'a pas dit son dernier mot, résonne à ses oreilles avec la même fraîcheur qu'à l'époque lointaine où ils étaient amis.

Comme le rire, la musique de Téléphone, contrairement aux musiciens et à leurs idolâtres, n'a pas pris une ride. La musique est immuable, et ses interprètes, ou ses adorateurs, n'ont pas éprouvé, à l'entendre, le souvenir de ce qu'ils étaient, mais, au contraire, le sentiment qu'ils le sont encore. Le fan de Téléphone qui, parce que la musique est intacte, se découvre capable d'éprouver la même émotion qu'à 20 ans n'est pas nostalgique : ce qu'il voit, ce qu'il entend, c'est le diamant d'un souvenir toujours vivant. Et la joie qu'il éprouve est tournée vers l'avenir.

---

1. *Ibid.*
2. *Ibid.*

Le beau temps retrouvé

« Il y a aussi le temps qui passe et ce temps-là, c'est le temps où je vais vous quitter, voilà… Je vous emporte avec moi, vous m'oublierez, moi non. Je vous aime[1]. » C'est en ces mots que Catherine Laborde, qui présentait la météo depuis vingt-huit ans sur TF1, a pris congé de ses spectateurs.

Vous m'oublierez, moi non. C'est magnifique. Et pourtant ça ne tient pas debout. C'est elle, Catherine Laborde, qui était dans la lumière, la lumière d'un studio, la lumière des regards et, parfois, la lumière du soleil qu'elle prédisait. Et nous, spectateurs, étions dans l'ombre. Comment peut-elle dire « *Vous* m'oublierez, *moi* non » ? Et, surtout, comment se fait-il qu'une phrase si fausse sonne tellement juste ?

Est-ce l'effet de l'humilité de la présentatrice qui choisit, au moment de partir, de s'effacer derrière ses propres spectateurs ? Probablement. Le temps passe. D'autres que moi prendront ma place. *Vous m'oublierez, moi non*. Cela tient aussi à la gratitude qu'elle témoigne à ceux qui, par leur attention, lui ont donné

1. Le 2 janvier 2017.

confiance en elle. Or, dit-elle, ce beau cadeau que vous m'avez fait, *vous l'oublierez, moi non*.

Mais ce n'est pas seulement parce qu'elle est élégante, ou reconnaissante, que cette phrase sonne juste. C'est aussi parce qu'elle inverse les rôles : « Vous m'oublierez, moi non. » Autrement dit, tous ces gestes, toutes ces petites attentions répétitives qu'inlassablement, moi, Catherine Laborde, je vous ai dédiés tous les soirs de la semaine pendant tant d'années forgent une mémoire commune dont *je* suis la gardienne. La lumière dont vous m'avez entourée était une cachette depuis laquelle, à votre insu, moi-même je vous contemplais en retour. « Vous m'oublierez, moi non », car vous, téléspectateurs frivoles, êtes amnésiques, et vous aurez vite fait de ranger mes efforts dans la longue série des journaux oubliés. Mais moi, non ! Moi, j'ai toujours la main sur mes gestes. Et, tout en vous libérant de cette mémoire commune (puisque je la fais mienne), c'est vous-mêmes, en un sens, que je sauve de l'oubli.

Dans *À la recherche du temps perdu*, l'un des personnages principaux, Charles Swann, connaît de son vivant une immense réussite mondaine mais (comme il n'a rien écrit) ne laisse aucune trace après sa mort. Et on l'aurait vite oublié si un jeune écrivain, Marcel Proust, n'avait pas dit « Moi non » et fait de lui le héros de son livre. « Et pourtant, cher Charles Swann, que j'ai connu quand j'étais encore si jeune et vous près du tombeau, c'est parce que celui que vous deviez considérer comme un petit imbécile a fait de vous le héros d'un de ses romans, qu'on recommence à parler de vous et que peut-être vous vivrez.

Si dans le tableau de Tissot représentant le balcon du Cercle de la rue Royale, où vous êtes entre Galliffet, Edmond de Polignac et Saint-Maurice, on parle tant de vous, c'est parce qu'on voit qu'il y a quelques traits de vous dans le personnage de Swann[1]. »

Ici les téléspectateurs jouent le rôle de Swann. C'est parce que cette dame (qu'on s'apprête à remplacer par une autre dans le fil de nos habitudes) préserve, toute seule, le souvenir de ce lien, qu'après nous avoir parlé du ciel elle entend nous y conduire, et que les spectateurs anonymes (qu'elle « emporte » avec elle) n'auront pas vécu pour rien.

---

1. Marcel Proust, *À la recherche du temps perdu*, vol. V, *La Prisonnière*.

Barreaux liquides

> « Quand la pluie, étalant ses immenses traînées
> D'une vaste prison imite les barreaux
> Et qu'un peuple muet d'infâmes araignées
> Vient tendre ses filets au fond de nos cerveaux. »
>
> Charles Baudelaire, *Spleen*

La pluie, qui tombe sans discontinuer, dispute à la CGT le rôle principal du mois de mai 2016. Et conspire avec le vieux syndicat pour donner une gueule d'automne à la fin du printemps.

La pluie n'est pas seulement un problème ou une bénédiction – selon qu'on est tennisman ou agriculteur. Ni cette peste qui rend les chaussées glissantes et les tournois sinistres, ni le miracle qui fertilise la terre et nettoie les voitures. La pluie est plus grave que ça. Toute pluie dessine les barreaux d'une prison, d'une prison mentale à ciel fermé qui ne vient jamais sans son toit ni son geôlier (quand c'est une prison de haute sécurité) chef Tonnerre.

Dès qu'il pleut, fatalement, le ciel est « bas et lourd » et « pèse comme un couvercle », comme le dit Baudelaire. La pluie est une double peine. Le printemps monotone. L'ombre portée de la nuit. L'obscurité qui fait de la résistance. La pluie est une disposition du caractère. « J'ai mes brouillards et mon beau temps au-dedans de moi, prévient Blaise Pascal. Le bien et le mal de mes affaires mêmes y fait peu[1]. »

Ce qu'elle fabrique en nous est plus profond qu'un déplaisir. La liberté dont elle nous prive n'est pas seulement une liberté de mouvement, mais une liberté de désir. La pluie est une débandade. Ce qu'elle fatigue en nous, c'est l'appétit lui-même. Aussi a-t-on toujours un peu le sentiment – plus profond que le froid – qu'« il pleure dans mon cœur comme il pleut sur la ville ».

C'est aussi pour cela qu'un parapluie devient si facilement un p'tit coin de paradis. Plus que préserver de la pluie, le parapluie fait de nous de simples visiteurs dans un établissement carcéral. Le parapluie est un halo d'autonomie dans un monde vertical. Le bonheur qu'on éprouve à être au sec tandis que la pluie tombe excède l'égoïsme qui se régale des malheurs d'autrui pour devenir un don du ciel. Et « danser sous la pluie », sous l'insolente légèreté qu'on introduit dans la pesanteur spectaculaire d'un ciel d'orage, c'est défendre, en gigotant, la liberté contre la tyrannie.

1. Blaise Pascal, *Pensées*, *op. cit.*, chap. XXXI, « Pensées diverses ».

À quelles conditions peut-on amnistier les crimes de sang ?

« Nous nationalistes, nous sommes pour l'amnistie de manière globale, y compris pour les crimes de sang », a déclaré Jean-Guy Talamoni, l'actuel président nationaliste de l'Assemblée de Corse, dans un entretien de juin 2016 au magazine *L'Opinion*, à l'occasion de la visite du Premier ministre, Manuel Valls – lequel a opposé une fin de non-recevoir à toute demande d'amnistie pour des crimes graves.

Pourtant, la France a déjà eu recours à des lois d'amnistie après des conflits, et Talamoni ne se prive pas de rappeler que c'était le cas après guerre, comme après la guerre d'Algérie, ainsi que pour les violences commises par les indépendantistes (et les gendarmes) en Nouvelle-Calédonie. Comment comprendre, dans ces conditions, qu'une telle demande soit refusée sans hésitation ? Par le calendrier, et le contexte.

Reprenons l'exemple algérien : une chose est, au terme d'une guerre née d'une injustice objective, et après un accord[1], que les vainqueurs algériens et les vaincus français donnent l'amnistie à ceux qu'ils présentent opportunément, de cette manière, non plus comme des criminels de guerre mais comme de simples belligérants. Tout autre est qu'un représentant de la République, le président d'une Assemblée, élu au suffrage universel, réclame l'amnistie pour des crimes de sang qui ont lieu en temps de paix, contre des préfets, des gendarmes ou des policiers. C'est le contraire !

On peut comprendre que la raison d'État commande l'amnistie au terme d'un conflit (pour éviter l'épuration, maintenir une administration en place ou donner aux combattants l'occasion de déposer les armes et d'entrer en politique), mais il est parfaitement irresponsable de la réclamer *a priori* pour des crimes et des attentats commis sur le sol de l'État qu'on représente et dont on accueille, par ailleurs, le Premier ministre avec tous les égards : la Corse n'est pas en guerre contre la France.

En réclamant l'amnistie pour les crimes de sang, Jean-Guy Talamoni dit trois choses :

1) Aux gens qui tuent ou qui pourraient le faire : « Allez-y, les gars. Faites-vous plaisir. Au bout du compte, vous serez amnistiés. »

---

1. Commencée au moment des accords d'Évian par deux décrets signés le 22 mars 1962 et cinq ordonnances publiées au mois d'avril, l'amnistie pénale fut réalisée par trois lois promulguées le 23 décembre 1964, le 17 juin 1966 et le 31 juillet 1968, qui réalisèrent pas à pas toute l'amnistie pénale des militants de l'Algérie française et de l'OAS.

2) Aux citoyens de Corse : « La loi n'est pas la même pour tous, puisque si vous tuez au nom de la Corse vous n'êtes pas coupables. » À ce compte-là, tous les assassins de Corse (et il y en a autant qu'ailleurs) vont immédiatement donner une couleur politique à des crimes de droit commun – peut-être même que c'est déjà le cas.

3) Enfin, faut-il se faire une pauvre idée de la « nation corse » (puisque c'est ainsi qu'il en parle) pour lui demander de voir le jour sur l'oubli de ceux qu'elle aurait tués pour y parvenir. Une vraie nation se construit sur des cadavres. Mais pas sur leur déni.

L'image-temps

> « Et pourtant ses joues, ayant à son insu une expression à elles, quelque chose de plombé, de hagard, comme le regard d'une bête qui se sentirait déjà choisie et désignée, ma grand'mère avait un air de condamnée à mort. »
>
> Marcel Proust,
> *Sodome et Gomorrhe*

La photo est l'œuvre du photographe turc Burhan Özbilici, et a remporté le World Press Photo 2017. On y voit l'assassin de l'ambassadeur russe en Turquie (Andreï Karlov) debout, à côté du cadavre de sa victime, le doigt tendu vers le ciel, l'arme du crime dans la main droite, et le visage déformé par un rictus triomphal et vengeur.

La scène s'est déroulée le 19 décembre 2016 : un policier de 22 ans abattait soudain l'ambassadeur de neuf balles, avant de hurler *Allahou Akbar !* et d'affirmer qu'il voulait venger Alep, dévasté par l'armée russe. Autrement dit, l'image montre un homme qui vient d'en abattre un autre et qui sait, lui-même, qu'il lui reste quelques secondes à vivre. L'image renseigne à la fois sur ce qui vient de se passer (l'assassinat de l'ambassadeur) et sur ce qui s'apprête à arriver : la mort du tueur lui-même. L'image contient, en réalité, toute une séquence – qui va du discours de l'ambassadeur à la neutralisation de son assassin. Cette photo n'est pas un instantané : le présent de l'image porte en lui le passé et le futur. Et c'est Roland Barthes qui, dans un texte magnifique intitulé *La Chambre claire,* permet de saisir toute l'épaisseur temporelle de ce cliché.

Barthes se penche sur la photo (prise par Alexander Gardner) du jeune Lewis Payne, qui, en 1865, avait été condamné à mort pour une tentative d'assassinat du secrétaire d'État américain. Or, que voit-on ? Un jeune homme assis dans le couloir de la mort, l'air mélancolique et résolu.

Mais que comprend-on ? Que ce jeune homme va mourir. « Je lis en même temps, dit Barthes : *cela sera et cela a été* ; j'observe avec horreur un futur antérieur dont la mort est l'enjeu. En me donnant le passé absolu de la pose, la photographie me dit la mort au futur[1]. »

Et Barthes va plus loin : cette image, dit-il, est l'image d'un spectre qui, témoignant du trépas qui l'attend, « marque la présence de la mort parmi les vivants ».

Ainsi, la photo (comme celle du tueur d'Ankara) est à la fois une image du temps qui passe et une image

---

1. Roland Barthes, *La Chambre claire. Note sur la photographie*, Cahiers du Cinéma/Gallimard/Seuil, 1980, p. 148.

de la mort. La photo, dit Barthes, est un « écrasement du temps », qui mêle au spectacle de son passage (passé, présent et futur contenus en une image) la promesse de la mort : « Cela est mort et cela va mourir[1]. » Regarder une photo, c'est contempler un mouvement que la fixité d'un cliché ne contredit pas mais exprime – au point de concurrencer, dans le cas du tueur d'Ankara, les tableaux qui se trouvent au second plan.

Dans les deux cas, que le tueur soit assis sur un banc, les mains liées, ou bien le doigt tendu et le visage hurlant (comme l'assassin de l'ambassadeur russe), la photo est, en réalité, l'image (et le récit) d'un suicide précédé d'un crime. Comme dit Barthes : « Toute photographie est une catastrophe qui a déjà eu lieu », du sujet qui « va mourir[2] ».

1. *Ibid.*, p. 148.
2. *Ibid.*, p. 150.

Résurrection des corps

> « Que les êtres meurent [...] pour que pousse l'herbe non de l'oubli mais de la vie éternelle. »
>
> Marcel Proust,
> *Le Temps retrouvé*

Une adolescente britannique de 14 ans, qui souffrait d'un cancer en phase terminale, a obtenu en octobre 2016 le droit d'être cryogénisée dans l'espoir que la médecine du futur parvienne (qui sait ?) à la ressusciter et à la soigner.

Qu'on ne s'y trompe pas : l'enjeu n'est pas ici l'immortalité, mais (littéralement) la résurrection des corps. Cette histoire raconte la prise en charge, par une technique de pointe, des promesses de la religion. « J'ai seulement 14 ans, dit la jeune fille [dans la lettre qu'elle adresse au juge pour obtenir le droit d'être congelée], et je ne veux pas mourir mais je sais que je vais mourir. » La vie après la mort a cessé d'être un miracle pour devenir une prouesse. L'espérance (qui demeure une hypothèse, même en l'esprit du croyant) d'une vie éternelle auprès du Seigneur est avantageusement remplacée par l'espoir (très concret) de véritablement ressusciter un jour, dans un corps intact ! Le corps qui ressuscite n'est pas un corps de gloire, serti dans les nuées comme un diamant sur une monture dorée. C'est son corps, à elle ! Son jeune corps de 14 ans, auquel une époque plus avancée que la nôtre aura (peut-être) injecté l'antidote au cancer qui le ronge. Comme une momie moderne, elle veut l'éternité, mais avec les avantages de la vie. Est-ce un progrès ?

D'abord, ce n'est pas gagné. Pour l'heure, la science ne garantit, en guise d'éternité, que la congélation d'un cadavre. Mais, surtout, la demande contradictoire de ressusciter sous la forme d'un mortel est exaucée depuis longtemps non par la science, mais par la littérature.

Dans *À la recherche du temps perdu*, le narrateur, désespéré par la mort de son Albertine, se jette sur tous les artifices qui pourraient atténuer sa douleur. Le premier qui se présente à lui est la croyance en l'immortalité de l'âme. Celle-ci, très vite, ne lui suffit plus, car ce n'est pas exactement l'âme d'Albertine qu'il embrassait le soir avant de s'endormir, mais sa chair, sa joue, sa bouche, sa peau : « Le désir est bien fort, il engendre la croyance, j'avais cru qu'Albertine ne partirait pas parce que je le désirais. Parce que je le désirais je crus qu'elle n'était pas morte ; je me mis à lire des livres sur les tables tournantes, je commençai à croire possible l'immortalité de l'âme. Mais elle ne me suffisait pas. Il fallait qu'après ma mort je la retrouvasse avec son corps, comme si l'éternité ressemblait à la vie[1]. »

Or comment retrouver *ça* ? Comment ressusciter ça ?

Comment la retrouver, elle, éternellement rose, chaude et mutine ?

Comment faire passer au souvenir du corps de sa fiancée la douane de la mort ?

En écrivant un livre de sang chaud, un tombeau ouvert dont les morts sont si justement décrits qu'on les sent éternellement respirer, et grâce auquel, chaque fois qu'un lecteur en fait l'expérience, Albertine penche son cou de cygne sur un visage apeuré pour glisser « dans la bouche sa langue, comme un pain quotidien[2] ».

---

1. Marcel Proust, *À la recherche du temps perdu*, vol. VI, *Albertine disparue*.

2. Marcel Proust, *À la recherche du temps perdu*, vol. V, *La Prisonnière*.

Sortir du silence ?
(*Locked-in syndrome*)

Comment sortir du silence ?

Des scientifiques suisses ont réussi à établir une communication avec des patients complètement paralysés – victimes de ce qu'on appelle le *locked-in syndrome*, autrement appelé le « syndrome de l'enfermement », et bien connu de tous depuis que Jean-Dominique Bauby l'a décrit de l'intérieur dans un livre intitulé *Le Scaphandre et le Papillon*[1]. À cette nuance décisive que Jean-Do (comme l'appelaient ses amis) avait encore une paupière valide, dont il pouvait battre à volonté pour indiquer telle ou telle lettre et, ainsi, dicter un livre entier. Or, dans le cas présent, c'est différent : les patients dont nous parlons n'ont, *a priori*, aucun moyen d'entrer en contact avec le monde extérieur.

1. Dans *Le Scaphandre et le Papillon* (Robert Laffont, 2011), Jean-Dominique Bauby raconte comment, à l'issue d'un accident vasculaire, il a été plongé dans un coma profond qui a détérioré toutes ses fonctions motrices. À son réveil, enfermé à l'intérieur de lui-même, il ne pouvait plus rien faire sans assistance, pas même respirer. Seule sa paupière gauche pouvait encore se mouvoir. C'est grâce à elle qu'il a pu dicter lettre à lettre son livre.

Imaginez : vous êtes assis pour toujours, pleinement conscient, dans le noir, au milieu d'une vaste maison sans électricité ni fenêtre, dont les parois lointaines et fines vous permettent d'entendre les autres voix mais empêchent la vôtre de passer. Vous êtes l'esprit orphelin, l'âme en exil dans un corps que vous n'animez plus. Vous êtes le roi d'un monde vide, le souverain d'une chair morte. Et, soudain, un bienfaiteur (comprenant que l'activité des cellules du cerveau fait varier le taux d'oxygène dans le sang, et qu'il est possible de capter ces variations) trouve le moyen de vous « entendre ». Alors vous enjambez l'abîme et vous voilà comme Robinson qui reçoit un coup de fil !

La chair n'était pas si morte que ça.

Même immobile, le corps *bouge encore assez* pour qu'on entre en contact avec son détenteur. Le corps et la pensée demeurent soudés : même si la pensée cavale quand le corps est fixe, même si le patient imagine qu'il voyage tandis que des infirmiers le nettoient, les émotions qu'il éprouve continuent, d'une manière ou d'une autre, de s'inscrire dans son corps et de naître de lui.

Alors qu'à première vue le syndrome de l'enfermement plaide en faveur d'une séparation totale du corps et de l'esprit, c'est, en réalité, l'inverse qui est vrai : le corps n'est pas seulement le réceptacle temporaire de la pensée, mais son habitat permanent, et il continue de l'être après l'extinction des feux. Est-il une prison ou un tremplin, l'organisme inerte où loge mon esprit comme un capitaine en son navire échoué au beau milieu de la mer d'Aral ? Les idées, les rêves et les désirs qui viennent à l'homme enfermé en lui-même naissent aussi de la situation où son corps l'a mis.

À aucun moment de la vie, même en cas de paralysie complète, la pensée ne s'affranchit du corps. Même quand il a la tête ailleurs, l'esprit n'est jamais que l'idée du corps. Ce qui change tout : cela montre l'importance fondamentale des soins qu'une équipe médicale apporte à un corps inerte, et permet de faire la différence entre l'exploit qui consiste à établir, scientifiquement, une communication avec l'homme dont le corps ne répond plus et la folie de croire qu'on discute avec l'âme des morts en faisant tourner les tables.

Il est mort, le pauvre !

Telle est la phrase qui nous vient spontanément quand on apprend la mort de quelqu'un. Comme si le mort n'avait pas eu de chance ! Comme s'il lui était arrivé un truc épouvantable auquel un peu de prudence *nous* permettrait d'échapper. « Il est mort, le pauvre ! » *On plaint le mort* – comme si c'était lui qu'il fallait plaindre. C'est le philosophe Vladimir Jankélévitch qui s'émerveille de cette phrase inlassablement répétée. Et il observe[1] qu'une telle phrase renseigne davantage sur celui qui parle que sur celui qui meurt.

Car c'est le survivant qui est à plaindre.

Plaindre le mort (comme on plaindrait un SDF ou un migrant) sous-entend que la mort ne nous concerne pas, et qu'en prenant nos précautions on peut y échapper comme on échappe à la misère ou à un attentat. Malheureusement, la mort n'est ni un

1. Vladimir Jankélévitch, *Penser la mort*, Liana Lévi, 1994. « C'est comme si nous réservions superbement la mort aux gens qui passent dans la rue. C'est cela la tricherie essentielle, appliquer la mort aux autres par un rapport perpétuel et un ajournement. »

accident de parcours ni un problème comme les autres, mais (littéralement) un *rendez-vous* auquel le plus distrait des hommes sera quand même ponctuel. Comme on n'esquive pas la mort, on essaie d'en esquiver l'idée. À défaut d'oublier qu'on meurt, enseigne Pascal, on tente de ne pas y penser. Et c'est de cette crainte (si profonde qu'on ne la perçoit même plus) qu'est née la phrase faussement empathique « Il est mort, le pauvre ».

Celui qui admet que « tous les hommes sont mortels » gagne-t-il en lucidité ? Rien n'est moins sûr. Car dire cela est *encore* une façon d'esquiver la mort : le fait que tout le monde meure n'est pas *mon* problème. Quand *je* déclare « Tous les hommes sont mortels », d'une certaine manière, je m'exclus du lot. *Tous les hommes*, ce n'est pas *moi*. Ce qui est bien commode… Car, en réalité, c'est moi qui meurs. Le problème n'est pas que tout le monde y passe ; le problème est que personne n'y passe à ma place. *Votre* mort n'est pas la mienne. Dire que « *tous* les hommes sont mortels » revient à noyer le poisson (dans du poison).

On peut le comprendre. Il est atroce de se représenter son corps dévoré par des vers… Même si, là encore, il s'agit d'une esquive. Imaginer (à son grand effroi) que les vers vont dévorer *votre* corps une fois mis en bière, c'est faire comme si ce corps était encore le *vôtre* (c'est-à-dire encore vivant). Ou comme si, dans la tombe (si bien nommée), quelque chose de vous-même était encore assez sensible pour frissonner sous la morsure des charognards.

Nous avons peur de mourir au point de préférer l'idée d'être mangé à petit feu, au fait de disparaître complètement. « Chaque fois qu'un vivant, dit Lucrèce, quel qu'il soit, imagine comment son corps, une fois mort, sera dans l'avenir déchiré par les becs des oiseaux et les fauves, ce dont il a pitié n'est autre que lui-même ; il ne se coupe pas, en effet, de là-bas, ne s'ôte pas assez du cadavre prévu, il s'imagine lui, et il le contamine de ce qu'il sentirait debout auprès de lui. » Alors que toutes les tombes sont vides.

Le syndrome de Sganarelle

Aucune conviction ne préserve de l'indécence.

Une heure après les attentats de Bruxelles, un président du groupe socialiste à l'Assemblée, Bruno Leroux, présentait comme irresponsable la « droite sénatoriale qui bloque la révision constitutionnelle » (comme si c'était ça, le problème). À la même heure, Laurent Wauquiez profitait sur Twitter de l'aubaine des attentats pour demander « à nouveau » (comme si on l'avait entendu la première fois) l'« internement des individus fichés S et de ceux qui reviennent du djihad ». Tandis que David Rachline réclamait l'arrêt de l'immigration et la fin de Schengen, et que Robert Ménard faisait subtilement remarquer que ces crimes n'étaient sûrement pas l'œuvre de néonazis. Qu'ils soient de gauche ou de droite, ces indélicats sont tous de la même famille. La grande famille des cœurs de pierre. Des indifférents spectaculaires qui font (sans scrupule) de cadavres encore chauds des arguments de campagne. Et qui voient dans les morts de Bruxelles une occasion comme une autre de rallier des électeurs à la cause minuscule de leurs propres idées. Le contenu de leur discours respectif n'a aucun intérêt.

Ce que déclarent les quatre mousquetons Leroux, Wauquiez, Rachline et Ménard est totalement indifférent. La seule question qui compte, ici, est de savoir à quelle pathologie, à quel genre d'égoïsme fabuleux correspond le fait de refuser aux morts le silence auquel ils ont droit, pour faire les malins pendant que des gens agonisent.

Cette pathologie porte un nom : on l'appelle le « syndrome de Sganarelle ». À la fin de *Dom Juan*, le méchant séducteur est emmené aux Enfers par la statue du Commandeur, et disparaît dans un flot de flammes vengeresses. Reste Sganarelle, son valet, qui lui faisait sans cesse la morale de son vivant, mais qui, livré à lui-même et désormais seul au monde, laisse libre cours à sa nature véritable et ne gémit que sur sa propre infortune puisque son maître a disparu avant de le payer : « Mes gages, mes gages ! » Ce qui donne aujourd'hui : Que sont 34 morts à côté de la possibilité qui m'est offerte de gagner quelques voix grâce à eux ? Que pèse la catastrophe dont je ne suis pas la victime à côté du gain politique dont je serai peut-être le bénéficiaire ?

Nous sommes tous des pilleurs en puissance

Les pillages et les prédations dont l'île de Saint-Martin fut la victime après le passage de l'ouragan Irma en septembre 2017 ont été l'occasion d'observer plusieurs catégories de pillards.

Il y a les Sganarelle. Les pillards qui voient dans les pillages eux-mêmes l'occasion de gratter quelques voix. On les appelle des « hommes politiques ». Ainsi Marine Le Pen[1], qui, de Saint-Cloud, aperçoit des « bandes armées » (probablement noires de peau) prospérant sur le « recul de l'État » et l'« impréparation du gouvernement ». Ou Éric Ciotti[2], qui voit dans ces prédations le symptôme de la « fragilité » d'un État « désarmé en matière de sécurité, de justice ». Ce qui est étonnant, avec ces voleurs à la tire, qui essaient de piller des électeurs en envoyant trop vite, au mépris

1. Sur Facebook, le 10 septembre 2017, MLP a écrit : « Pillages à Saint-Martin par des bandes armées : le recul de l'État et l'impréparation du gouvernement mettent en danger nos compatriotes. »

2. Le député sarkozyste, célèbre pour son lapsus « Tout pour la Frange », a tenu ces propos lors du « Grand Jury RTL-LCI-Le Figaro » le 10 septembre 2017.

de la décence et de la solidarité, des Tweets indignés, c'est leur rapidité, justement. Il n'y a pas eu, comme après un attentat dans la métropole, une sorte de délai de décence où les élus de la nation font semblant d'être d'accord sur l'essentiel, avant de s'engueuler de nouveau (à juste titre) sur les moyens à mettre en œuvre. Non, les vautours ont tweeté tout de suite.

Cela dit, ces pillages virtuels sont moins graves que le (vrai) pillage des maisons et des magasins. Car les gens qui subissent ces pillages se font voler alors qu'ils ont déjà tout perdu. On vous dépouille parce que vous n'avez plus rien. Mais, là non plus, tous les pilleurs ne sont pas les mêmes.

Il y a les gens qui n'ont rien et qui s'emparent du nécessaire. Ceux-là sont innocents. Et seraient irresponsables, dans la situation où ils sont, de ne pas voler ce qu'ils trouvent.

Il y a aussi ceux qui profitent de l'ouragan pour emporter des écrans plats, ce qui n'est pas bien. Mais ces pilleurs-là, Romain Gary les décrit dans *Chien blanc* quand il raconte les émeutes de Watts au milieu des années 1960 : « J'appelle "société de provocation" toute société d'abondance qui se livre à l'exhibitionnisme constant de ses richesses et pousse à la consommation et à la possession par la publicité, les vitrines de luxe, les étalages alléchants, tout en laissant en marge une fraction importante de la population qu'elle provoque à l'assouvissement de ses besoins réels ou artificiellement créés, en même temps qu'elle lui refuse les moyens de satisfaire cet appétit[1]. »

1. Romain Gary, *Chien blanc*, *op. cit.*, 1970.

La société de provocation est un monde où tout le monde est vendu puisque tout est mis en vente ! De fait, en cas d'émeute, de séisme ou d'ouragan, les pillards qui font les magasins ne transgressent pas, dit Gary, ils *obéissent*. « Ils réagissent au diktat du déferlement publicitaire, de la sommation à acquérir et à consommer, à ce conditionnement incessant auquel ils sont soumis dix-huit heures sur vingt-quatre[1]. » Ce qui ne veut pas dire que Gary les excuse. Mais il permet de distinguer ces pilleurs-là des vrais pillards, qui ne se contentent pas des magasins mais font les maisons dont les propriétaires ont raison de les attendre avec une arme.

Surtout, l'un et l'autre nous posent une question redoutable : que feriez-vous si le monde s'effondrait et si, dans le même temps, l'impunité vous était garantie ? Que feriez-vous – ouragan ou pas – si vous pouviez tout prendre sans vous faire prendre ? Qui s'abstiendrait ?

---

1. *Ibid.*

Les pépiements insipides

> « Colère et tristesse pour les victimes. Soutien aux militaires et policiers de Sentinelle qui nous protègent. Nous ne baissons pas la garde. »
>
> Édouard Philippe

C'est leur banalité, parfois, qui rend les choses intéressantes. Comment ne pas être surpris, ému presque, quand une parole attendue est dite quand même ?

Rien n'est plus ordinaire ni rebattu que la façon dont les hommes politiques réagissent aux catastrophes sur Twitter. L'affaire est grave. Si l'on met de côté les grands brûlés de la politique dont Twitter est devenu la seule tribune, et qui, tweetant eux-mêmes, passent vingt heures par jour à émettre un jugement péremptoire sur tout ce qui arrive, Twitter est devenu en quelques mois (pour les têtes d'affiche et les ténors) l'outil de la communication la plus téléphonée qui soit.

Un attentat endeuille la France ? Colère et consternation.

Une catastrophe naturelle ? Tristesse et solidarité.

Une médaille d'or ? Bonheur et fierté.

Des pensées, des bravos, des regrets, des félicitations… Le truisme est l'unique message.

L'enfonçage de porte ouverte est la seule réaction qu'on puisse espérer.

Or qui se soucie de savoir que tel candidat ou tel député se réjouit d'un succès ou se désole d'une catastrophe ? Personne. Et pour cause. Le but des élus n'est pas de donner une opinion, mais de montrer qu'ils en ont une, qu'elle est conforme à celle de leurs partisans et, quand elle porte sur un sujet de société, suffisamment lissée pour, dans le pire des cas, ne fâcher que leurs adversaires.

Ce faisant, les hommes politiques renseignent exactement, à leur insu, sur ce que Twitter est devenu. Un vacarme de pépiements insipides, où les idées reçues côtoient les lieux communs, où la virulence donne l'illusion de la liberté, et où le débat des idées est remplacé par leur juxtaposition conflictuelle.

La trajectoire des politiques sur Twitter (qui tamisent leur expression à mesure qu'ils s'approchent du pouvoir et qui, quand ils l'exercent ou sont sur le point de le conquérir, ne sont plus que des ectoplasmes dont chaque virgule est dictée par le principe de précaution) éclaire en vérité l'ambition de tout utilisateur du réseau social.

Sur Twitter l'opinion mendie les suffrages, quiconque prend la parole se prend pour un porte-parole, tout le monde veut devenir *Monsieur* Tout-le-Monde. Il en résulte un nivellement des idées, à côté duquel la standardisation des comportements n'est rien. Et si, dans cette involution générale du discours, les politiques ont, comme souvent, un coup d'avance, c'est que ce qui nous amuse les fait vivre : la publicité n'est pas un luxe pour eux, ni l'effet naturel de l'ego, mais un oxygène sans lequel ils retournent au même néant que nous.

« Quand on voit ce qu'on voit… »

« Quand on voit ce qu'on voit, et qu'on entend ce qu'on entend, on a raison de penser ce qu'on pense… » Coluche la pique à Dac pour se moquer des Suisses mais, quand on s'y penche un peu, en guise de moquerie on découvre une sentence d'une profondeur étonnante.

En un premier sens, évidemment, c'est la formule de l'imbécile, ou du convaincu (qu'on peut écrire en deux mots ici), c'est-à-dire de l'homme imbu de son opinion. « Moi, monsieur, avec ce que j'ai vu et ce que j'ai entendu, eh bien, je peux vous dire que… etc. » C'est le type vindicatif et engourdi dont le discours se rend hermétique à toute réfutation en faisant valoir l'expérience qui lui a donné le jour. « Je suis venu, j'ai vu, j'ai vécu : ce qui me donne le droit, croit-il, de tenir ce que je pense pour la vérité. » C'est le dogmatisme viscéral de celui qui s'est enfoncé dans la sottise à force de croire que ce qu'il éprouve lui donne raison.

Pourtant, cette phrase, cette maxime, est aussi la reprise, sur un mode mineur, de l'intuition, chère à David Hume[1], selon laquelle l'impression précède

1. David Hume, *Traité de la nature humaine* (1739-1740).

l'idée. C'est-à-dire du sentiment que les pensées qui nous viennent… *nous viennent*, précisément. Elles ne naissent pas toutes seules, mais trouvent leur sens (et leur origine) dans ce que nous percevons. De la même façon que nos rêves sont toujours le puzzle de nos perceptions (et qu'il est impossible, par exemple, de rêver d'une couleur qu'on n'a jamais vue), c'est dans la boue de nos affects que nos idées puisent leur élan. Ce qu'on voit, ce qu'on entend nous dicte ce qu'on pense. Le savoir est un gain de liberté.

De sorte que cette phrase (« Quand on voit ce qu'on voit, et qu'on entend ce qu'on entend, on a raison de penser ce qu'on pense… ») dit à la fois la vanité du type qui s'appuie sur sa vie pour refuser tout argument et l'humilité du penseur qui sait que, dans le tango du corps et de l'esprit, c'est le corps qui mène la danse.

Et puis, à dire vrai, rien n'est plus difficile que de voir ce qu'on voit, ou d'entendre ce qu'on entend… et, surtout, de penser ce qu'on pense ! On passe notre vie à regarder ailleurs, à fuir le souvenir qui chagrine, le danger qui menace, le clochard qui culpabilise. On passe notre vie à se boucher les oreilles pour ne pas entendre la colère qui monte ou les cris des enfants qui se noient. Et à brandir des principes qui n'engagent que les autres.

Ce que Coluche et Pierre Dac présentent comme une évidence réclame, en réalité, une force dont peu d'entre nous sont capables. Quand on ferme les yeux sur ce qu'on voit, et qu'on n'écoute pas ce qu'on entend, on a tort de croire ce qu'on croit.

Que dérobe Facebook ?

Imaginez un monde en transparence où chacun porterait, gravé sur le front ou le revers de sa manche, la liste des gens qu'il connaît, des lieux qu'il visite, des personnes qu'il rencontre ou des activités sexuelles dont il raffole. Mieux : imaginez un univers où l'on vous dérobe ce que vous êtes pour vous vendre ce que vous avez déjà.

Ce monde existe.

C'est un univers dont, comme dit Pascal, « le centre est partout et la circonférence nulle part ». On l'appelle Facebook (c'est-à-dire « trombinoscope »), et même si les portes en sont grandes ouvertes on se bouscule encore pour y entrer.

Le 27 juin 2017, Facebook revendiquait officiellement 2 milliards d'utilisateurs. Il y a (beaucoup) plus de gens sur Facebook que de Chinois (ou d'Indiens) à la surface du globe. Un bouleversement que Nietzsche lui-même avait prévu dès la fin du XIXe siècle : « Grâce à la liberté des communications, des groupes d'hommes de même nature pourront se réunir et fonder des communautés. Les nations seront dépassées[1]. »

1. Friedrich Nietzsche, *Fragments posthumes*.

Une telle prédiction est d'autant plus étonnante que Nietzsche était un technophobe, amoureux de la lenteur, dont les contemporains se déplaçaient à cheval et dont les lettres mettaient parfois des semaines à parvenir à leur destinataire.

À l'origine de ces confréries sans frontières que Nietzsche imaginait déjà se trouve une critique de la connaissance. C'est la peur, aux yeux de Nietzsche, qui nous pousse à *connaître*. Ou l'« instinct de la crainte ». À quoi sert la connaissance ? « À trouver, dit Nietzsche, parmi tout ce qu'il y a d'étranger, quelque chose qui ne soit plus pour nous un sujet d'inquiétude[1] », à transformer l'inédit en familier.

Connaître consiste à réduire l'autre à l'identique, et l'inconnu au cas particulier d'une loi existante. La connaissance assimile les nuances du monde comme on assimile un aliment. Or tout réseau social fonctionne de cette manière : comment expliquer, sans cela, que sur Twitter ou Facebook les gens ne partagent que les opinions qui sont les leurs et ne cherchent que la compagnie de ceux qui sont du même avis ?

C'est ainsi que naissent les communautés virtuelles, qui amalgament, dans des ensembles gigantesques, tous les gens qui pensent la même chose *tout en étant convaincus d'être seuls de leur camp*. Sur Facebook, Twitter ou Instagram, les gens se conduisent en moutons qui diffusent ce qu'ils approuvent et essaient, à l'inverse, de recouvrir de bêlements l'opinion qui déplaît. Mais les moutons que nous sommes se vivent eux-mêmes comme des individus originaux. De sorte

---

1. Friedrich Nietzsche, *Le Gai Savoir.*

que, si les groupes qui se forment en ligne sont si vastes, si la communauté choisie des gens qui pensent la même chose est plus étendue que n'importe quel pays, c'est qu'ils produisent des espaces à l'intérieur desquels chacun croit qu'il est libre. En termes nietzschéens, cela donne : « Chacun de nous, malgré la volonté de se comprendre comme un individu, amène uniquement du non-individuel à sa conscience. » Aussi la conscience n'est-elle, elle-même, qu'un réseau de liens entre les hommes, qui, pour cette raison, « n'a pu se développer que sous la pression du besoin de communication ».

À ceux qui s'étonnent (ou s'inquiètent) que, sachant tout cela, on soit quand même si pressé d'en faire partie, il faut répondre que Facebook ne date pas d'hier, ni de 2004 (année de son lancement), mais du néolithique. Il a suffi que les humains s'agglomèrent quelque part pour tomber sous le regard de leur voisin et donner le jour à la liberté servile qu'on appelle un *réseau.* Facebook existe depuis la nuit des temps. Spinoza et Leibniz en fournissaient l'équivalent d'une description au XVIIe siècle – le premier en inscrivant tout phénomène dans un système causal, et le second en montrant que toute « communication » est l'illusion d'un individu qui ne parle qu'à lui-même (et s'exprime autant qu'on lui dit de le faire). Ce n'est ni à son utilité ni à son inventivité que Facebook doit son expansion prodigieuse, mais à son humanité. Facebook est un monde vieux comme le monde.

La Cnil (Commission nationale de l'informatique et des libertés) a mis en demeure ce vieux monde de se conformer à la loi française, car Facebook est accusé (entre autres) de traquer les internautes qui n'ont pas de compte, de collecter leurs données sans leur consentement, d'imposer des publicités qu'on ne peut pas éviter et de conserver les données personnelles trop longtemps. Rien n'est moins sûr.

Que nous dérobe Facebook ? Des informations sur nous-mêmes. De la vie privée. C'est-à-dire peu de chose. Et sûrement pas l'essentiel : lequel d'entre nous accepterait d'être réduit aux informations dont les autres disposent à son sujet ? Qui n'est qu'un consommateur ? Qui n'est que la somme des rumeurs qu'on fait courir à son propos ? Lequel d'entre nous se fait une si pauvre idée de sa personne qu'il a l'impression d'être dépossédé de lui-même quand des mouchards de Facebook le suivent à la trace et devancent ses désirs ? L'humanité n'est pas seulement celle du consommateur ou du citoyen. Tout homme, s'il le désire, est aussi le dépositaire d'une liberté profonde, intransitive et irréductible à des éléments, d'une liberté qui ne se mesure pas, qu'aucun système ne peut réduire, et qu'aucune indiscrétion ne circonvient.

Facebook n'a aucune prise sur ce qui, en chacun de nous, n'a pas de prix.

L'islamo-droitisme

« Je respecte des gens qui meurent pour ce en quoi ils croient – ce dont nous ne sommes plus capables[1]. » Ces propos sont d'Éric Zemmour et concernent les terroristes de l'État islamique. Ce qui – quand on ne chausse pas de loupe – semble étonnant. Comment Éric Zemmour peut-il soudain trouver tant de charme à Daech ? Quelle idée ? Tous ceux qui, jusqu'à présent, lisaient Zemmour pour s'entendre dire que les dealers sont tous arabes, que Pétain est un grand homme ou que tous les musulmans sont des terroristes en puissance ont de quoi se sentir perdus. Or, en réalité, il n'y a rien de surprenant dans cette déclaration.

D'abord ce n'est pas le contenu de leur doctrine, évidemment, mais l'« intégrité » (imaginaire) de leur démarche que Zemmour applaudit. Aux yeux de Zemmour, les terroristes, eux, savent encore *mourir pour des idées*, ce dont les Occidentaux multiculturels, égalitaires et bien-pensants que nous sommes devenus sont incapables. Que les racistes soient

1. Éric Zemmour, *Causeur*, n° 36, octobre 2016.

rassurés, leur champion n'est pas soudain devenu un barbu.

En revanche, ses déclarations sont précieuses parce qu'elles renseignent sur une autre façon de se coucher devant l'ennemi. On connaît depuis longtemps l'*islamo-gauchisme*, c'est-à-dire le discours qui met le relativisme au service de l'intégrisme. C'est l'islamo-gauchisme qui, quand on s'indigne que des élèves musulmans obtiennent, au nom d'un islam de fantaisie, le droit de ne pas serrer la main de leur institutrice, exhibe des photos du Japon, où les gens se saluent à distance (pour dire qu'en France ou en Suisse on a vraiment l'esprit fermé). C'est lui encore, collaborationniste 2.0, qui défend, au nom de la tolérance, le « droit » des femmes à porter un burkini, tout en s'interdisant, au nom de la *différence*, de lutter pour qu'elles obtiennent d'autres droits, plus essentiels, en Arabie saoudite ou au Yémen.

Zemmour n'est pas de ce courant-là.

Éric Zemmour est un *islamo-droitiste*.

Ce n'est pas son progressisme ni son relativisme ni son *antiracisme* qui dictent à Éric Zemmour (comme c'est le cas pour Michel Onfray, par exemple) son « respect » pour Daech, mais c'est, tout au contraire, son obsession de la décadence, son goût des valeurs absolues et son ethnocentrisme tribal de petit Blanc.

Ce n'est pas la repentance ni l'illusion que les victimes ont plus de droits que leurs bourreaux qui rendent Zemmour si tendre avec les terroristes, mais c'est l'admiration (le refus qu'on les « méprise »), et l'illusion que l'intégrisme est (tout de même) une *intégrité*. Bref, c'est par la droite que Zemmour s'écarte du chemin pour laisser passer le pire.

L'islamo-gauchisme et l'islamo-droitisme ne sont que deux façons d'être lâche : l'une un peu gauche, l'autre maladroite. Mais tous les chemins mènent à Munich.

« Depuis quand la vie d'un assassin vaut-elle plus que celle de sa victime ? »

Kelly Gissendaner, convaincue d'avoir organisé avec son amant l'assassinat de son mari, en 1997, a reçu une injection létale dans la nuit du 29 au 30 septembre 2015.

Malgré les recours de ses avocats et l'appel à la clémence du pape François, la Thérèse Raquin américaine a été la première femme exécutée depuis 1945 en Géorgie.

Pourquoi pas ? « Depuis quand, demandent les partisans de la peine de mort, la vie d'un assassin vaut-elle plus que celle de sa victime ? » En posant une telle question, ils présument que la justice obéit à la loi du talion : « Qui m'a fait mal doit avoir mal ; qui m'a crevé un œil doit devenir borgne ; qui a tué, enfin, doit mourir[1]. » Or ça ne tient pas. Pour deux raisons.

La première est arithmétique : une telle équivalence est inapplicable. Punit-on l'incendiaire (sinon

1. Albert Camus, *Réflexions sur la guillotine* (1957).

dans les pays où les familles des terroristes sont expropriées) en mettant le feu à sa maison ? Est-ce qu'on se contente de châtier un voleur en prélevant sur son compte l'équivalent, au centime près, de la somme qu'il a dérobée ? Tue-t-on plusieurs fois un assassin récidiviste ? Et, surtout (comme en témoigne le calvaire de Kelly Gissendaner, dont l'exécution a été plusieurs fois suspendue), l'exécution capitale ajoute à la mort la préméditation de la mort et l'attente du condamné : pour que la loi du talion s'applique vraiment, il faudrait que le criminel ait lui-même averti sa victime de l'époque où il lui donnerait la mort et l'ait ensuite séquestrée pendant des années dans un couloir sans lumière. Or peu de meurtriers, contrairement à certaines démocraties, sont capables d'une telle perversion[1].

Le second argument en la défaveur de la loi du talion est que le talion relève de la nature et de l'instinct. Pas de la loi. Or la loi n'est pas là pour imiter la nature, au contraire. En donnant force de loi à un mouvement de la nature, le talion nous renvoie à l'époque où il n'y avait pas de lois !

Qu'un partisan de l'abolition de la peine de mort tue lui-même, de ses propres mains, l'assassin de ses enfants, c'est compréhensible (car la vie d'un assassin

1. « Beaucoup de législations considèrent comme plus grave le crime prémédité que le crime de pure violence. Mais qu'est-ce donc l'exécution capitale, sinon le plus prémédité des meurtres, auquel aucun forfait de criminel, si calculé soit-il, ne peut être comparé ? Albert Camus, *Réflexions sur la Guillotine* (1959), Folio, « Folioplus philosophie », 2008, p. 30.

ne vaut pas plus que celle de sa victime), mais à la condition que lui-même, l'instant d'après, se constitue prisonnier. Sinon, le droit meurt avec son crime. Dans un État de droit, la justice ne doit pas être une affaire de vengeance.

Le sens commun n'est pas un sens unique

Avant de désigner l'association conservatrice issue de la « Manif pour tous », l'expression « sens commun » est forgée par Emmanuel Kant dans la *Critique de la faculté de juger*[1]. N'était l'anachronisme, Kant lui-même aurait pu adhérer à Sens commun. C'était un homme plutôt conservateur, qui tenait l'homosexualité pour une « infamie » et n'imaginait pas, évidemment, que des familles homoparentales pussent exister un jour… Mais Kant était un homme du XVIIIe siècle, et il ne lui serait pas venu à l'esprit de rassembler sous le mot de « sens commun » l'ensemble des petites opinions qui n'engagent que son être empirique et qui, pour cette raison, n'ont rien à voir avec la grande pensée.

Sous l'expression de *sensus communis*, on doit entendre, dit-il, « l'idée d'un sens commun à tous, c'est-à-dire d'une faculté de juger, qui dans sa réflexion tient compte en pensant (a priori) du mode de représentation de tout autre homme, afin de rattacher pour ainsi dire son jugement à la raison humaine tout entière[2]… ».

1. Kant, *Critique de la faculté de juger* (1790), Vrin, 1993.
2. *Ibid.*, § 40.

Plus simplement, dans la grande pensée de Kant, le syntagme « sens commun » désigne aussi ce qu'il nomme la *pensée élargie*. Partons d'une expérience que chacun peut faire : quand on regarde un coucher de soleil, en général, on dit « c'est beau ». On ne dit pas « je trouve ça beau » (comme on pourrait le dire d'un tableau, par exemple, dont la beauté ferait débat). Dans le cas d'un coucher de soleil, l'expression de mon sentiment (« c'est beau ») me fait parler au nom de l'humanité tout entière. Non pas parce que je cherche à imposer mon opinion (je n'oblige personne à penser comme moi), mais parce que je *sens* que mon opinion communie avec l'opinion des autres, et que, devant la beauté naturelle, l'humanité entière est au diapason.

Le « sens commun » n'est pas autre chose. Il désigne l'expérience de l'universel qu'un individu fait en lui-même. C'est au *sens commun* que je dois de n'être pas seul à parler quand je m'étonne de la beauté de la nature. C'est la faculté (dont tout homme dispose) de « rattacher son jugement, dit Kant, à la raison humaine tout entière ». Or, cette expérience est précieuse, car elle ouvre sur la capacité de « penser en se mettant à la place de tout autre[1] » et, par là même, de créer entre individus raisonnables les conditions d'un débat serein.

En cela, l'expression « sens commun » est, en son principe, aux antipodes de l'usage qu'en fait l'association éponyme. Le sentiment d'universel dont parle Kant n'a rien à voir avec la réaffirmation des valeurs

---

1. *Ibid.*

traditionnelles perdues dans le tourbillon de nos mœurs inconséquentes. La capacité de discuter, de mettre l'essentiel en partage et d'échanger des arguments (que Kant met en œuvre en inventant cette expression de « sens commun ») n'a rien à partager avec l'OPA du *sens commun* par une seule vision du monde qui, comme elle se prend pour la vérité tout entière, laisse aux autres le choix d'être d'accord… ou d'avoir perdu le sens commun.

Le père mangé

« Si de ma vie je n'avais eu à écrire qu'un seul livre, ce serait celui-ci[1] », déclare Élie Wiesel en préface à la réédition de son livre *La Nuit*. Et pour cause. Il faut lire (ou relire) *La Nuit* – le récit que l'écrivain a fait de sa déportation au camp d'Auschwitz, puis à Buchenwald, et dont il fut libéré le 11 avril 1945, à l'âge de 16 ans.

Parmi les horreurs et les récits poignants qui composent ce livre, on trouve une scène qui, sans résumer toutes les autres, les contient, d'une certaine manière. Le jeune Eliezer et son père viennent d'arriver à Buchenwald, ce qui n'est pas si mal, après une année passée à Auschwitz. Seulement, il est trop tard pour le père. Veule, craintif, misérable, « pareil à un enfant », le père est trop affaibli pour se réjouir de pouvoir s'allonger ou de prendre un bain chaud. Il bave du sang, il est dysentérique, et son visage a la couleur d'une feuille morte. En un mot, l'homme qui, jusque-là, protégeait son fils devient à sa charge. Et

1. Élie Wiesel, *La Nuit* (1958), Minuit, 2007, préface à l'édition poche, p. 9.

l'enfant, qui redoutait plus que tout, jusque-là, de perdre son père, en vient à souhaiter sa mort. Quand il part à sa recherche, il espère *ne pas* le trouver. Bien que le jeune Eliezer soit hanté par l'image d'un fils qui, sous ses yeux, a battu son père à mort pour lui voler son morceau de pain, il ne peut pas s'empêcher d'espérer lui-même qu'un hasard le débarrassera de ce père livide et frissonnant, de ce fardeau qui gémit quand on le porte, et qui l'oblige, quotidiennement, à se dépouiller de son café ou de son pain.

Son père ne meurt pas.

Son père disparaît. Son père est mangé par la nuit.

Le matin du 29 janvier 1945 – alors que la veille son père avait été battu par deux prisonniers (un Français et un Polonais) qui lui reprochaient de n'avoir plus la force de déféquer ailleurs que dans son lit, et qu'il avait reçu, le soir même, devant son fils, un coup de matraque parce qu'il réclamait de l'eau –, le fils constate, au réveil, qu'à la *place de son père* gît un autre malade. « On avait dû l'enlever avant l'aube, se dit l'enfant, pour le porter au crématoire. Il respirait peut-être encore… Il n'y eut pas de prière sur sa tombe. Pas de bougie allumée pour sa mémoire. Son dernier mot avait été *mon nom. Eliezer.* Un appel, et je n'avais pas répondu[1]. »

Et, pour avoir raconté ça, pour avoir raconté l'histoire d'un enfant si malheureux qu'il est soulagé de savoir que son père n'existe plus, pour avoir décrit un père qui s'estompe quand son propre fils voudrait qu'il disparaisse, pour avoir substitué à l'image,

1. *Ibid.*, p. 195.

noble entre toutes, du guerrier qui fuit la ville avec son père sur ses épaules l'image si triste d'un enfant qui abandonne son père et ne pleure pas, pour être allé si loin dans la nuit, Élie Wiesel mérite d'être lu, relu et enseigné : « Qui maudit son père et sa mère, dit la Bible[1], verra s'éteindre sa lampe au cœur des ténèbres. »

1. La Bible, Proverbes de Salomon.

Simone Veil au Panthéon : le cauchemar des salauds

« J'ai décidé, en accord avec sa famille, que Simone Veil reposerait avec son époux au Panthéon[1]. » Emmanuel Macron l'a déclaré au terme du discours qui rendait hommage à celle qui fut notamment en charge, comme ministre de la Santé, de faire adopter la loi (dite « loi Veil ») dépénalisant le recours à l'IVG. La décision du président de la République a d'ailleurs été immédiatement (et longuement) applaudie – ce qui ne se fait pas du tout dans des circonstances comme celle-là. C'est dire le climat d'évidence qui entoure cette entrée au Panthéon. Simone Veil au Panthéon, ça va de soi. Et l'éternité n'a pas eu longtemps à attendre.

Pourtant, Simone Veil ne fait pas l'unanimité dans l'opinion publique, et il y a aussi des gens qui la détestent. Rousseau, Voltaire, Victor Hugo, Malraux ou Jean Moulin étaient consensuels. Hormis quelques allumés, personne ne pouvait s'offusquer qu'ils y

1. Discours d'Emmanuel Macron, le 5 juillet 2017, en hommage à Simone Veil.

entrassent. Mais Simone Veil clive infiniment ! L'évidence de sa panthéonisation voisine avec le sentiment (plus répandu qu'on ne pense) qu'elle était le diable en personne. De sorte que (pour le meilleur) l'entrée au Panthéon de Simone et Antoine Veil n'est pas seulement un moment de réconciliation nationale autour des grandes causes qui forgent la République, mais c'est aussi un coup politique, et un moment de crise qui met les détracteurs de Simone Veil en très mauvaise posture.

Au fond, Simone Veil est le cauchemar de trois catégories de personnes (qui parfois sont les mêmes).

Il y a les antisémites et les négationnistes, qui vomissent tant qu'ils peuvent « la juive » dont le témoignage est un démenti permanent au désir de croire que la Shoah n'a pas eu lieu.

Il y a les europhobes radicaux qui, en amont de la construction européenne, ne lui pardonnent pas le geste fou d'aimer l'Allemagne malgré ce qu'elle a vécu.

Et il y a les adversaires de l'IVG, qui abominent l'« avorteuse » dont la loi porte le nom et qui est, disent-ils, à l'origine d'un génocide de fœtus ou encore (c'est un vieil argument du Front national) d'une mise en danger de nos retraites, ce qui (à leurs yeux) est pire.

Et tout ça jabote et patauge dans la même ciguë depuis 1975.

Mais que change, alors, son entrée au Panthéon ? Tout. On peut attaquer une ministre et on peut insulter une femme, mais on ne peut rien contre un monument. Le Panthéon ne supprime pas les discours de haine, mais il les rend dérisoires. L'inscription définitive dans le marbre de la République de celle qu'ils tiennent pour un diable, un monstre, ou une tueuse d'enfants met ses détracteurs en situation d'être fous pour la détester, ou inaudibles quand ils l'insultent. Ou d'insulter la République elle-même en crachant sur sa mémoire. En un mot, le Panthéon, plus qu'un abri, est un rempart contre la falsification, et, depuis la colline du Panthéon, Simone Veille, pour l'éternité, sur les gens qui la maudissent.

Négation de la négation

« Ce qui est affirmé sans preuve peut-être nié sans preuve. »

Christopher Hitchens

« Cinq mille euros seront offerts à quiconque me démontrera, au terme d'un débat libre, loyal et courtois que les chambres à gaz homicides hitlériennes *ne sont pas* un mythe de propagande. » Cette phrase se trouve dans l'une des deux vidéos qui ont valu au négationniste Vincent Reynouard d'être condamné à cinq mois de prison pour contestation de crimes contre l'humanité.

Au-delà du cas de Vincent Reynouard qui n'est pas seulement négationniste mais ouvertement nazi[1] et qui n'en est ni à son premier fait d'armes ni à sa première condamnation, arrêtons-nous sur cette phrase qui pointe l'une des constantes du discours négationniste et de sa méthode, qu'on appelle l'« inversion de la charge de la preuve. »

1. Lui-même se définit comme un « national-socialiste sans haine ».

Que raconte le négationniste ? Que c'est à ceux qui contestent ses thèses de les invalider. Autrement dit : « Vous pensez que j'ai tort, démontrez-le ! Et si vous n'y parvenez pas, alors c'est vous qui avez tort, et donc moi qui ai raison. » Or ça ne marche pas du tout comme ça. Ce serait trop facile.

Si, demain matin, j'affirme qu'Emmanuel Macron est un extraterrestre dont l'objectif est d'asseoir la domination des poulpes et des juifs sur la planète, et que d'ailleurs, *comme par hasard*, « Macron » est l'anagramme en linéaire B d'une tribu reptilienne dont la Nasa nous aurait caché l'existence (ce qui est à peu près aussi improbable que l'inexistence des chambres à gaz), il ne vous appartient pas de démontrer que je dis des bêtises, et vous n'y parviendrez pas, d'ailleurs, puisque tout ce que vous me direz sera interprété par moi comme la preuve supplémentaire de votre duplicité, mais c'est à moi de démontrer ce que je raconte. Sinon, on peut tout dire. Qui raconte n'importe quoi ne peut jamais être démenti.

De fait, en se déclarant prêt à offrir 5 000 euros au premier qui lui donnera tort, Reynouard ne prend aucun risque. Il pourrait même aller jusqu'à 500 000 euros ! Il ne risque pas de les payer. La condition première d'un débat (qui est de critiquer sa propre thèse) n'est pas établie. L'idée complètement saugrenue (et toujours en attente de démonstration) selon laquelle (*sic*) « les chambres à gaz hitlériennes sont un mythe de propagande » est parfaitement irréfutable puisqu'elle est indémontrée !

Le dire est absurde comme d'affirmer qu'une théière spatiale est en orbite entre la Terre et Mars (c'est le philosophe Bertrand Russel qui prend cet exemple[1]) : personne, jamais, ne sera en mesure d'affirmer le contraire. « De nombreuses personnes orthodoxes parlent comme si c'était le travail des sceptiques de réfuter les dogmes plutôt qu'à ceux qui les soutiennent de les prouver. Ceci est bien évidemment une erreur. Si je suggérais qu'entre la Terre et Mars se trouve une théière de porcelaine en orbite elliptique autour du Soleil, personne ne serait capable de prouver le contraire pour peu que j'aie pris la précaution de préciser que la théière est trop petite pour être détectée par nos plus puissants télescopes. Mais si j'affirmais que, comme ma proposition ne peut être réfutée, il n'est pas tolérable pour la raison humaine d'en douter, on me considérerait aussitôt comme un illuminé[2]. »

Et pour cause : ça ne prouve rien ! Tout ce qu'on peut en dire, c'est que, comme tout et n'importe quoi, c'est *peut-être vrai*. Le négationnisme (d'un point de vue strictement méthodologique) fonctionne de cette manière : c'est un tour de passe-passe qui consiste à présenter comme solide une thèse non réfutée (alors qu'elle n'est irréfutée que parce qu'elle est délirante) et qui, inversant la charge de la preuve, considère (à tort) qu'on a raison tant que personne ne nous a donné tort.

---

1. Bertrand Russel, « Is there a God », article écrit pour l'*Illustrated Magazine* de 1952, mais qui ne fut jamais publié.

2. *Ibid.*

Pourquoi y a-t-il un devoir de mémoire ? (Bac philo)

La fureur du gouvernement turc après l'adoption par les députés allemands, en juin 2016, d'une résolution qui reconnaît le génocide arménien impose de réfléchir à la question de savoir pourquoi il y a un devoir de mémoire.

On peut d'abord observer que tout devoir est une contrainte. Or le régime de la contrainte s'applique mal à la mémoire : pourquoi sauver de l'oubli ce qui demande un effort pour ça ? D'ailleurs, que préserve une *mémoire volontaire*, sinon des feuilles mortes, des lieux communs et des cartes postales ? Ce dont la mémoire est un *devoir* ne devrait-il pas être oublié ? C'est tout le problème d'une « mémoire officielle » et d'une Histoire qui s'écrit au Parlement au lieu de s'écrire dans les manuels.

Mais ce serait « oublier » un peu vite, également, que l'oubli lui-même est aussi une volonté d'oublier. S'il y a un devoir de mémoire, c'est que l'oubli n'est pas innocent. L'oubli relève du déni. Qui n'est pas moins volontaire que le devoir. C'est là que l'exemple turc est parfait, puisque non seulement le génocide arménien a bien eu lieu, mais surtout l'État turc, sous la forme qu'on lui connaît actuellement, repose, en sa naissance, sur la décision concertée d'exterminer un peuple, et sur le déni auquel il est, sur Terre, le seul à croire encore. De sorte qu'à la critique des lois mémorielles s'oppose ici le négationnisme d'État.

Comment, dès lors, éviter le double écueil d'une mémoire officielle et d'un négationnisme collectif ? En faisant valoir qu'un arbre pousse plus haut quand ses racines sont plus profondes, et que, loin d'être la nostalgie stérile d'une époque révolue, le *devoir de mémoire* est le geste immémoriel d'offrir à ceux qui n'existent pas encore le récit de ceux qui ne sont plus. Ceux qui se font un *devoir* de la mémoire ne sont pas les gardiens du passé, mais des sentinelles, uniquement attentives aux bégaiements de l'Histoire et aux tragédies qui se renouvellent parce qu'on les a niées. Le souvenir est une condition de l'avenir.

Ségolène Royal : le miroir qui ne réfléchit plus

> « Je vous dirai ce que je crois vrai et non ce que vous auriez plaisir à entendre. »
>
> Raymond Aron,
> *Discours aux étudiants allemands sur l'Europe et l'unité de l'Allemagne*

Ce n'est pas que Ségolène Royal ne pense pas ce qu'elle dit.

C'est juste que Ségolène Royal ne pense pas. Du tout.

Quel que soit son auditoire, elle dira toujours ce que les gens ont plaisir à entendre et non ce qu'elle croit vrai ; ses opinions sont des spams, dictés par le lieu où elle se trouve.

En la circonstance, alors qu'elle représentait la France aux obsèques de Fidel Castro[1], l'ancienne ministre, candidate implicite à la présidence du Programme des Nations unies pour le développement (Pnud), a prélevé dans le stock des opinions

1. En décembre 2016.

disponibles sur la dictature cubaine celle qui convenait le mieux à ses hôtes et aux pays d'Amérique latine dont l'influence était nécessaire à l'obtention de ce poste :

« Cuba n'est pas une dictature. La preuve. Quatre millions de touristes s'y rendent chaque année. On sait qu'ici, quand on demande des listes de prisonniers politiques, on n'en a pas. Eh bien fournissez-moi des listes de prisonniers politiques, à ce moment-là on pourra faire quelque chose », avant d'ajouter : « Les Cubains se sont inspirés de la Révolution française sans pour autant connaître la Terreur qu'il y a eu pendant la Révolution française », or, Cuba, c'est exactement soixante ans de terreur.

Mais le problème n'est pas qu'elle raconte n'importe quoi sur le régime de Castro.

Les éloges opportuns que Ségolène Royal adresse à ce goulag tropical ne résultent pas (manifestement) d'un travail approfondi sur l'Histoire et les crimes de Fidel Castro. Ce n'est pas la connaissance qui dicte à Royal l'idée qu'il n'y a pas de prisonniers politiques à Cuba, ou que la révolution castriste c'est la Révolution sans la Terreur. C'est juste qu'elle a vu dans cette *réécriture de l'Histoire* l'occasion de se faire bien voir de ses hôtes tout en flattant la gauche de son propre parti. Que pèsent soixante ans de tortures et d'arrestations arbitraires à côté d'un gain si considérable ? Le problème est dans la soumission du *temps historique au temps narcissique*, ou du passé au présent perpétuel.

Dans *1984* (de George Orwell), le ministère de la Vérité (Miniver) est en charge de rectifier les archives au gré de la politique gouvernementale d'Océania (et de ses revirements). De fait, si Océania déclare la guerre au pays voisin, le ministère doit effacer toute trace d'une alliance passée, pour en créer d'autres ensuite si les pays décident de faire la paix. C'est ce que le Parti appelle la « mutabilité du passé ». Mais, derrière la réécriture de l'Histoire dans *1984*, il y a l'idée (terrifiante) que « qui détient le passé détient l'avenir ». Alors que, sous le négationnisme intéressé de Ségolène Royal, il y a juste une politicienne frivole, éprise de son image, qui joue avec l'Histoire d'un pays comme un enfant tient sa poupée par la jambe.

Écriture inclusive : jouvence d'Orwell

> « Longtemps, je me suis couché de bonheur. »
>
> *À la recherche de la tempe perdue*

Ne dites plus les « droits de l'homme ». Dites les « droits humains ».

Ne dites plus « un écrivain transgenre ». Dites « une auteurice ».

Ne dites plus « tous et toutes », dites « tous, toutes et toustes ».

Ne dites plus « celles et ceux ». Dites « celles, ceux, ceulles et celleux » !

L'écriture inclusive, qui se propose d'assurer une égalité de représentation entre les femmes et les hommes dans la langue française, est une agression de la syntaxe par l'égalitarisme. Un peu comme une lacération de *La Joconde*, mais avec un couteau issu du commerce équitable.

Le pire étant l'introduction d'un « e » entre deux points médians, qui disloque les lettres d'un adjectif pour y inscrire, en cas de pluriel, le signe féminin. Ça donne des mots illisibles : « uni.e.s », « motivé.e.s », « vigilant.e.s », etc.

Nul ne nie l'inique prépondérance du masculin dans la langue française. Ce n'est pas la question. Une langue forgée par des siècles d'injustice n'est pas le lieu de la vertu.

Seulement, aucun procédé n'y remédie moins que l'écriture inclusive. Ce pauvre « e », par exemple, qui se mêle au mot sans s'y mélanger, cette petite voyelle qui joue des coudes pour écarter les lettres d'un mot et s'y planter comme un drapeau sur la Lune… c'est le contraire d'une victoire ! On dirait Ève congelée dans la côte d'Adam.

Le vrai problème de l'écriture inclusive est ailleurs : l'écriture inclusive est une *réécriture*, qui appauvrit le langage exactement comme la « novlangue » dans *1984*.

À première vue, la « novlangue » est une simplification du langage, qui veut éliminer le maximum de mots, alors que l'écriture inclusive, uniquement soucieuse de représentativité, fait exactement l'inverse. Au lieu de dire « mauvais », la novlangue impose de dire « inbon ». Au lieu de dire « meilleur », la novlangue dit « plusbon » – le but étant de réduire autant que possible le nombre de mots (et de syllabes) afin d'anéantir toute pensée originale ou séditieuse. Or, manifestement, l'écriture inclusive fait le contraire, puisqu'elle prétend manifester la diversité du monde.

Mais qu'on supprime les mots ou qu'on les découpe et les rende illisibles, que le but soit de contrôler les gens (comme dans *1984*) ou d'extirper à la racine d'un mot toute trace d'inégalité (comme avec l'écriture inclusive), dans les deux cas, partant du principe qu'on pense comme on parle, c'est le cerveau qu'on vous lave quand on purge la langue ! Et, surtout, à l'image des réécritures du passé dont se charge le « ministère de la Vérité » dans *1984*, l'écriture inclusive est un attentat contre la mémoire elle-même, car toute langue est une mémoire dont les mots sont les cicatrices. Dans le sillage des gens qui veulent débaptiser les lycées ou déboulonner les statues de confédérés, l'écriture inclusive est un négationnisme de la vertu, un lifting du langage qui croit abolir les injustices du passé en supprimant leurs traces.

Le désir d'égalité n'excuse pas le façonnage des consciences.

Nuire pour le plaisir

« Je n'ai rien à cacher. J'ai torturé parce qu'il fallait le faire. Quand on vous amène quelqu'un qui vient de poser vingt bombes qui peuvent exploser d'un moment à l'autre, et qu'il ne veut pas parler, il faut employer des moyens exceptionnels pour l'y contraindre. C'est celui qui s'y refuse qui est le criminel, car il a sur les mains le sang de dizaines de victimes dont la mort aurait pu être évitée. »

Dans une interview donnée à *Combat*, le 9 novembre 1962, soit juste après la guerre d'Algérie, Jean-Marie Le Pen énonce des arguments qui, dans le contexte des attentats, sont devenus ceux d'une majorité de Français. À en croire un sondage paru en juin 2016, 36 % des Français acceptent le recours à la torture dans des circonstances exceptionnelles, et 54 % acceptent qu'une personne suspectée d'avoir posé une bombe prête à exploser soit soumise à des décharges électriques.

La logique est imparable : celui qui refuse la torture (et se prive de ses bénéfices en temps de guerre) est dans le déni de réalité puisqu'il fait prévaloir ses convictions sur ce qu'il faudrait faire, tandis que celui qui torture consent, malgré lui, à la triste nécessité qui sauve des vies.

On peut faire trois objections à cette redoutable position.

1. Rien ne garantit que la torture donne effectivement des résultats.

2. Tenir pour « criminel » celui qui refuse la torture, c'est oublier que l'assassin est celui qui tue et non celui qui ne sauve pas (si tant est qu'on sauve en torturant).

3. Mais, surtout, à force de présenter la torture comme la nécessité à laquelle les irresponsables ne consentent pas, on omet de dire ce qu'elle est aussi pour celui qui la pratique : un plaisir. Qui, dans le cas de Daech, est accru par la vengeance.

Afin de mesurer le degré d'obéissance d'un individu, le psychologue Stanley Milgram, au début des années 1960, demande à des gens d'envoyer des décharges électriques à des cobayes sans autre but que de vérifier leurs « capacités d'apprentissage ». La seule chose qu'ils ignorent, c'est que tout ça n'est qu'une mise en scène. Or les résultats sont « inattendus et inquiétants », comme dit Milgram lui-même : les deux tiers des sujets sont allés au bout de l'expérience, en infligeant de (faux) électrochocs de 450 volts à trois reprises. Parmi les (nombreuses) conclusions qu'on peut en tirer figure en bonne place le *plaisir violent* que ressent la majorité d'entre nous à l'idée d'envoyer du jus dans le corps d'un autre. Nuire pour le plaisir est le propre de l'homme. Et ce plaisir est vieux comme l'humanité : c'est le plaisir de Sophie, qui dans *Les Malheurs de*

Sophie découpe les petits poissons, ou des personnages du marquis de Sade qui jouissent des douleurs qu'ils infligent… et qu'on retrouve enfin dans un sondage de 2016, où le calcul des conséquences sert d'alibi à une honteuse volupté.

À combien de morts les crimes politiques cessent-ils d'être un mal nécessaire ?

« Fidèle, fidèle pourquoi rester fidèle
Quand tout change et s'en va sans regrets
Quand on est seul debout sur la pass'relle
Devant tel ou tel monde qui disparaît... »

Charles Trenet

« Fidel ! Fidel ! L'épée de Bolivar marche dans le ciel ! » Ainsi Jean-Luc Mélenchon saluait-il, de Paris, la dépouille du tyran cubain, avant d'ajouter (tel Malraux devant le cercueil de Jean Moulin) : « Voici la cohorte des opprimés qui t'escortent dans ta dernière marche... la cohorte qui avance dans la nuit... » Les gens qui ont été torturés, exécutés ou contraints à l'exil par le régime de Fidel Castro le trouveront peut-être un peu déplacé. Pour moi, qui n'ai rien connu de tout ça, je me contenterai de le trouver contradictoire.

Comment un défenseur des droits des homosexuels (favorable à leur mariage) comme Jean-Luc Mélenchon peut-il célébrer un régime qui effaçait des manuels scolaires les écrivains homosexuels et les a parqués, par centaines, dans des camps de travail pour être rééduqués ?

Comment le partisan du pluralisme qu'est, apparemment, Jean-Luc Mélenchon peut-il vanter un système de parti unique ?

Comment le militant d'une presse (enfin) libérée de toute influence peut-il glorifier un pays dont les habitants n'ont eu accès qu'à un seul journal pendant soixante ans ?

Comment l'homme qui tient l'emploi du 49.3 pour un coup de force peut-il pleurer l'homme qui a privé son peuple d'élections libres et faisait assassiner ses opposants ?

En un mot, comment peut-on revendiquer l'*insoumission* comme programme politique tout en s'inclinant devant celui qui a réduit son propre peuple en esclavage ? D'où vient le double discours de Mélenchon, impitoyable avec les injustices de notre démocratie, mais étonnamment indulgent avec les crimes de la dictature cubaine ?

De même qu'aux yeux de Leibniz les tragédies humaines ne sont pas vues comme des tragédies mais des étapes nécessaires à l'accomplissement du meilleur des mondes possibles, de même, aux yeux de Mélenchon, les crimes de Fidel Castro ne sont que les étapes nécessaires au succès de la lutte anticapitaliste dont il demeure le symbole. Au fond, le crime est soluble dans l'espérance, comme le réel est soluble dans le rêve.

C'est la raison pour laquelle Mélenchon ne nie pas les crimes de Castro, mais leur gravité. Il ne dit pas que Castro n'a jamais tué personne (comment le pourrait-il ?), mais il laisse entendre que tuer n'est pas si grave, quand on le fait au nom du Bien. L'altitude qu'il se donne lui représente les massacres, les emprisonnements arbitraires, la peine de mort à tour de bras, la suppression des livres licencieux, l'obligation de délation ou encore les lynchages légaux comme autant d'« erreurs » (c'est le mot qu'il emploie) solubles dans l'avènement d'un monde plus juste. Pour le dire autrement, le goût de l'absolu culmine dans un cynisme total : si vous parlez à Mélenchon des crimes de Castro, il balaiera vos objections d'un revers de la main, en faisant valoir qu'on ne fait pas d'omelette sans casser des œufs. Pourtant, n'en déplaise à Mélenchon, les crimes de Fidel Castro ne sont pas un point de détail de l'Histoire.

La stratégie de l'esquive par le procès d'intention

« Regardez ce que j'ai subi comme attaques pour les choses élémentaires que j'ai dites sur Cuba. Tout de suite, l'agression a été sexiste. » C'est en ces termes que Ségolène Royal, invitée de l'émission « Et si c'était vous ? », sur la chaîne Toute l'histoire[1], est revenue sur la polémique déclenchée par ses propos sur le régime cubain.

Ce qui est intéressant ici, c'est la doctrine démocratique à laquelle appartient son système de défense. En imputant au « sexisme » l'indignation (collective) suscitée par l'éloge d'un tyran, Ségolène Royal prolonge la longue tradition de l'esquive par le procès d'intention.

Ce sont les sophistes (c'est-à-dire les pères de la démocratie) qui, les premiers, dans l'Athènes antique, ont mis au point cette méthode d'évitement : confrontés aux arguments redoutables de Socrate, Calliclès (dans le *Gorgias*) ou Thrasymaque (au début de *La République*) rivalisent de grossièreté et

1. Le 8 janvier 2017.

tentent tous de discréditer le philosophe pour éviter la discussion. « Je ne te répondrai pas, Socrate, car *avant toute chose*, tu es méchant… » Tu parles ! La même logique de l'esquive par le procès d'intention est à l'œuvre chez Maurice Barrès quand il déclare « Que Dreyfus est capable de trahir, je le conclus de sa race[1]» – ce qui lui permet d'éviter tout argument en faveur de l'innocence du juif. Ou bien chez les tenants de *La Cause du peuple* qui, quand la jeune Brigitte Dewèvre a été assassinée à Bruay-en-Artois en 1973, ont déclaré que le notaire, Pierre Leroy, était coupable, car (comme l'écrivait Serge July à l'époque) « il n'y a qu'un bourgeois pour avoir fait ça » – ce qui permettait de récuser à l'avance les conclusions de l'enquête.

En peu de mots : peu importe ce que vous faites (ou dites), ce qui compte, c'est ce que vous *êtes*. L'esquive par le procès d'intention consiste à échapper à une parole en l'accusant d'être dictée par son origine : ce que vous dites a moins d'importance que le lieu d'où vous le dites. Si vous êtes sceptique sur la lutte des classes, l'esquive marxiste dira que vous êtes un bourgeois, si vous dites que la laïcité n'est pas un racisme (ou que la mixité n'est pas un crime), l'indigène de la République brandira l'argument que vous parlez en dominant (ou en idiot utile) et ne parlez qu'à ce titre.

Quelle meilleure façon de ne pas répondre ? Disqualifier le questionneur pour échapper à la question, quoi de plus simple ?

---

1. Maurice Barrès, *La Colline inspirée* (1913).

Les conséquences de cette modalité simultanément victimaire et accusatrice de la mauvaise foi vont à l'encontre des principes ordinairement brandis.

Si, pour échapper à l'argument qui vous dérange, vous accusez (à tort) votre adversaire d'être raciste ou méprisant, c'est l'antiracisme et la justice sociale elle-même que vous faites régresser.

Et, pour en revenir à Ségolène Royal (qui invoque le sexisme de ses objecteurs pour fuir les objections elles-mêmes), le vice dont elle se sert comme d'un paratonnerre (le sexisme) se trouve évidemment renforcé par un si mauvais usage : quand on brandit le sexisme à mauvais escient (uniquement pour se tirer d'un mauvais pas), on conforte les indécis dans le sentiment que l'antisexisme est un mauvais combat ! J'en veux pour preuve les insultes effectivement sexistes que Ségolène Royal a reçues *après* sa déclaration. Bref, quand on *se sert* d'une cause, on la dessert.

L'immense « point de détail »

Depuis 1987 (date à laquelle Jean-Marie Le Pen a pour la première fois employé cette expression), tout le monde s'indigne que l'ancien président du FN tienne la mort de six millions de juifs pour un « point de détail ». L'honnêteté commande pourtant d'admettre que Le Pen n'a jamais dit ça.

L'ancien président du FN a dit que l'existence des chambres à gaz était un point de détail, ce qui est tout à fait différent. Aux yeux de Le Pen, le détail, ça n'est pas la mort de milliers, ou de millions de gens. Le détail, c'est la *façon* dont ces personnes ont été tuées… qui ne lui semble pas plus grave qu'une autre.

En d'autres termes (et d'ailleurs c'est ce qu'il dit) : pour Le Pen, être éventré par une grenade ou passer dans une chambre à gaz, c'est la même horreur, ça fait partie des atrocités de la guerre. Bref, c'est la même chose. Or ce n'est pas du tout la même chose.

On a parqué des gens. On les a gazés. Et puis on a brûlé leurs cadavres. Voilà ce qui s'est passé. Et, même s'il est épouvantable de mourir sur un champ de bataille ou pendant un bombardement, l'horreur n'est pas comparable. Cette nuance-là n'est pas un

« point de détail ». Mettre sur le même plan une grenade et une chambre à gaz revient à mettre la mort des enfants juifs sur le même plan que la mort d'un ennemi sur le champ de bataille, et dont le meurtrier peut dire, à sa décharge : « C'était lui ou moi ! »

Ce que Jean-Marie Le Pen tient pour un « détail » est au contraire la chose la plus importante qui soit, c'est-à-dire le mode d'exécution. Et, si on nie l'importance des chambres à gaz, on ne nie pas forcément la mort des gens (et Le Pen en profite pour dire, en un sens à bon droit, qu'on lui fait un faux procès) mais on nie le *génocide lui-même*, c'est-à-dire le fait que les juifs aient été tués pour ce qu'ils étaient, et sans aucune autre raison que cela. Et, en cela, incontestablement, l'expression « point de détail » relève du négationnisme.

Thierry Mariani et le Dr Folamour

« Les habitants d'Alep n'ont "pas été exterminés". C'est 35 000 morts [...]. Je rappelle qu'Alep, c'était 3 millions d'habitants avant [...], il y a 15 % de la ville qui est totalement rasée, on a 20 % de la ville qui est bien abîmée – mais les bâtiments sont récupérables – et ça veut dire qu'il y a 65 % de la ville qui est intacte. » Voilà, sans surprise, ce que déclarait l'ancien député Thierry Mariani en janvier 2017, de retour de Syrie. Or l'argumentation (qu'il juge imparable) est accablante pour lui.

Comment peut-on dire, se demande-t-il, qu'Alep est « rasée », alors que les deux tiers (65 %) de la ville sont intacts et que 15 % *seulement* ont été complètement détruits ? Et comment peut-on dire que les habitants d'Alep ont été exterminés, alors qu'on ne dénombre pas plus de *35 000* morts civiles sur 3 millions d'habitants (soit 1 % de la population)?

Pour prendre la mesure d'un tel raisonnement, il faut en passer par *Docteur Folamour*, de Stanley Kubrick – et le déclenchement, par un général américain, de la troisième guerre mondiale. Alors que, à l'initiative du général félon Jack Ripper, les avions américains sont à dix minutes de larguer *1 400 mégatonnes* de bombes nucléaires sur le continent soviétique, le chef de l'état-major, le général Buck Turgidson, donne au Président le conseil suivant : puisque vous ne pouvez plus empêcher l'attaque, puisque vous êtes mis devant le fait accompli, alors « prenez les devants, M. le Président ! Ordonnez le bombardement ciblé de toutes les bases soviétiques et là, nous les prendrons par surprise. Au lieu des 150 millions de morts que causeraient les représailles russes, nous ne ferions que 10 ou 20 millions de victimes, maximum ! »

Certes, avec Thierry Mariani, l'ordre de grandeur n'est pas le même : 35 000 morts syriens pèsent moins que 20 millions de morts russes. Mais le raisonnement est identique. À première vue, Mariani et Turgidson pratiquent l'un comme l'autre l'éthique de responsabilité ou la realpolitik en faisant valoir que, certes, 35 000 ou 20 millions de morts sont regrettables, mais – que voulez-vous ? – on n'évite pas la fin du monde sans tuer des millions de gens, on ne « libère » pas une ville sans tuer 35 000 personnes, on ne fait pas d'omelette, etc., à cette nuance près que les œufs sont des vies humaines : ce sont des individus que le général fou et le député fantasque mettent dans la balance. Le premier envisage sereinement le massacre de 20 millions d'humains puisque c'est pour le bien d'un plus grand nombre encore ; le second fait valoir que 15 % (seulement) de la ville ont été « rasés », et rapporte 35 000 morts à 3 millions d'habitants pour démontrer que, vraiment, étant donné l'enjeu, avec leur histoire d'« extermination », les médias font beaucoup de bruit pour pas grand-chose.

Dans les deux cas, le général et le député ont oublié un détail : quel que soit le but, un massacre de masse est une limite absolue aux moyens qu'on se donne. Trente-cinq mille morts (ou 20 millions) ne sont jamais un moindre mal.

Comment transformer un droit en liberté ?

La lecture de Tocqueville est indispensable chaque fois que la démocratie s'étend et, avec elle, la servitude volontaire. Ainsi, le 12 décembre 2015, pour la première fois dans l'Histoire du royaume saoudien, les femmes ont participé aux élections municipales, auxquelles neuf cents d'entre elles étaient candidates (pour deux élues).

Or, à l'issue de la phase d'inscription sur les listes, seules 130 000 femmes avaient pris leur carte d'électrice (soit dix fois moins de femmes que d'hommes) dans un pays où on ne vote que depuis 2005. La seule question qui se pose est : comment expliquer que si peu de femmes se soient inscrites sur les listes, alors qu'elles en avaient le droit ? Comment se fait-il qu'elles ne se soient pas jetées sur l'occasion qu'elles avaient de faire entendre leur voix ?

Mettons de côté celles (nombreuses) qu'on a physiquement empêchées de le faire. Et parlons seulement de celles (encore plus nombreuses, probablement) qui se sont empêchées elles-mêmes, c'est-à-dire qui auraient pu s'inscrire et qui ne l'ont pas fait. Et, pour mieux parler de ces femmes, il faut aller chercher leurs ancêtres en Amérique, en Pennsylvanie, dans les années 1830.

Dans *De la démocratie en Amérique*, Tocqueville s'étonne de n'avoir vu voter aucun « Nègre » un jour d'élections, alors que les « Nègres » en ont le droit. « Ceci n'est pas la faute de la loi, lui dit son interlocuteur, les Nègres ont, il est vrai, le droit de se présenter aux élections, mais ils s'abstiennent volontairement d'y paraître. [...] Oh ! ce n'est pas qu'ils refusent d'y aller, mais ils craignent qu'on ne les y maltraite. Chez nous, il arrive quelquefois que la loi manque de force, quand la majorité ne l'appuie point[1]. »

Bref, la loi est une chose, la majorité en est une autre. Et la pertinence d'une loi se mesure souvent au fait qu'elle prend le contre-pied de ce qu'attend la majorité. Quand les démagogues opposent, dans le sillage de Charles Maurras, le « pays réel » (enraciné dans les réalités de la vie) et le « pays légal » (*ie* les institutions républicaines artificiellement superposées au « pays réel »), ils le font toujours au bénéfice du « pays réel ». Or ce que nous apprennent les élections saoudiennes (comme les élections en Pennsylvanie au XIXe), c'est que, quand un processus démocratique pointe le bout de son nez, les électeurs (que ce soient les Américains blancs du XIXe ou les mâles saoudiens) sont encore plus conservateurs que les lois. Pour qu'un droit devienne une liberté, il faut encore le conquérir après l'avoir obtenu.

---

1. Alexis de Tocqueville, *De la démocratie en Amérique*, *op. cit.*, première partie, « Tyrannie de la majorité ».

Le peuple autoproclamé face aux élites imaginaires

« La victoire de Donald Trump est une victoire du peuple sur les élites autoproclamées. » Tout est faux dans cette phrase inlassablement répétée (hormis la victoire de Trump). On dit « victoire du peuple », mais quel peuple ? Cinquante pour cent des votants avec 46 % d'abstentionnistes, c'est juste la moitié d'une moitié.

« Peuple », dira-t-on, n'est pas uniquement une affaire de quantité, mais désigne les laissés-pour-compte de la mondialisation, que délaissent précisément les « élites » des côtes est et ouest. Or le « peuple » ne désigne pas que la plèbe ni le milieu d'un pays, mais tout le monde. Et, surtout, qui peut penser que, parmi les électeurs de Clinton, il n'y a ni laissés-pour-compte ni victimes de la mondialisation ? Les démunis n'ont pas moins voté Clinton que Trump, lequel compte aussi, parmi ses électeurs, des gens qui, comme lui, sont infiniment riches, ou bien des partisans du port d'armes, des climatosceptiques, des suprématistes ou encore des adversaires de l'IVG.

À quel titre l'ensemble socialement et idéologiquement disparate des électeurs de Trump s'attribue-t-il l'exclusivité du « peuple » ?

Quant à l'expression d'« élites autoproclamées », il faut d'abord observer que les « élites » ne sont pas *autoproclamées* (à la façon dont l'aristocrate nietzschéen pose ses valeurs[1]) mais désignées comme telles par des gens qui ont déjà fait main basse sur le mot « peuple ». Cela dit, les « élites » (dans l'esprit de celui qui s'y oppose comme le pays réel au pays légal), ce sont les *sachants*. C'est-à-dire, pour le meilleur, les gens compétents. Et, pour le pire, les donneurs de leçons qui, en la circonstance, se sont trompés, comme souvent.

Dans *La République*, Platon fait la guerre aux sophistes qui, parce qu'ils ne croient pas à la vérité, considèrent, à juste titre, que n'importe qui peut faire de la politique. Ce que dit Platon, c'est que si on va voir un cordonnier pour réparer ses chaussures, si on fait appel à un médecin quand on est malade, bref, si les gens sont *élus*, au quotidien, selon leur *compétence*, la politique elle-même ne doit pas échapper à cette exigence. Les affaires publiques supposent, elles aussi, un savoir spécifique.

Or, en posant cette question, Platon ne crée pas une caste, mais il est le premier à observer un phénomène typiquement démocratique dont l'élection d'un homme qui n'a *jamais* fait de politique est exemplaire : le sentiment que, puisque chaque voix pèse le même

---

1. Friedrich Nietzsche, *Généalogie de la morale*, *op. cit.*, « Première dissertation ».

poids, alors chacun dispose du même savoir. L'idée fausse (et maquillée en *élitophobie*) que, puisque la politique est l'affaire de tous, alors elle peut être le métier de chacun. Bref, le dévoiement de la sublime égalité des droits en l'absurde équivalence des compétences.

Que pardonner à celle qui n'est pas coupable ?

Dans la lettre que le pape François adresse à Mgr Rino Fisichella en 2015, à l'occasion du jubilé extraordinaire de la miséricorde, le souverain pontife déclare qu'il accorde « à tous les prêtres, pour l'année jubilaire, la faculté d'absoudre du péché d'avortement tous ceux qui l'ont provoqué et qui, le cœur repenti, en demandent pardon ». Traduction : si vous avortez, ne vous en faites pas, vous êtes pardonnée.

C'est sympa. Ça rappelle le jour où, sur l'antenne de France Culture[1], Christine Boutin avait déclaré : « Vous savez, je n'ai rien contre les personnes homosexuelles, car j'ai en moi une grande faculté de pardon. » Ce qui était complètement hors sujet, puisque les personnes à qui elle accordait généreusement son pardon n'étaient coupables de rien. Là est le problème du pardon : pardonner revient à décréter la culpabilité de quelqu'un.

Si quelqu'un vous agresse, ou vous offense, vous pouvez toujours lui pardonner (dans la mesure où il vous le demande) : tu m'as tapé dessus, tu m'as

1. Dans « Le Rendez-vous des politiques », en 2007.

insulté, tu m'as trompé, tu m'as trahi, mais *je te pardonne*. C'est un geste fort, et pacifique. Un peu con, parfois aussi, et propice à l'extase devant sa propre bonté. Mais, enfin, ça a de la gueule.

Dans le cas du pardon papal, ça n'a rien à voir.

Pardonner l'IVG, ce n'est pas comme pardonner une offense. Parce qu'il n'y a pas d'offense ! Pardonner l'IVG, c'est comme dire à quelqu'un : « Vous avez commis un crime, *puisque* je vous pardonne. » C'est juste une façon de s'ériger en juge, et d'ajouter la condescendance à la condamnation.

On croit qu'en « pardonnant » l'avortement, le pape a fait un pas de plus dans le sens de l'Histoire et de la modernité, et on se dit qu'on a décidément un pape formidable, et qu'enfin quelque chose bouge au Vatican ! En réalité, « pardonner » l'avortement, c'est le condamner deux fois, et revenir implicitement à l'époque sinistre où la loi était rendue par des hommes d'Église, qui se prenaient pour Dieu.

Le bruit des cloches

Le bruit des cloches n'est pas un bruit, mais une parole.

Ce qui ne veut pas dire que cette parole est silencieuse, mais que le bruit fait par les cloches ne peut pas recouvrir la parole qu'elles portent, et qui tient en peu de mots : « Des cloches tout à coup sautent avec furie/Et lancent vers le ciel un affreux hurlement,/Ainsi que des esprits errants et sans patrie/Qui se mettent à geindre opiniâtrement[1]. »

La parole d'une cloche est un cri éperdu, dont l'écho, comme une bouteille à la mer, se perd dans l'infini. Elle ne laisse pas plus de traces que le sifflement d'un rapace dans le désert et, comme lui, elle *donne à entendre le silence* au lieu de l'interrompre. La cloche est le son d'une rencontre entre une demande et un refus. C'est Dieu qui dit non à l'homme qui supplie. C'est le rappel, ponctuel et implacable, que nous ne sommes jamais entendus.

Si les cloches *font entendre* le silence, cela signifie que les sourds peuvent entendre les cloches. À dire

1. Charles Baudelaire, « Spleen », *Les Fleurs du mal* (1857).

vrai, seuls les sourds ont l'ouïe *assez fine* pour entendre cette espèce de silence. Quasimodo, le sonneur de cloches de *Notre-Dame de Paris*, était sourd, justement. À cause des cloches. Et, pourtant, il les adorait, « il les aimait, les caressait, leur parlait, les comprenait[1] », écrit Victor Hugo.

Avant qu'il ne croise Esmeralda, les quinze cloches de Notre-Dame recueillent toute la tendresse du sonneur. Ce sont les oiseaux géants qu'il a élevés tout seul dans des cages de pierre. Et qu'il a l'impression d'être le seul à entendre, puisqu'elles sont la seule chose qu'il entende. Quasimodo est à la fois l'amant des cloches, et leur maman. Tantôt, il les contemple avec amour, leur parle avec douceur, les lave et les flatte de la main, tantôt, quand elles s'ébranlent et que les tours se mettent à trembler, Quasimodo attend le bourdon au passage et se jette sur lui, à corps perdu. Et là, les cheveux hérissés, des flammes dans le regard, suspendu dans l'abîme, à cheval sur le battant qui heurte les parois d'airain, Quasimodo *prend* les cloches ; il les enfonce, il les chevauche, et redouble de son corps la furie de la volée. « C'était un rêve, écrit Victor Hugo, un tourbillon, une tempête ; le vertige à cheval sur le bruit ; un esprit cramponné à une croupe volante ; un étrange centaure moitié homme, moitié cloche[2]. »

Les cloches sonnent le glas des prières.

1. Victor Hugo, *Notre-Dame de Paris*, *op. cit.*, livre IV, chap. III.
2. *Ibid.*

Interdire l'IVG, c'est institutionnaliser le viol

« Voici ce qui va se passer. Je suis *pro-life* (antiavortement) et les juges [à la Cour suprême] seront *pro-life* [antiavortement]. » C'est Donald Trump qui l'a déclaré sur CBS, au cours du premier entretien qu'il a donné après sa victoire, le 13 novembre 2016.

Quand il était en campagne, Trump avait même suggéré, avant de se rétracter, que les femmes qui subissent une interruption volontaire de grossesse fussent « punies ». De façon générale, un homme qui estime que son éminente position dans la société lui donne le droit (*sic*) d'« attraper les femmes par la chatte » est *naturellement* hostile à l'IVG. Car c'est le même geste : faut-il *attraper* les femmes par leur sexe pour interdire ensuite à ce sexe d'avorter ? L'hypersexualisation de la femme (réduite à ses parties génitales) relève exactement de la même violence que l'essentialisation de la femme (réduite à sa matrice). La première est l'ancêtre de la seconde, et la seconde est la version légale de la première. À défaut de légaliser le viol, on légalise la soumission. Dans les deux cas, les femmes n'ont pas leur mot à dire.

Il est vrai qu'on a rarement vu une femme défendre le droit de son violeur, alors que de très nombreuses femmes sont hostiles à l'IVG. Mais pourquoi pas ? Tout le monde a parfaitement le droit de lutter pour sa propre servitude. L'interdiction de l'IVG, c'est le burkini des chrétiens. Servitude volontaire.

Or un régime de libertés protège toutes les libertés, y compris celle de s'amputer soi-même d'un droit. En revanche, il ne faut pas se mentir : le débat sur l'IVG n'est pas un débat sur la vie (sinon les adversaires de l'IVG seraient tous hostiles à la peine de mort), mais un débat sur la liberté. Et, de ce point de vue, on ne peut pas mettre dos à dos les *pro-life* et les *pro-choice*. Car jamais les adversaires de l'IVG ne défendront la liberté de choix, alors que les partisans du droit à l'avortement ne voient aucun inconvénient à ce qu'on donne la vie – si on le choisit. Entre le refus d'un droit et la défense d'un droit, il n'y a aucune symétrie. Le premier est un retrait. La seconde est une augmentation.

L'interdiction de l'IVG n'est pas un retour au Moyen Âge, mais à l'état de nature, à la loi de la jungle (qui reste une loi, mais uniquement la loi du plus fort). Interdire l'IVG n'est pas défendre la vie, mais ratifier l'inégalité (qu'on prétend inscrite dans la nature) entre l'homme et la femme.

C'est la liberté du renard dans le poulailler.

C'est l'érection de la force comme valeur.

C'est un projet de société qui, avec l'alibi du Bien, réhabilite le gouvernement du prédateur sur la proie. Quand Trump veut interdire l'IVG, il prouve juste qu'on chasse mieux là où les victimes ne sont pas protégées. Les valeurs traditionnelles qu'il défend sont le paravent de la sauvagerie qu'il pratique.

Travail dominical : la « sainte alliance »

Le projet d'accord sur l'ouverture le dimanche proposé, en mai 2016, par la direction des Galeries Lafayette a été rejeté par les représentants de la CFE-CGC. Le projet prévoyait un plafond de sept dimanches travaillés par an, payés double et assortis d'un jour de récupération. Autant dire que ce n'était ni le bagne ni l'enfer pour les salariés. Mais, pourtant, en vertu d'un décret céleste (et contrairement [peut-être] aux individus qu'ils représentent), les syndicats n'en ont pas voulu.

La sanctification du dimanche ne vient pas du syndicalisme.

Le « jour du Seigneur » n'est pas une invention de la CGT ni de la CFE-CGC, mais de l'empereur Constantin (au IVe siècle apr. J.-C.). Ce qui attire le regard ici – au-delà des négociations et des désaccords éventuels –, c'est la « sainte alliance » du syndicalisme et de l'épiscopat, dont les intérêts convergent provisoirement.

Quelle différence entre un monothéisme qui fait du dimanche le premier jour de la semaine et le jour de la résurrection, et des syndicats qui voient en lui le dernier jour de la semaine et le moment d'un repos bien mérité ? Une différence de testament.

On est passé des Évangiles, qui annoncent la résurrection du Christ un dimanche (soit trois jours après sa crucifixion), au livre (antérieur) de l'Exode, au début de la Bible, où il est écrit que, le septième jour (qui n'est alors pas le dimanche) étant le jour du repos de « l'Éternel, ton Dieu », « tu ne feras aucun ouvrage, ni toi, ni ton fils, ni ta fille, ni ton serviteur, ni ta servante, ni ton bétail, ni l'étranger qui est dans tes portes ». Mais l'enjeu est identique.

Dans un cas, il s'agit de goûter un peu de la joie de la résurrection en accomplissant des tâches spirituelles ou fraternelles ; dans l'autre, il faut soustraire, un jour par semaine, l'esprit de l'homme à sa dimension économique, car c'est mal vivre que passer sa vie à tenter de gagner sa vie.

Qu'elle porte sur des esprits auxquels des *autorités* religieuses intiment l'ordre de s'élever ce jour-là, ou sur des corps auxquels des représentants syndicaux interdisent le moindre effort, que les individus soient « frères » ou qu'ils soient « camarades », la contrainte est identique.

L'interdiction du travail le dimanche (autrement appelée, sous les vitraux, l'« heureuse tradition du jour chômé ») se veut tellement libératoire qu'elle libère les hommes de la liberté elle-même. Dans le cas de l'Église catholique : liberté (protestante) de parler à Dieu directement, sans la médiation de ses intercesseurs. Dans le cas des syndicats : liberté (libérale) d'exercer une activité dont l'exercice repose sur le volontariat. Dès lors, sous l'image de corporations qui défendent les salariés tout en les privant d'un choix, on a la réalité d'un clergé qui lutte contre sa propre disparition en disant ce qu'il faut penser aux hommes qu'il représente. Le travail dominical est un enjeu de laïcité.

Un jour sans ?

Journée sans voiture, journée sans alcool, journée sans Sarkozy… Toutes les « journées sans » relèvent de la privation volontaire.

Elles sont délibérées : la *journée sans portable*, par exemple, n'est pas une journée où l'on a égaré son portable ni qui en bannit l'usage, mais une journée où l'on choisit, en toute conscience, de ne pas s'en servir. Autrement dit, la journée sans portable n'est pas une journée sans portable, mais une journée *avec absence de portable*.

L'usage présente en général les « journées sans » comme les outils d'une lutte : contre la tabagie, contre l'hyperconnexion ou contre le tout-voiture. Alors qu'en réalité il ne s'agit pas de combattre ces addictions, mais de les entretenir en y injectant le manque qui leur manque.

Fumer, par exemple, n'est pas évident. Il est difficile d'être fumeur ! D'abord, ça fatigue. Et puis, dans un monde où il y a même des « zones fumeurs » à l'extérieur, la tabagie est devenue une question de volonté. Aussi, pour *rester* fumeur faut-il stimuler sa consommation par ces jeûnes ponctuels qu'on appelle des « journées sans tabac » – où l'on ne pense qu'à ça.

Les humains sont mariés à leurs vices. C'est la raison pour laquelle ils éprouvent le besoin (afin d'éviter le divorce) de les mettre à distance de temps en temps. Les « journées sans » ne sont pas des « journées contre » mais, en réalité, des « journées pour ». Tout comme la vertu, le vice a besoin d'être régulé pour vivre. Personne ne peut être tout le temps fumeur, alcoolique, automobiliste et hyper-connecté. Il faut bien s'arrêter de temps en temps ; et ces « journées sans » – ces petites purges qui donnent bonne conscience – sont juste les outils de régulation qu'une société se donne pour avoir des plaisirs coupables en bon état.

Épicure appelait ça la *métriopathie*, soit le calcul des souffrances attachées à un plaisir. Jouir de l'existence, enseigne-t-il, impose de le faire avec tempérance. Un vrai jouisseur n'est pas un ogre qui s'empiffre sans rémission, mais quelqu'un qui sait reprendre son souffle, introduire du rythme, de la mesure (et donc des « journées sans ») à l'intérieur de ses voluptés, sous peine qu'elles deviennent répétitives, lassantes et tristes. Qu'on ne s'y trompe pas : derrière le rêve d'un jour magique qui nous laverait de nos péchés, il y a le compromis d'un jouisseur intelligent qui pratique l'art souverain de se retenir. Suspendre un vice, c'est l'exciter.

Prosopopée du fumeur

« En novembre, on arrête ensemble ! » C'est le slogan du mouvement Moi(s) sans tabac, qui lance à chaque fumeur le défi d'arrêter de fumer pendant un mois, avec le soutien de ses proches. Et, pour arrêter de fumer, Mois sans tabac met à la disposition des fumeurs un ensemble d'outils qui parlent pour moi : il y a le livret *Je me prépare* (assorti de son agenda), le sticker *Je retrouve la forme, pas les formes*, la roue *Je calcule mes économies*, etc., le tout assorti de promesses qui résonnent comme des menaces : cancer, impuissance, accidents cardio-vasculaires, etc.

L'empathie consiste à se mettre à la place de l'autre, et d'écouter ce qu'il a à dire. Ici, c'est l'inverse : en disant « Je » à la place du fumeur, on se substitue à lui, on décide pour lui et (tout en prétendant être à son écoute) on le prive de parole.

Car, s'il pouvait parler en son nom (ce qui n'est autorisé que s'il est pénitent), le fumeur dirait (peut-être) ceci :

« *Je* suis fumeur. *Je* sais que je me nuis. *Je* m'adonne, délibérément, tous les jours, et plusieurs fois par jour, à une activité que j'adore et dont je sais qu'elle me détruit. Mon vice aura ma peau… Vous me parlez de cancer, d'impuissance, de mauvaise haleine ou d'AVC, mais vous ne m'apprenez rien. Comme dit Ovide, *je vois ce qui est bon pour moi et je l'approuve, et pourtant je fais ce qui est mauvais*. C'est comme ça. Et vous me cassez les oreilles à dire que si je n'arrête pas de fumer je vais mourir, puisque je le sais déjà (d'ailleurs, vous aussi vous allez mourir, alors ne faites pas trop les malins avec le rose imaginaire de vos poumons). Le fumeur est-il fou ? Peut-être. Mais moins que tous ceux qui croient ne jamais mourir en ne fumant pas. Est-il contradictoire ? Certainement. Mais moins que ceux qui prétendent lui rendre sa liberté en parlant à sa place. Est-il dans le déni ? Évidemment. Mais en se suicidant à petit feu, en jouant avec sa vie, il plonge les yeux, courageusement, dans le vertige que vous fuyez du regard en vous persuadant qu'il ne peut rien vous arriver tant que vous ne fumez pas. Et vous qui brassez de l'air (tandis que j'avale de la fumée) vous n'êtes ni plus utiles à la société ni plus vertueux que moi. Vous êtes juste contents de vous, ce qui est toujours ridicule et ne risque pas d'arriver à un fumeur. Bref, je refuse que mes enfants grandissent dans un monde où il est interdit de se nuire. »

Coupable mais pas coupable

Le 19 décembre 2016, la patronne du FMI et ancienne ministre Christine Lagarde a été reconnue coupable de « négligence » par la Cour de justice de la République pour sa mauvaise gestion de l'arbitrage Tapie-Crédit lyonnais. Pourtant, elle a été dispensée de peine. Après le magnifique « responsable mais pas coupable » de Georgina Dufoix (ministre des Affaires sociales au moment de l'affaire du sang contaminé), voici le « coupable mais pas coupable » de Christine Lagarde. Coupable, par négligence, de n'avoir pas étudié toutes les possibilités de recours contre la sentence arbitrale qui accordait 400 millions d'euros à Bernard Tapie, mais pas coupable puisque miraculeusement dispensée de peine par la Cour de justice de la République, au nom de sa « personnalité » et de sa « réputation internationale ».

L'honnêteté (justement) commande de dire que ce verdict est absurde. On est coupable ou on ne l'est pas (d'ailleurs, à mon avis, elle ne l'était pas). Mais être reconnue coupable tout en étant dispensée de peine (parce qu'on a bonne réputation), ce n'est plus un verdict, mais une *indulgence*.

L'indulgence était ce truc miraculeux (ou ce miracle truqué) qui permettait aux autorités épiscopales (sous réserve qu'on se confessât, et qu'on priât selon les intentions du pape) de vous libérer de la peine temporelle qui, sans cela, vous incombe autant qu'à tout pécheur. Évidemment, l'indulgence est très rapidement devenue un commerce, et on ne compte plus les histoires de gens très fortunés qui ont ainsi acheté au comptoir de l'Église le « don de Dieu ». C'est notamment grâce au commerce des indulgences que certains prêtres ont vécu dans le luxe et que, par un système de commissions exorbitantes, le pape Léon X a pu financer la reconstruction de la basilique Saint-Pierre.

Or quelle différence y a-t-il entre l'*indulgence* (qui, le plus souvent contre de l'argent, reconnaît le péché mais dispense de la peine) et la décision de la Cour de justice de la République qui, en vertu d'arguments bidon (comme la « personnalité » ou la « réputation »), reconnaît la culpabilité mais dispense de toute sanction ?

Un tel verdict est le cauchemar de toute personne qui n'a pas renoncé à soutenir les institutions républicaines à l'ère du soupçon généralisé. Avec ce verdict aberrant, la Cour de justice et ses juges du dimanche se sont rendus eux-mêmes coupables de conforter dans leur sentiment tous ceux pour qui nos institutions sont uniquement les outils de protection d'une caste. Comment expliquer que, dans un État de droit, personne (pas même une victime) n'est au-dessus de la loi, quand le sommet de l'État montre spectaculairement le contraire ? Que dire à ceux qui n'ont pas assez bonne réputation pour être remis de leur peine ? Et comment plaider la cause de la République quand sa Cour de justice se prend pour le pape ? De quoi ont l'air ceux qui défendent la loi quand ceux qui l'incarnent permettent qu'on lui échappe ?

Le paranormal n'existe pas

La livraison de *Psychologies magazine* de mars 2016 consacre tout un dossier au « paranormal », dont la revue évoque les « bienfaits inattendus » et les « expériences troublantes ». Or ce qui est troublant n'est ni le thème du dossier ni le fait qu'on y trouve, comme à l'habitude, le témoignage de gens qui communiquent avec le fantôme de leur proche, mais qu'à aucun moment la personne qui se charge du dossier ne rappelle que, par définition, *le paranormal en tant que tel n'existe pas.* Nous ne sommes pas, face au paranormal, comme Jacquouille la Fripouille devant un tube de « pâte à dents ».

Si l'avion, le dentifrice, le smartphone ou l'ordinateur semblent *magiques* à un homme du Moyen Âge, cela ne signifie pas qu'ils sont effectivement magiques mais seulement que l'homme en question n'est pas encore techniquement en mesure de les comprendre ni même de les envisager. Toutefois il n'y a, entre les outils rudimentaires dont cet homme dispose et l'avion ou l'ordinateur, qu'une différence de degré.

Or, le paranormal se présente comme une différence de *nature* (ce qui est tout à fait différent). « Paranormal » n'est pas le nom provisoire de ce que nous ne comprenons pas encore (à la façon dont le « hasard » donne, chez Spinoza, la mesure de notre ignorance[1]) ; le paranormal se présente comme une *qualité* propre à certains phénomènes miraculeusement affranchis des lois de la nature. Comme si on pouvait exister sans endosser les inconvénients de l'existence.

Il ne s'agit pas de nier l'existence des phénomènes dits « paranormaux ». Mais de rappeler que rien n'existe sans cause et que, à ce titre, s'ils existent, alors les phénomènes en question ne peuvent pas être paranormaux. S'il était possible de communiquer avec les morts, on sortirait du paranormal. On ne peut pas à la fois *être possible* et être surnaturel. On ne peut pas simultanément dépendre d'un savoir ou d'une technique et relever d'une mystique, ou d'une croyance. On ne peut pas à la fois dire que le paranormal existe et dire qu'on y *croit* (parce que si ça existe on n'a pas besoin d'y *croire*).

Nul besoin d'être un voltairien militant (ou un « cartésien ») qui pourfend les superstitions pour démonter la notion même de « paranormal ». Il suffit de rappeler : 1) qu'on ne peut pas jouer en même temps sur les deux tableaux de la technique et de la foi, 2) que l'étude du paranormal renseigne sur le caractère des hommes plus que sur l'étrangeté du monde, et 3) que si des phénomènes dits « paranormaux » existent, alors ils ne sont pas paranormaux. Bref, le « paranormal » est un déni de l'existence qui se donne l'ouverture d'esprit pour alibi.

---

1. « Si l'on dit une chose contingente, cela n'a pas d'autre cause qu'en égard au défaut de notre connaissance… » Spinoza, *Éthique*, I, 33, sc1 (trad. Appühu).

Le pompier pyromane

L'opus n° 3 de l'ennéalogie *Star Wars* (*La Revanche des Sith*) raconte la façon dont Anakin Skywalker est devenu Dark Vador.

Or, comme l'ontogenèse récapitule la phylogenèse[1], ce qui advient, dans *Star Wars*, à l'échelle individuelle, se produit également à l'échelle politique et à l'échelle cosmique – ainsi l'équilibre général de la force dépend-il du destin d'un seul homme. L'épisode où Anakin bascule du côté obscur de la force est aussi celui où la démocratie bascule du côté de la dictature : le fourbe chancelier Palpatine (en réalité seigneur sith Dark Sidious) s'y voit remettre les pleins pouvoirs par le Parlement galactique et remplace immédiatement la République par l'« Empire ». Le suicide de la démocratie sous l'effet de la peur y est décrit selon un modèle maintes fois éprouvé dans l'Histoire, où le bénéficiaire du nouveau pouvoir est également à l'origine des catastrophes dont il se présente comme le remède.

---

1. L'ontogenèse décrit le processus de formation d'un organisme, de son apparition jusqu'à sa forme mûre. La phylogenèse se préoccupe de l'espèce tout entière.

Palpatine, qui reçoit les pleins pouvoirs du Parlement galactique (ce qui lui permet d'abolir l'État de droit), est aussi celui qui (sous une autre identité) fomente, de l'intérieur, la sédition dont l'expansion justifie, en retour, l'attribution d'un pouvoir autoritaire. Le tyran est un pompier pyromane.

Palpatine est à l'origine du chaos auquel il met un terme en écrasant tous ses adversaires, comme Hitler est à l'origine de l'incendie du Reichstag qui lui a permis d'anéantir le PC allemand, comme Staline créait de toutes pièces des complots pour organiser des purges, comme Mao dénonçait la corruption des cadres du Parti communiste chinois pour justifier la Révolution culturelle.

On pourrait multiplier à l'infini les cas de figure (dont *Star Wars* est exemplaire) où le peuple, manipulé, lutte sans le savoir pour la suppression de ses droits, au profit d'un tyran qui, lui, se fait passer pour le défenseur, le protecteur et l'avocat des gens qu'il dépouille de leur liberté. Une chose est certaine : on reconnaît à coup sûr un démagogue au fait qu'il (ou elle) souffle sur les braises et noircit le trait pour se donner ensuite le rôle du sauveur.

Faut-il publier *Mein Kampf* ?

Mein Kampf va paraître de nouveau – si ce n'est déjà fait à l'heure où l'on publie ces lignes. Le livre d'Adolf Hitler dont les droits, soixante-dix ans après la mort du dictateur, tombent dans le domaine public fait l'objet d'une édition scientifique et d'une traduction nouvelle, savamment amendée.

Que répondre à ceux qui déclarent, comme Jean-Luc Mélenchon, qu'« éditer, c'est diffuser » et que « rééditer ce livre, c'est le rendre accessible à n'importe qui » ? Qu'en France *Mein Kampf* est déjà largement disponible, accessible en deux clics, autorisé à la vente, et qu'on le trouve ici ou là, en librairie, dans une édition qui date de 1934.

Jean-Luc Mélenchon fait également valoir que « les livres sont écrits pour convaincre », et qu'on peut, à cet égard, devenir nazi en lisant *Mein Kampf* ! Or, à moins de l'être déjà, les 2500 Français qui achètent ce livre chaque année ne deviennent pas 2500 nazis.

Mais il est intéressant que les adversaires de cette publication prêtent explicitement à ce livre la puissance de convertir son lecteur, et soutiennent que le nazisme lui-même ne serait pas apparu si un fou n'avait pas écrit un livre si puissant qu'il a converti à sa cause des millions d'électeurs allemands. Car, si on va au bout de cette logique, si on diabolise ce livre, si on mythifie son efficacité au point d'en exiger la censure, cela signifie qu'aux yeux du mythificateur les conditions sociales, le traité de Versailles, la crise de 1923, la décadence de Weimar, c'est-à-dire tous les facteurs socio-économiques de l'époque, passent *après Mein Kampf* dans la production du nazisme lui-même ! Ce qui est le contraire parfait d'une lecture marxiste de l'Histoire.

Du point de vue d'un marxiste, le choix de porter Hitler au pouvoir est d'abord à mettre sur le compte de la misère sociale. Ce n'est pas par conviction que le peuple adhère au nazisme (le peuple est meilleur que ça), mais pour punir les puissants qui l'ont exploité et qui le laissent dans la misère ! En un mot, le peuple n'est pas responsable de son vote.

Or tenir *Mein Kampf* pour un ouvrage dangereux qu'il ne faudrait pas mettre entre toutes les mains, c'est, tout au contraire, se méfier du peuple lui-même et des réactions que, librement, il peut avoir à la lecture de ce livre. Bref, redouter la publication de *Mein Kampf*, c'est prendre les gens pour des imbéciles.

Peut-on se moquer du *Titanic* ?

Peut-on rire de tout ? et faire de l'humour avec le naufrage du *Titanic ?*

Comme le remarque le philosophe Clément Rosset dans un livre magistral intitulé *Logique du pire*, si affreuse que soit la catastrophe du *Titanic*, elle n'en est pas moins hilarante.

Savez-vous ce que faisait le commandant Smith (seul maître après Dieu sur le *Titanic*) après avoir donné l'ordre d'aller à vitesse maximale, en pleine nuit, sur une mer infestée d'icebergs ? La sieste. Il piquait un petit somme, bien mérité, tandis que son rafiot traversait une mer infestée d'obstacles. Il était aisé de les voir, d'ailleurs, car la nuit était claire et la visibilité excellente. Seulement, à cause d'un retard de livraison, les vigies chargées de surveiller l'Océan ne disposaient pas des jumelles adéquates et, du coup, ont signalé la présence de l'iceberg *après* le choc avec le navire. « Technique de l'avertissement après coup, dont l'effet comique est inusable[1] », observe Rosset.

1. Clément Rosset, *Logique du pire*, PUF, 1971, p. 173.

À cela s'ajoute le fait que, l'après-midi même, le bon révérend Carter avait solennellement invité tous ses fidèles, au cours d'un petit concert spirituel, à prier pour le salut des voyageurs imprudents qui ne traversaient pas l'Océan à bord du *Titanic.*

Quant aux musiciens de l'orchestre – dont l'histoire retient qu'ils jouèrent jusqu'à ce que l'eau glacée les en empêche –, ils se virent intimer l'ordre, tandis que le bateau piquait du nez, d'entonner opportunément quelques cantiques : « Plus près de Toi, mon Dieu, plus près de Toi »…

Sans être drôle, tout est cocasse ici, malgré la tragédie.

Personne n'ose rire, alors qu'objectivement il y a de quoi rire.

Le naufrage du *Titanic* n'est pas seulement la leçon de modestie de la nature à l'homme. Ni l'échec, avant même son triomphe, de la société industrielle. Le naufrage du *Titanic* décrit aussi (et peut-être d'abord) un événement absurde, tant par les circonstances qui l'ont provoqué que par ses conséquences : à 23 heures, un bateau sublime, et, quelques heures plus tard, plus rien.

Le passage au néant, l'engloutissement corps et biens de ce qui, l'instant d'avant, bombait le torse et se sentait invincible relève à la fois du tragique et de la dérision. « La vie de chacun de nous, à l'embrasser dans son ensemble d'un coup d'œil, remarque Schopenhauer, à n'en considérer que les traits marquants, est une véritable tragédie ; mais quand il faut, pas à pas, l'épuiser en détail, elle prend la tournure d'une comédie. […] Pour ne pas nous laisser au moins la dignité du personnage tragique, la fatalité nous réduit, dans les détails de la vie, au rôle du bouffon[1]. »

1. Arthur Schopenhauer, *Le Monde comme volonté et comme représentation*, Burdeau, 1912, t. I, p. 336-337.

D'un bateau, l'autre…

L'évidence est tellement soluble dans la technique qu'on se demande parfois si tous nos « progrès » ne visent pas uniquement à recouvrir ce qui saute aux yeux. L'histoire du bateau que construit Robinson (au début de *Vendredi ou les Limbes du Pacifique*) donne à Michel Tournier l'occasion de décrire parfaitement ce processus de cécité volontaire.

La première intention de Robinson quand il se retrouve livré à lui-même sur l'île qu'il n'a pas encore baptisée Speranza est évidemment de s'enfuir, de rejoindre le continent américain et, avec lui, la civilisation. Or, pour ce faire, il n'y a pas deux solutions : il doit construire un bateau que, par anticipation, il nomme *L'Évasion*.

L'homme se met au travail : dans une clairière, il exhume un tronc de myrte, puis l'ébranche et le taille – une opération sans fin (compte tenu des outils dont il dispose), mais dont il se console de la longueur en se comparant, à son avantage, au prisonnier qui tente de creuser avec ses ongles un trou dans les murs de sa cellule.

Puis, au prix d'efforts surhumains, malgré les coupures, les brûlures, les tavelures et les callosités, contraint à la nudité par les intempéries, il parvient à profiler une étrave avec un couteau de poche. Comme il ne possède ni clous ni vis, il se résigne à ajointer les pièces par mortaises (c'est-à-dire des trous rectangulaires) où s'enfoncent des tenons qu'il taille en trapèzes pour plus de solidité. Et, comme il n'a ni vernis ni goudron pour enduire les flancs du bateau, il fabrique de la glu en recueillant patiemment l'écorce intérieure d'un bois de houx, qu'il découpe en lanières et fait bouillir dans un chaudron pour en tirer un liquide visqueux qu'il répand sur la coque.

Au bout d'une décennie, *L'Évasion* ressemble à un petit bateau jaugeant quatre à cinq tonneaux mais avec un solide mât central, facilement manœuvrable, et une voile en triangle parfaitement adaptée au vent de travers.

Le seul problème est que, tout à son labeur, Robinson a oublié un détail : la coque pèse plus de 1 000 livres, il est impossible de la traîner jusqu'à la mer. Comme il est impossible de glisser des rondins sous la quille pour la faire rouler. La seule solution serait de creuser un canal qui, partant du rivage, rejoindrait le bateau, mais il faudrait pour cela s'enfoncer à mains nues dans la falaise jusqu'à une profondeur de 100 pieds sur plus de 100 mètres de long. Bref, Robinson est (à jamais ?) prisonnier de son île, et le roman, comme la vie, peut commencer.

Comment reconstruire des ruines ?

« Palmyre redeviendra comme avant. » C'est le chef des antiquités syriennes, Mamoun Abdelkarim, qui l'a déclaré le 27 mars 2016 à l'AFP, après avoir constaté l'ampleur des dégâts subis par l'« oasis du désert de Syrie », que les troupes syriennes et russes ont reprise à l'État islamique. On aimerait le croire.

Aucune promesse n'est moins tenable.

Comment reconstruire des ruines ? On peut reconstruire une tour, une maison, un hôpital, un immeuble, une banque, dont l'architecture importe moins que la fonction. Mais comment reconstruire l'objet mort qui ne sert à rien, dont la valeur tient au délabrement et dont les stigmates ne sont beaux que parce qu'ils témoignent du temps ?

Quand les tours du *World Trade Center* se sont effondrées, on a reconstruit quelque chose, une *Freedom Tower* de 541 mètres de haut. Imaginons maintenant que, comme un témoignage, comme le musée d'une tragédie, on ait choisi de laisser quelques ruines telles quelles : si un terroriste s'amusait à détruire, derechef, ces reliques d'une chose déjà détruite, on ne pourrait pas les reconstruire.

On peut parfaitement contrefaire un morceau d'acropole ou la colonne d'un temple, on peut les reproduire dans la même matière, on peut imiter leurs stigmates à la perfection, mais, dans le meilleur des cas, avec ces contrefaçons, nous ne captons du temps que son résultat, que sa dernière forme en date, et non le processus de transformation lui-même dont les ruines sont paradoxalement la mémoire *vivante*.

Une ruine n'est pas un objet.

La ruine est une trace, irremplaçable, dont la forme n'a de valeur que parce qu'elle témoigne, et elle seule, de ce qui s'est passé. Et, de la même manière que la photocopie d'un autographe n'a aucune valeur, ou qu'il est ridicule de demander à un coiffeur de vous décoiffer, on peut toujours refaire les ruines à l'identique mais on ne refera pas *les mêmes*.

On ne rend pas davantage la vie à des ruines qu'à des individus.

Leur destruction n'est pas un meurtre, bien sûr, mais on peut, à coup sûr, parler de mort.

Le temple de Baal, par exemple, dont il ne reste que la porte, est mort d'avoir été détruit. Il ne revivra jamais. Il ne renaîtra pas de ses cendres, quand bien même on le reconstruirait caillou par caillou… pour les mêmes raisons qu'on ne remplace pas l'être aimé par son clone ou son sosie. Dans les deux cas (parce qu'une ruine partage avec l'être vivant le privilège d'être unique), l'espoir est vain. Les ruines sont éternelles, mais elles sont périssables.

Seuls les instants prétendent à l'éternité

En octobre 2015, une équipe d'archéologues italiens a commencé à passer au scanner les restes des habitants de Pompéi – détruite par l'éruption du Vésuve en 79 après Jésus-Christ. Jusqu'à présent, les scanners ne parvenaient pas à voir à travers les moulages sans voir en même temps à travers les squelettes. Désormais, nous pouvons admirer l'excellente santé dentaire des Pompéiens antiques, et nous étonner que beaucoup d'entre eux soient morts sous l'effondrement de leur toit et non à cause des cendres brûlantes. Mais les renseignements qu'offre cette étude ne sont qu'utiles et relèvent de l'anecdote. L'essentiel était déjà sous nos yeux quand on regardait les moulages eux-mêmes.

Qu'est-ce qu'une vie ? Un ensemble d'initiatives et de réactions, de décisions et de déceptions auxquelles, sur le moment (et parfois même au-delà), chaque individu accorde une importance excessive, avant que l'immense majorité d'entre nous ne rejoigne, comme dit Proust, la longue série des jours oubliés. Et puis, par éclats, comme des bulles d'air dans la pierre, une vie distille aussi des gestes gratuits qui échappent à leur auteur mais qu'un témoin, artiste, parvient à fixer au bout de son burin. Un sourire, une réplique, un adieu, un haussement d'épaules, le regard qu'on adopte quand on feint de reconnaître quelqu'un… et les gens qui s'agitaient avant de mourir pour des enjeux eux-mêmes périssables se voient soudain éternisés en un mouvement qui était, sans qu'ils se sachent, le vrai sens de tout cela.

De ce point de vue, Pompéi est un rêve d'artiste. Et il n'est aucun besoin de scanner pour s'émerveiller de ces corps saisis dans une pose à laquelle toute leur existence, à leur insu, les a conduits.

La femme qui protège son enfant, cet homme face contre terre ou celui qui se masturbe sont à jamais ce qu'ils étaient dans l'instant. Le touriste qui, tel Néron devant la ville en flammes, contemple ces morts à vif, figés dans un mouvement qui n'était pas le dernier, est un enfant à qui un vieux cataclysme apprend à regarder.

Et si – ce qu'on apprend lors d'une longue discussion avec le narrateur, dans *Le Temps retrouvé* – le baron de Charlus espère, en secret, la défaite des Français dans le conflit qui les oppose aux Allemands, ce n'est pas (seulement) parce qu'il est le fils d'une duchesse de Bavière, mais aussi et d'abord parce qu'il rêve, en artiste, « que la lave de quelque Vésuve allemand (leurs pièces de marine ne sont pas moins terribles qu'un volcan) vienne les surprendre à leur toilette et éternise leur geste en l'interrompant […]. Mme Molé qui allait mettre une dernière couche de fard avant d'aller dîner chez une belle-sœur, ou Sosthène de Guermantes finissant de peindre ses faux sourcils [...] la frivolité d'une époque quand dix siècles ont passé sur elle est digne de la plus grave érudition, surtout si elle a été conservée intacte par une éruption volcanique ou des matières analogues à la lave projetées par bombardement[1] ».

1. Marcel Proust, *À la recherche du temps perdu*, vol. VII, *Le Temps retrouvé* (1927).

Un genre de guerre mondiale

> « Je comprenais maintenant pourquoi tout à l'heure, quand je l'avais vu sortir de chez Mme de Villeparisis, j'avais pu trouver que M. de Charlus avait l'air d'une femme : c'en était une ! »
>
> Marcel Proust,
> *Sodome et Gomorrhe*

« La théorie du genre est l'une des armes de la guerre mondiale pour détruire le mariage », a déclaré le pape François, début octobre 2016.

Guerre mondiale. Jusqu'ici l'expression était réservée aux carnages qui ont fait des dizaines de millions de morts. Quand on est l'intercesseur du « verbe incarné », c'est avec prudence qu'on manipule les expressions.

À sa décharge, le pape François se représente une guerre mondiale invisible, puisqu'il éprouve le besoin d'en informer le monde. Or qu'est-ce qu'une guerre invisible ? Une guerre sans déplacement de troupes ni déclaration de guerre, mais mondiale et pourtant secrète ? Un complot. Parler de « guerre mondiale », c'est offrir au complotisme la tribune de la basilique Saint-Pierre. D'autant que, comme dans tout complotisme, c'est l'amalgame et la confusion qui règnent. Que sous-entend ici le pape François ? Que la *théorie du genre*, alliée au *lobby homosexuel*, gangrène les plus hautes sphères de l'État et répand ses paroles méphitiques jusque dans les manuels scolaires.

Certains diront qu'il a tort, et que la théorie du genre ne figure pas dans les manuels scolaires. Pourtant, ce sont eux qui ont tort. La théorie du genre (qui distingue le *genre* de quelqu'un de son sexe) apparaît pour la première fois dans le *Banquet*, de Platon, à l'occasion du discours d'Aristophane qui raconte qu'au commencement nous n'étions pas des individus mais des boules, avec deux têtes, quatre bras, quatre jambes et deux sexes, et que c'est Zeus qui, d'un coup de foudre, nous a séparés de nous-mêmes et donné le désir insensé de ne faire qu'un avec l'autre, *qu'il soit homme ou femme*.

La théorie du genre refait surface ensuite, notamment dans *Le Rêve de d'Alembert*, de Diderot, où le médecin (Bordeu) explique à Mlle de Lespinasse que « la femme a toutes les parties de l'homme, et que la seule différence qu'il y ait est celle d'une bourse pendante en dehors, ou d'une bourse retournée en dedans ». Autrement dit, que la différenciation des sexes eux-mêmes est un effet de la culture.

Enfin, la théorie du genre est omniprésente dans *À la recherche du temps perdu*, dont presque tous les personnages ont (conformément à la théorie) un destin qui échappe à la forme de leur sexe. Pour n'en citer qu'un seul, le baron de Charlus est (en apparence) un homme épris de virilité, mais c'est en réalité « une femme », une vraie femme, non pas au sens où il aurait le sexe d'une femme, mais au sens où il a, comme dit sa belle-sœur, un « cœur de femme » et appartient « à la race de ces êtres, moins contradictoires qu'ils n'en ont l'air, dont l'idéal est viril, justement parce que leur tempérament est féminin[1]. »

Faut-il, aux yeux du pape François et dans ce contexte de « guerre mondiale », interdire l'enseignement de Platon, Diderot et Proust à l'école ?

---

1. Marcel Proust, *À la recherche du temps perdu*, vol. IV, *Sodome et Gomorrhe*, t. I (1922).

Le contrôle sexué

À l'entrée des stades, des concerts et des *fanzones*, dans l'immense majorité des cas désormais les femmes sont systématiquement contrôlées par des femmes et les hommes par des hommes. Ce qui serait une bonne chose (personne ne s'indignera qu'une femme exige d'être contrôlée par une femme – l'inverse étant quand même nettement plus rare) si ce n'était qu'un droit, mais désormais c'est une contrainte. Vous n'avez plus le choix. Si vous êtes une femme, vous aurez une femme. Si vous êtes un homme, vous aurez un homme. Et, pour le coup, ça pose quelques problèmes de genre.

D'abord, un problème technique : que fait-on des transsexuels et des hermaphrodites ? Qui les contrôle ? Que fait-on d'une transsexuelle qui n'est pas opérée ? On réserve la zone mammaire à la dame, et le coin du slip au monsieur ? Et si une femme préposée au contrôle décide qu'une transsexuelle opérée *était* un homme et que, par conséquent, c'est à son collègue (et pas à elle) de le/la contrôler, qu'est-ce qu'on lui répond ? Qui s'y colle ?

Mais la vraie difficulté de ce dispositif faussement respectueux est la négation de l'homosexualité. Si l'enjeu est de lutter contre les incivilités consécutives au mélange des sexes (plus simplement : d'éviter qu'un type ne palpe un peu trop la dame qu'il est en train de palper), alors c'est complètement inefficace. Depuis quand le fait d'être contrôlé par un homme quand on est un homme, ou par une femme quand on est une femme est-il une garantie contre les incivilités ? Comme s'il n'y avait pas de pervers chez les homosexuels. Ni de gens (de votre sexe) qui profitent de la situation pour se faire un petit plaisir à vos dépens. Comme si, l'homosexualité n'existant pas, il suffisait d'obliger les personnes à être fouillées par des gens de même sexe pour qu'elles soient miraculeusement préservées du danger… Alléluia !

Certains font valoir que ce n'est pas tant pour lutter contre les incivilités qu'on sépare au contrôle les gens selon leur sexe, mais parce qu'il est finalement plus *naturel* qu'on soit palpé par une personne de son sexe. *Naturel*, c'est le mot ! Ce dispositif n'est une conquête ni de l'égalité ni du respect, mais de la *nature* – ou de l'idée qu'on s'en fait, c'est-à-dire une séparation radicale et essentielle entre l'homme et la femme. On a parfaitement le droit de penser ça. Mais je ne suis pas certain que ce soit la vision du monde des promoteurs de ce dispositif.

L'obligation d'être contrôlé par un homme quand on est un homme et par une femme quand on est une femme est une reculade qu'on tient pour une conquête, un enfermement qu'on prend pour du respect, une défaite de l'indifférence à laquelle tout citoyen a droit, bref, un archaïsme au nom du progrès comme seul le XXIe siècle est capable d'en produire.

L'égalité recule chaque fois qu'on l'impose.

Lapsus et arrière-pensées

La langue d'Édouard Philippe a fourché, en mars 2018, devant le monde du rugby au grand complet, réuni à l'occasion du lancement officiel du comité d'organisation de la Coupe du monde de rugby 2023. Au lieu de dire « la France est une nation qui veut continuer à susciter des grands champions », le Premier ministre a déclaré : « La France est une nation qui veut continuer à *sucer* de grands champions… »

Comme un blessé refuse d'admettre qu'il a pris une balle et fait encore quelques pas, ou comme un coyote de dessin animé refuse d'admettre qu'une fois de plus, dans sa hâte à capturer Bip-Bip, il s'est retrouvé dans le vide (et attend de tâter, de son pied, l'absence de sol pour enfin tomber), Édouard Philippe a continué quelques secondes à parler *après* son lapsus, avant d'éclater de rire.

Il faut dire… Quel classique ! De Rachida Dati (qui avait confondu *inflation* et *fellation* en avril 2011) au pape François lui-même (qui, *urbi et orbi*, voulant dire *in questo caso*, avait prononcé *in questo cazzo*, en mars 2014, à la terrasse de la basilique Saint-Pierre), le lapsus sexuel est le plus répandu de tous.

Pour une raison simple : le sexe est la chose à laquelle nous pensons le plus souvent tout en étant la chose à laquelle nous reconnaissons le moins que nous avons pensé ! Avec le sexe – qu'on adore et qu'on redoute –, les deux conditions du lapsus (qui sont le désir *et* sa frustration) sont comblées. Le sexe est un vivier de lapsus. On en rêve (presque) tout le temps et on ne le montre (presque) jamais ! Il nous obsède et nous fait honte. Nos pensées sont comme la lune, elles ont une fesse cachée. Là est le lapsus : quand la ressemblance des mots fend le filtre qui sépare ce qu'on dit de ce qu'on pense, peut-être.

Cela ne signifie pas pour autant que tout lapsus dit le fond des pensées.

Mais que tout lapsus se présente *comme une arrière-pensée*.

Quand Édouard Philippe – songeant peut-être (ou pas) à l'album des dieux du Stade – dit « *sucer* des champions » pour « *susciter* des champions », il n'est pas besoin de traquer dans les profondeurs de son inconscient les secrets d'un tel écart de langage. Le contexte y suffit. Quand Dominique de Villepin, Premier ministre exsangue en pleine querelle du CPE (mars 2006), déclare (devant des députés hilares) que le Conseil constitutionnel rendra bientôt sa *démission* (au lieu de *décision*), quand Pierre Moscovici (qui eût préféré soutenir Dominique Strauss-Kahn en 2012) invite les Français à se rendre sur « Toutsaufhollande.com » (au lieu de la plateforme participative « toushollande.fr », ou quand Jean-Luc

Mélenchon[1], voulant préciser qu'elle est *antiraciste*, présente Danièle Obono comme une militante *antisémite*, l'auditeur accueille leur lapsus avec sourire et bienveillance, car on pressent un aveu dans ce dérapage. Quand fourche une langue de bois, on a l'impression que – pour une fois – les politiques disent vraiment quelque chose d'eux-mêmes, et que le langage nous fait, exceptionnellement, l'aumône d'une véritable idée derrière la tête. « Le psychanalyste est un linguiste penché sur des hiéroglyphes, écrit Lacan : il apprend à déchiffrer l'écriture qui est là, sous ses yeux, offerte au regard de tous…[2] » Or, il arrive que, par la grâce d'un lapsus, un hiéroglyphe se mette tout seul, comme on prend vie, à donner l'impression qu'il dévoile, comme on se déshabille, la signification qu'il avait enclose dans sa forme.

Rien n'est plus réussi, ni précieux, qu'un acte manqué.

---

1. Face à Léa Salamé, le 30 novembre 2017, dans « L'Émission politique ».

2. Lacan, « Fonction et champ de la parole et du langage en psychanalyse », *in Écrits*, Seuil, 1966.

L'œuf ou la poule ?

Le paradoxe de l'œuf et de la poule est aussi simple qu'insoluble.

Qui est apparu en premier ?

Si vous répondez « La poule », on vous demandera d'où elle vient.

Si vous répondez « L'œuf », on vous demandera qui l'a pondu.

Une telle question, immédiatement abyssale, ressemble à deux miroirs qui se font face, et dont chaque reflet est lui-même indéfiniment reflété (toute poule supposant un œuf, et tout œuf impliquant une poule). Les grandes alternatives métaphysiques sont d'abord des choix de vie : le choix de l'œuf ou de la poule (comme fait premier) dépend uniquement du caractère.

Tout est contenu dans l'œuf. L'œuf est plein comme un œuf. Et il est tout neuf ! Il contient le couchant et l'aurore. L'œuf désigne l'*être* avant l'*existence*, ou l'existence en germe, dont les péripéties ne sont que le déploiement de ce qui est contenu dans l'œuf (à la façon, dirait Leibniz, dont le franchissement du

Rubicon était contenu dans l'essence de César[1]). Par conséquent, si vous choisissez de penser que l'œuf est premier, vous êtes du côté de ceux qui croient que le monde a une origine, ou que tout est écrit à l'avance et qu'en agissant nous ne faisons que déployer le grand rouleau où nos actions (passées ou à venir) sont déjà consignées. En un mot, vous êtes déterministe.

Si l'on choisit la poule, les priorités s'inversent : l'œuf contient l'avenir, tandis que la poule crée le sien, à chaque instant, au gré de ses rencontres ! L'œuf ne laisse aucun autre choix que la « parfaite liberté », comme dit Leibniz, d'accomplir le dessein qu'il intime à ses monades : l'œuf est en amont de la vie, alors que le monde est déjà là quand la poule y fait son apparition.

Logiquement, l'œuf est premier, mais *chronologiquement*, c'est la poule.

L'œuf est hors du temps, la poule est toujours *en situation*.

L'œuf est immuable ; il est ce qu'il est. Alors qu'une poule devient ce qu'elle veut.

L'œuf n'a jamais le choix, tandis que la poule peut tout !

Si on ne l'étouffe pas dans l'œuf, la poule est libre de se maquiller, ou pas.

---

1. Leibniz, *Discours de métaphysique* (1686), chap. XIII : « La dictature future de César a son fondement dans sa notion ou nature, [...] on y voit une raison pourquoi il a plutôt résolu de passer le Rubicon que de s'y arrêter, et pourquoi il a plutôt gagné que perdu la journée de Pharsale, et qu'il était raisonnable et par conséquent assuré que cela arrivât. »

Elle peut changer de coq, ou changer de poule, porter des boucles d'oreilles, un string, un niqab ou même un string sous son niqab !

Et, surtout, la poule peut faire un œuf quand elle veut (en particulier dans les pays civilisés où une poule a le droit de *ne pas garder* son œuf).

Bref, contrairement à l'œuf, le monde tend les bras à la poule. Et si c'est elle que vous choisissez, alors, en un mot, vous êtes existentialiste.

L'œuf ou la poule ?

Le destin ou l'aventure.

La conjuration du silence

> « La cour recueille le fracas, l'écho tourne autour de l'ombre. Les enfants dans l'horreur glapissent. Ils découvrent tout ce qu'il y a dans papa et maman ! »
>
> Louis-Ferdinand Céline,
> *Voyage au bout de la nuit*

« Les voisins n'ont pas osé parler. Je ne jette la pierre à personne. Mais si quelqu'un sait des choses, il faut le dire maintenant », a déclaré, en novembre 2016, le procureur de la République de Reims, Matthieu Bourrette, quatre jours après la mort du petit Tony, 3 ans, tué sous les coups du conjoint de sa mère.

Et il est vrai que les voisins ont tout entendu. Trois mois d'un lent assassinat. L'un d'entre eux raconte même, en détail, que, quand le petit faisait pipi au lit, le beau-père lui mettait le nez dedans aux cris de « Ta gueule dans ta pisse ». Ils ont vraiment tout entendu : beau-papa qui s'éclate sur le petit qui braille, pendant que maman laisse faire ou regarde, avec intérêt. Tandis qu'au même moment les voisins d'à côté (ou du dessous) élèvent un peu la voix, sans se l'avouer, pendant le dîner, car leur discussion est couverte par le boucan des coups et des injures. Mais bon, on s'y fait. « On a prévenu les gens à prévenir », assure, pour sa défense, le voisin qu'on interroge. Autant dire qu'ils ont appelé le bailleur, qui n'est pas venu et leur a dit de ne pas appeler la police. Alors ils n'ont pas insisté. Ils ont acheté des boules Quies.

Tout le monde est lâche. Tout le monde est misérable. Personne ne peut juger personne. À commencer par ceux qui, pour se rassurer, font comme si le pauvre petit Tony était tombé dans le seul immeuble de France dont les habitants sont délibérément sourds. Non. Tous les immeubles sont comme ça. Tous les voisinages pratiquent la grande conjuration du silence. Le seul complot qui existe vraiment : le complot spontané des gens qui, sans se connaître, s'accordent à faire, de concert, la sourde oreille, non parce qu'ils s'en fichent (aucun homme ne se moque du sort d'un enfant), mais parce qu'ils se sont spontanément tous entendus pour ne rien entendre.

L'excellent film de Lucas Belvaux, *38 témoins*, offre un reflet fidèle à ces voisins discrets qui nous ressemblent. Ils n'ont pas entendu, disent-ils, les cris d'une femme qui a été assassinée sous leurs fenêtres. Or il est impossible de ne pas l'avoir entendue ! Et l'un d'eux (interprété par Yvan Attal), l'émissaire d'une lâcheté collective, dont le crâne est « fracassé » par le souvenir des cris de cette femme, finit par dire l'inaudible, confesse le silence qui le hante, que tous partagent à mots couverts… et suscite la haine générale. Non parce qu'ils se sentent coupables, mais parce qu'il a brisé une loi du silence plus puissante que n'importe quelle omerta. L'omerta est délibérée, alors qu'en la circonstance le silence est spontané. On ne veut tellement pas entendre qu'on ne veut même pas se dire qu'on ne veut pas entendre. Et ce qui remonte à la surface quand l'un des voisins prend la parole va beaucoup plus loin qu'une responsabilité collective. C'est le vacarme infernal de l'indifférence ordinaire, le crime collectif de lâcheté pris sur le fait.

Confucius et le début de la vie

« Chaque homme a deux vies et la deuxième commence quand il s'aperçoit qu'il n'en a qu'une. » C'est par cette phrase de Confucius que, début 2016, Laurent Fabius a répondu à Jean-Pierre Elkabbach qui lui demandait s'il regrettait d'avoir renoncé à être un jour président de la République. Or c'est également du Confucius que l'on trouve en épigraphe du livre de Nicolas Sarkozy, *La France pour la vie (« L'archer est un modèle pour le sage. Quand il manque le milieu de la cible, il en cherche la cause en lui-même. »)*. Comment comprendre que la même pensée soit invoquée par deux hommes *sur le retour* (l'un parce qu'il renonce, l'autre parce qu'à l'inverse il tente de revenir) ?

« Chaque homme a deux vies et la deuxième commence quand il s'aperçoit qu'il n'en a qu'une » : vient d'abord la vie où nous croyons que nous avons plusieurs vies, que le plus important n'a pas encore commencé, que notre existence est cernée par les possibles et qu'en somme, avec un peu de talent, on pourrait presque revenir sur nos pas. Ce n'est pas vraiment la vie, mais plutôt la survie, la vie selon le regret, ou l'espoir (ce qui revient au même). Puis vient la vie vraiment vécue (la vie qui fait son deuil de toutes les autres vies), l'existence augmentée par la mort de l'espoir, une vie plus vieille mais une vie selon la plénitude et non plus selon le manque. Pour le dire simplement : qui veut changer de vie doit commencer par accepter qu'il n'en a qu'une – ce qui, parfois, prend toute la vie.

Mais quel rapport entre cette phrase, effectivement géniale, et la citation que donne Nicolas Sarkozy : « L'archer est un modèle pour le sage. Quand il a manqué le milieu de la cible, il en cherche la cause en lui-même » ? Ce n'est pas difficile.

Quand on sait (*ie* quand *on sent*) qu'on n'a qu'une vie, on cesse aussitôt de faire au monde le procès de ce qu'il est, et de chercher ailleurs qu'en soi-même les raisons d'un échec. Surtout : on cesse de remplacer le présent par l'avenir en privilégiant le but qu'on se donne sur la démarche qu'on adopte. Chez Confucius, cette nouvelle ascèse prend la forme de la parabole de l'archer (reprise par Sénèque : « L'important n'est pas le cœur de la cible, mais la rectitude du geste », et Montaigne, d'une certaine manière : « Ce qui compte dans la chasse n'est pas le gibier, mais la chasse elle-même. »).

Confucius est le philosophe d'un désir tardif, mais d'un désir *retrouvé*, d'un désir moins vif, mais d'un désir plus profond. Au-delà du lien entre ces deux citations, c'est leur tonalité crépusculaire qui frappe l'oreille – au sens où le crépuscule (parce qu'on peut y regarder le soleil en face alors qu'il semble encore briller de tous ses feux) se vit lui-même, bien souvent, comme le contraire de l'obscurité. Confucius est le philosophe des gens qui voient venir la nuit.

Nous sommes seuls dans l'Univers

> « Combien de gens augmentent votre solitude en venant la troubler ! »
>
> Sacha Guitry, *Toutes réflexions faites*

Un Français sur dix est « seul », dit le Credoc (en 2016). Quel optimisme ! Faut-il se méprendre, en profondeur, sur le sens du mot « solitude » pour croire que celle-ci est supprimée quand elle est interrompue ?

S'il suffisait de ne voir personne pour être seul, la solitude serait soluble dans la rencontre. Ce serait merveilleux. La réalité est plus simple : dix Français, dix humains sur dix sont seuls. Tout le monde est seul. La chanson, comme les statistiques, confond la solitude et l'isolement. Mais croire qu'on est seul parce qu'on ne voit personne, c'est méconnaître la solitude. On est seul parce que tout homme naît, vit, pense, jouit, mange, aime, désire et pleure seul.

Il y a deux solitudes : la première dépend de la vie qu'on a (et du fait, ou non, d'avoir des amis), la seconde (à laquelle la première est propice) est l'expérience de l'existence elle-même. Du point de vue de la solitude quantifiable (et mise en statistiques), l'ermite est plus seul que le mondain. Du point de vue de la profonde solitude qui suit comme son ombre le fait même d'être vivant (et d'avoir à mourir), l'un et l'autre sont à la même enseigne.

Quand on parle de la solitude comme d'un *drame*, ce n'est pas de la solitude elle-même qu'on parle mais de l'*esseulement* qui fait saillir la solitude. Ce qu'on appelle ordinairement « solitude » n'est pas exactement la solitude, mais la *conscience de la solitude* qui vient à ceux dont la vie ne maquille pas la solitude. Le monde ne se divise pas entre ceux qui sont seuls et ceux qui ne le sont pas, mais entre ceux qui savent qu'ils sont seuls (parce qu'ils n'ont personne pour les distraire de cette idée) et ceux qui (voyant du monde) se sont donné les moyens de ne pas le sentir.

La solitude n'est pas un drame. La solitude est une tragédie, qui décrit la condition humaine dans son ensemble : le drame, c'est d'avoir la tragédie sous les yeux. On ne lutte pas contre la solitude, on la cache.

L'une des façons de recouvrir la solitude (et la plus vendeuse) consiste à se demander en tremblant, à intervalles réguliers – à l'occasion d'une gouttelette sur Mars ou d'un peu de carbone sur un astéroïde –, si « nous sommes seuls dans l'Univers ». Question absurde, qui présume que la solitude est soluble dans un contact.

Quoi qu'on découvre sur Mars ou ailleurs, que les Ovnis soient ou non de vraies soucoupes volantes, que la Terre soit un îlot bavard dans un océan de silence ou qu'en réalité l'Univers regorge de civilisations somptueuses, nous sommes et nous restons incurablement seuls dans l'Univers. L'homme est aussi seul à plusieurs que tout seul.

L'espèce de solitude à laquelle tout humain est confronté (parce qu'il est né par hasard et que personne ne va disparaître à sa place) n'est pas amoindrie mais accrue dans la présence d'un autre – que cet autre soit votre voisin de palier ou E.T. « Sommes-nous seuls dans l'Univers ? » Bien sûr que oui. Mais l'Univers n'y est pour rien, et rien de ce qu'il peut nous offrir n'est de nature à combler cette solitude. Même si l'Univers était plein de vie, nous y serions seuls comme on l'est au milieu d'une foule.

Un seul être vous manque, et tout est dépeuplé…

C'est *le* seul vers de Lamartine que tout le monde connaisse (sans toujours savoir qu'il est de lui) : « Un seul être vous manque, et tout est dépeuplé. »

Imaginez que, comme la Julie de Lamartine, l'objet de votre amour succombe ; imaginez que celle qu'on ne rencontre qu'une fois meure soudain, brutalement, de la tuberculose et que, malgré la catastrophe, le soleil continue de se lever, les enfants continuent de rire, le temps continue de passer, l'*actu* continue de faire la roue, bref, tout continue.

C'est insupportable. Et, pourtant, c'est le cas.

Le monde se moque éperdument de la tristesse qui vous hante.

Les oiseaux chantent de la même façon, les humains sont aussi égoïstes que la veille ; en un mot, le réel en personne s'attache à faire *comme si de rien n'était*. C'est en ce sens que Lamartine peut dire : « Un seul être vous manque, et tout est dépeuplé », c'est-à-dire vidé de tout ce qu'il y mettait lui-même, de tous les ornements, les chimères, les plaisirs et les jours dont il avait truffé l'existence pour la rendre vivable, et au premier rang desquels figure le sentiment amoureux.

Rien n'a changé… sauf le regard que je pose sur le monde ! Rien n'a changé, mais la tristesse a dénudé le réel et révélé son insensibilité. Le monde « dépeuplé » de Lamartine est un univers sans oreille ni but, sans Dieu ni sens, sans rien qui rassure ni qui mente, un monde où les amours meurent et les oiseaux chantent quand même. Rien n'a changé, le monde est identique, bien sûr, mais comme on a le cœur battu, on ne peut pas s'empêcher de penser que le monde nous joue un mauvais tour, ou qu'il s'est soudain *converti* à l'indifférence.

Certes, le monde ne s'est pas converti, mais il est (depuis toujours) indifférent à ce qui nous arrive. Seulement c'est plus facile à dire qu'à vivre.

Plus qu'indifférent, le monde est idiot.

On pleure, on prend la pose, on fait des vers et le monde s'en fout.

C'est ce que Camus appelle l'« expérience de l'absurde ».

Or une telle expérience, quand ce sont le deuil et le chagrin qui l'imposent, est toujours vécue comme une trahison. Comment le monde ose-t-il se taire alors que j'ai tant de peine ? C'est toute la différence entre l'absurde (camusien) et le romantisme (de Lamartine) : l'absurde accepte que le monde ne parle pas et voit dans ce silence profond de quoi remplir, paradoxalement, le cœur d'un homme (sinon d'espoir, en tout cas d'énergie). Le romantisme, à l'inverse, stupéfait que le monde se taise alors qu'on souffre tellement, éprouve encore le besoin de *prêter une intention à ce silence*. Le monde *doit être* méchant de ne pas nous consoler. Parce que, s'il est méchant, c'est qu'il n'est pas complètement silencieux.

Peu importe : le monde reçoit nos prières comme un rocher reçoit des caresses.

La mort des Martiens

Schiaparelli ne répond plus.

Le petit module qui s'est posé sur Mars le 19 octobre 2016 n'a plus donné signe de vie après son atterrissage. Mais, enfin, comme ses prédécesseurs, il s'est posé sur la planète rouge. C'est presque une habitude, désormais, d'aller sur Mars, tantôt pour y déposer une petite voiture qui fait des photos panoramiques, tantôt pour y envoyer (comme cette fois-ci) un petit *module* avec minitrépan. Mars est à portée de pied. Le film *Seul sur Mars* n'est pas un film qui nous fait rêver mais un film qui nous y fait croire : tout ce qu'on y voit obéit à la plus grande rigueur technique, il ne s'agit plus de science-fiction, mais d'une fiction scientifique.

C'est la fin des Martiens, des petits hommes verts et de leur soucoupe. Avant qu'on s'y balade et qu'on la perce, Mars était *comme la Perse.* Un monde si lointain que l'imagination pouvait y loger n'importe quoi.

Roland Barthes lui-même a parlé des Martiens dans ses *Mythologies*[1]. À l'époque (1995), on ne savait rien,

1. Roland Barthes, *Mythologies* (1957), « Martiens », *op. cit.*, p. 42-46.

ou peu de chose sur Mars. Et Barthes raconte que le mythe de Mars permettait de recourir « à un regard céleste » assez puissant pour intimider les États-Unis et l'URSS, « une surnature au niveau du ciel, qui tient en respect les camps qui se disputent le Bien et le Mal ». Barthes a des lignes fantastiques (et érotiques) sur la forme des soucoupes, « la rondeur de l'engin, le lisse de son métal, et cet état superlatif du monde que serait une matière sans couture ». Mars, dit-il, « était une terre rêvée, douée d'ailes parfaites » : eh bien, c'est fini ! La peau rouge est morte. Désormais, la planète Mars, on la connaît, et, comme dit Barthes, « si nous débarquions à notre tour en Mars telle que nous l'avons construite, nous n'y trouverions que la Terre elle-même [...] la Terre petite-bourgeoise, le petit canton de mentalité cultivé par la grande presse illustrée ».

On a perdu la planète Mars en s'en approchant. Plus elle devient concrète, plus la planète disparaît. On est passé des petits hommes verts à l'improbable hypothèse d'une vie microbienne, à la façon dont un enfant trouve minuscules (quand il y revient à l'âge adulte) les lieux qui lui semblaient immenses quand lui-même était petit.

Mars était un incarnat dans un ciel sans fond, désormais c'est un caillou sur lequel on va bientôt marcher. Et ce que va vivre l'humanité ce jour-là, passé l'enthousiasme, ressemble au deuil que vit tout lecteur de Marcel Proust quand il découvre les vraies chambres de l'écrivain, et que, les comparant dans sa mémoire aux chambres sublimes que Proust a décrites dans son livre, la phrase qui lui vient alors est juste : « Comment ? Tout ça pour ça ! » La connaissance est l'exil de l'imagination.

Le vrai Proust

L'image est fugace : à la trente-septième seconde d'un film de 1904, on croit apercevoir la silhouette en mouvement du grand écrivain.

Ou alors, si ce n'est pas lui, c'est un parfait sosie de Marcel Proust, vêtu (comme lui) d'un chapeau melon et d'un costume gris perle, et présent (comme lui) au mariage d'Élaine Greffulhe (d'où le film est issu), célébré le 14 novembre 1904, en l'église (qui plus est) de la *Madeleine* !

Le spectacle anodin de ce jeune homme à moustache, qui descend les marches de l'église entre les duchesses et les valets, est la seule image mobile connue du grand écrivain. Tout amoureux de Proust se trouve, devant cette image, dans la position du paléontologue qui, après avoir travaillé toute sa vie sur des fossiles, apercevrait un tyrannosaure vivant sur un film de vacances.

Mais, passé la stupeur, c'est immanquablement la déception qu'un lecteur (proustien) de Proust retire de cette apparition.

Dans *À la recherche du temps perdu*, le narrateur (encore petit) se rend au mariage de la fille du

Dr Percepied, à Combray, dans l'unique espoir d'y croiser la duchesse de Guermantes, que, dans ses rêveries d'enfant à la lumière d'une lanterne magique, il s'était longtemps représentée comme la fée d'un vitrail, tissée d'une étoffe plus délicate et baignant dans la lumière orangée de sa dernière syllabe («-antes»). Seulement, quand il entre dans l'église, à la place que la duchesse est censée occuper se trouve une *dame* à la figure rouge et dont le nez trop long est flanqué d'un bouton enflammé.

Or cette usurpatrice est bien la duchesse de Guermantes. Mais – de même que nous nous penchons sur le costume gris perle et la moustache menue du jeune homme qui descend les marches de l'église de la Madeleine pour en déduire qu'il s'agit bien de Marcel Proust – il faut au narrateur toutes les ressources de la logique et du raisonnement pour coller le nom de Guermantes sur cette figure banale, qui le déçoit tellement[1].

---

1. « Tout d'un coup pendant la messe de mariage, un mouvement que fit le Suisse en se déplaçant me permit de voir assise dans une chapelle une dame blonde avec un grand nez, des yeux bleus et perçants, une cravate bouffante en soie mauve, lisse, neuve et brillante, et un petit bouton au coin du nez. Et parce que dans la surface de son visage rouge, comme si elle eût eu très chaud, je distinguais, diluées et à peine perceptibles, des parcelles d'analogie avec le portrait qu'on m'avait montré, parce que surtout les traits particuliers que je relevais en elle, si j'essayais de les énoncer, se formulaient précisément dans les mêmes termes : un grand nez, des yeux bleus, dont s'était servi le docteur Percepied quand il avait décrit devant moi la duchesse de Guermantes, je me dis : cette dame ressemble à Mme de Guermantes ; or la chapelle où elle suivait la messe était celle de Gilbert le Mauvais,

Comment ne pas éprouver, devant l'image mobile de Marcel Proust, la même déception que celle du narrateur devant la duchesse de Guermantes dans *Du côté de chez Swann ?* En vérité, l'expérience que nous faisons avec cette image, Proust lui-même lui donne le nom de « tyrannie du particulier ».

On rêve d'une duchesse au nom médiéval jusqu'au jour où on la rencontre et où l'on se dit : « Mon Dieu, ce n'est que ça... » On rêve d'une église comme d'une œuvre d'art et, soudain, la façade qu'on voulait tellement admirer nous fait penser à une *petite vieille de pierre* dont on pourrait compter les rides. On rêve d'un film de Marcel Proust et on tombe sur un jeune homme en costume qui (comme dirait Sartre) « les vaut tous et que vaut n'importe qui ».

L'image est le tombeau du rêve.

---

sous les plates tombes de laquelle, dorées et distendues comme des alvéoles de miel, reposaient les anciens comtes de Brabant, et que je me rappelais être, à ce qu'on m'avait dit, réservée à la famille de Guermantes quand quelqu'un de ses membres venait pour une cérémonie à Combray ; il ne pouvait vraisemblablement y avoir qu'une seule femme ressemblant au portrait de Mme de Guermantes, qui fût ce jour-là, jour où elle devait justement venir, dans cette chapelle : c'était elle ! Ma déception était grande. Elle provenait de ce que je n'avais jamais pris garde, quand je pensais à Mme de Guermantes, que je me la représentais avec les couleurs d'une tapisserie ou d'un vitrail, dans un autre siècle, d'une autre matière que le reste des personnes vivantes. »

Le roi, le robot et l'oiseau

De tous les personnages stupéfiants du *Roi et l'Oiseau* (le chef-d'œuvre de Paul Grimault, dont Prévert avait écrit le texte), le plus étrange est un robot géant aux pieds plats, soumis, corps et âme, au mauvais vouloir du roi Charles-V-et-trois-font-huit-et-huit-font-seize – un robot qui est moins qu'une personne (puisque c'est un robot) mais plus qu'un automate puisqu'il finit par tuer son maître.

À l'heure du film où le robot apparaît, le roi lui-même a déjà été supplanté par son propre portrait. Au commencement, donc, le robot est une arme de mort au service d'un reflet, qui détruit la ville basse, où, l'instant d'avant, un aveugle musicien cherchait à savoir si le soleil existe…

C'est le robot qui capture la petite bergère et le ramoneur pour jeter ce dernier dans la fosse aux lions. Son sternum est une fanfare désaccordée qui joue la marche nuptiale comme un chant militaire. Tout en cet androïde témoigne d'un monde atroce où les escaliers sont pentus, où partout des trappes vous engloutissent, un monde féodal où il est écrit que les bergères épousent les princes, où des policiers moustachus se déplacent comme des chauves-souris, et où la misère, privée de lumière, est à peine tempérée par l'espoir d'un miracle.

Et, pourtant, le robot change de camp.

Le mariage du roi et de la bergère est interrompu par le soulèvement des félins et, dans le chaos, l'oiseau prend les commandes du robot. Or l'oiseau (qu'on présente souvent comme une figure adorable) est aussi dévoré par la vengeance à l'endroit du roi, qui l'a rendu veuf en s'exerçant au tir. Dès lors, le robot, commandé par une haine légitime, détruit toute la ville et réduit en poussière le royaume qu'il incarnait. Il combat l'injustice par la violence. Ou le feu par le feu.

Or (et c'est la grande limite des processus révolutionnaires) on ne rétablit pas l'équilibre quand on corrige une injustice par une autre. Et c'est ce que *comprend* le robot, juste après avoir accompli son œuvre de mort au nom de la liberté : sur les ruines encore fumantes de la cité royale, le robot titube, s'affale devant un désastre entouré par le vide. Les révolutions sont toujours tristes.

Il a cru bien faire. Et son œuvre est une catastrophe bordée par le néant. Alors il sombre dans la mélancolie, c'est-à-dire l'humanité. Voici le robot sans maître, libre et malheureux, dont le dernier geste est de libérer, de lui-même, sans qu'on le lui ordonne, le petit oiseau qui restait en cage.

L'homme est un casse-tête pour la machine

La machine est-elle plus forte que l'homme ? D'aucuns sont tentés de le dire depuis que le champion du monde du jeu de go, Lee Sedol, a été battu à plate couture par *AlphaGo*, le programme informatique conçu par Google (lors du match en cinq parties qui les opposait, du 9 au 15 mars 2016). On s'était d'ailleurs posé la même question en 1997, quand l'ordinateur *Deep Blue* avait battu Kasparov aux échecs. À dire vrai, l'humanité joue à se faire peur avec cette idée depuis l'histoire du golem[1], en passant par Frankenstein[2], jusqu'au marronnier vicennal d'un ordinateur qui éclate un champion.

Que la machine soit plus forte que l'homme est soit une évidence, soit un non-sens.

Évidemment, la machine est plus forte que l'homme, puisque c'est sa raison d'être. L'homme n'a forgé la machine que pour suppléer sa propre faiblesse. Un marteau est plus solide qu'un crâne. Un

---

1. Fait d'argile, cet être est incapable de parole et dépourvu de libre arbitre. Il est supposé assister ou défendre son créateur.

2. Mary Shelley, *Frankenstein ou le Prométhée moderne* (1818).

tracteur est plus fort qu'une charrue. Un ordinateur est plus puissant qu'un cerveau. En ce sens-là, il n'y a pas de débat.

En revanche, s'il s'agit de dire que l'intelligence artificielle met en échec l'intelligence humaine, une telle évidence devient un non-sens complet. Si *AlphaGo* l'emporte sur le champion du monde, c'est que, dans la liste des coups dont l'ordinateur dispose (et dans la liste des parties qu'il déduit des parties qu'il connaît), se trouvent tous les coups du champion du monde. Du coup, le joueur n'est pas battu par plus fort que lui, il est juste battu par plus nombreux.

Même s'il gagne la partie, un ordinateur est incapable de concevoir la *liberté* qu'il faut pour élire une stratégie aux dépens d'une autre. Dire de l'ordinateur qu'il est plus fort que l'homme, revient à mettre sur le même plan une puissance de calcul qui prévoit *indifféremment* l'ensemble des possibilités, et la décision toute simple qui vaut à un homme d'adopter, soudain, telle stratégie plutôt que telle autre autre. *AlphaGo* peut l'emporter sur le champion du monde, mais *AlphaGo* n'est pas un joueur de go ! Même quand il en prévoit toutes les conséquences, aucun programme n'arrive au talon d'une décision.

Une machine peut tout saisir mais ce qu'elle attrape est déjà mort.

Une machine peut tout expliquer mais elle ne *comprend* rien.

Une machine peut tout gagner, mais ce sont de fausses victoires.

Une machine peut tout faire mais elle n'*hésitera* jamais.

Bref, une machine peut tout prévoir… sinon l'*étincelle* d'où sont nées toutes les parties de go qu'elle a (ensuite) bêtement apprises.

Peut-on tomber amoureux d'un robot ?

C'est la question que pose, dans le rapport Delvaux[1] (remis en février 2017 à la commission juridique du Parlement européen, et qui réclame des règles européennes en matière de droit des robots), le projet d'une charte visant à « empêcher les personnes de devenir émotionnellement dépendantes de leurs robots ». Quelle drôle d'idée…

On peut (et on doit) se réjouir qu'on crée des règles à l'échelle européenne en matière de robotique, qu'on rédige un code de conduite éthique, et qu'on se pose la question redoutable de la responsabilité en cas d'accident causé par un robot. Mais pourquoi diable empêcher les gens de tomber amoureux ? ou bien d'aimer, du fond du cœur, l'automate qui est à leur dévotion ? Pourquoi s'en prendre à ça ?

N'y a-t-il aucun sens à tomber amoureux d'un robot, sous prétexte qu'un robot n'est pas une personne ? que son cœur est une batterie, et que ses

---

1. Du nom de la députée européenne Mady Delvaux, qui appartient au groupe de l'Alliance progressiste des socialistes et démocrates au Parlement européen.

émotions sont des programmes ? Qui vous empêche d'aimer tout ça ? Aime-t-on vraiment autre chose quand on aime la *plastique* de quelqu'un ? Pourquoi réduire l'amour au cas de figure exceptionnel où deux cœurs chantent de concert ? Et, surtout, en quoi mon sentiment serait-il garant de l'humanité (ou de l'existence) de la chose qu'il a élue ?

Mme Bovary est-elle une personne ? Y a-t-il un cœur battant sous cet assemblage de mots et ses adultères de papier ? Non ! Et, pourtant, combien d'hommes tombent, tous les jours, amoureux de cette femme qui n'existe pas ?

Dans *Her*, le beau film de Spike Jonz, le personnage incarné par Joaquin Phoenix s'éprend d'un système d'exploitation auquel il donne la voix de Scarlett Johansson. Il parle avec elle, il se réveille avec elle, il fait l'amour avec elle, il veille sur elle et peu d'hommes sont aussi heureux que lui… alors qu'elle n'est qu'une voix qui, au même moment, fait exactement la même chose avec des milliers d'autres personnes.

Qui oserait dire, pourtant, qu'il ne s'agit pas d'une histoire d'amour ?

Certes, il n'y a personne sous la carcasse d'un robot, mais est-ce une raison suffisante pour ne pas aimer ? Depuis quand l'amour implique-t-il la réciprocité ? Depuis quand l'amour suspend-il son existence au retour d'un sentiment comparable ? À ce compte-là, on n'aimerait jamais… Combien d'amours sont unilatérales[1] ?

---

1. Lire sans tarder, sur ce sujet, la cinquième partie de *L'Éthique* de Spinoza. Ou bien, si vous préférez, le passage

Quand on aime, quand on aime vraiment, on ne demande rien. Qu'on s'y abreuve ou qu'il nous consume, le sentiment se suffit à lui-même : Être aimé, c'est bien, « mais quelqu'un à aimer, c'est de première nécessité[1] », dit Romain Gary dans un roman qui raconte l'histoire d'amour d'un homme avec son python (lequel, en bon reptile, ne rend aucune caresse).

Comme le rapport Delvaux prévoit aussi la création d'une « personnalité électronique limitée » pour les robots les plus autonomes, son auteure a probablement voulu devancer l'accusation d'humaniser les robots en rédigeant cette charte antidépendance émotionnelle, mais c'est une erreur, car l'amour qu'on porte à un robot renseigne sur l'humanité de l'amoureux, et non de l'aimé. On peut aimer un être illusoire sans avoir l'illusion d'aimer.

---

de *L'Île des Zertes*, de Claude Ponti, où Roméo apporte des fleurs et des cœurs à une Brique dont il est « fou-amoureux-fou ».

1. Romain Gary (Émile Ajar), *Gros-Câlin* (1974), Folio, 2012, p. 135.

« Est-il absurde de désirer l'impossible ? »
(Bac philo)

Est absurde ce qui n'a pas de sens ; et le désir, *a priori*, porte sur ce dont nous manquons, ce qui nous fait défaut. Dès lors, on tient la problématique : y a-t-il un sens (parce que c'est voué à l'échec) à donner au désir l'impossible pour but ?

Désirer l'impossible est absurde, parce que ça condamne le désir à la frustration.

Qu'est-ce qui rend plus malheureux que désirer avoir des ailes dans le dos ?

Ou désirer connaître à l'avance la combinaison gagnante du Loto ?

Et à l'absurdité d'un tel désir s'ajoute le danger de croire que l'impossible n'est pas impossible, comme en témoigne toute utopie qui, refusant d'être impossible, débouche, en s'incarnant, sur des massacres de masse.

En même temps, si nous ne désirions pas l'impossible, nous ne progresserions jamais. N'est-ce pas parce qu'on n'a pas d'ailes dans le dos (et qu'on en a le désir) qu'on a construit des avions ? L'avion est né du désir (impossible ?) de s'élever dans les airs ! Et combien d'hommes ont rêvé d'arpenter la Lune avant qu'on ne pose enfin le pied sur l'astre mort ? De manière générale, toute prouesse de l'humanité est le pis-aller d'un désir qui n'a pas renoncé à l'impossible. De sorte que ce qui semblait absurde devient désormais le sens même de la vie, c'est-à-dire une boussole qui (comme l'étoile du Nord oriente le marin) tourne l'humanité dans le sens du progrès.

Et, pourtant, dès qu'on invente l'avion, on veut aller sur la Lune, quand on arrive sur la Lune, on veut aller sur Mars, etc. À ce compte-là, on n'est jamais content. Et, du coup, c'est à changer la nature même du désir (à le détourner de l'impossible qu'on espère pour le tourner vers la réalité qu'on possède) que nous convie l'épilogue d'une telle dissertation. Tant que le désir est indexé sur le manque, l'objet qu'il se donne est un objet qu'il s'arrange pour *manquer*, même si ça nous brise le cœur. Mais si le désir repose sur l'excès, si c'est par abondance qu'on désire, et non par insatisfaction, si c'est *par désir* qu'on désire (et non par besoin), alors la douleur de désirer s'estompe au profit du bonheur de mordre dans le fruit qu'on a sous la main. Comme dit Guitry qui résume, en peu de mots, toute la sagesse dont un homme est capable : « Je ne désire que ce que j'ai. »

La leçon d'Adele

Vingt-huit millions de vues sur YouTube en vingt-quatre heures, un milliard de vues trois mois après sa sortie, et plus de deux milliards aujourd'hui… « Hello », le premier single du troisième album d'Adele, est un succès planétaire sans équivalent. Comment expliquer (sinon par la beauté d'Adele, qui emporte le cœur en humiliant la minceur) qu'un tel titre écrase la concurrence ?

À première vue, c'est juste l'appel courageux qu'après avoir longtemps hésité une jeune femme parvient à passer à l'homme qu'elle a quitté et dont elle constate, à regret, qu'il ne souffre plus. La chanson dit à la fois le courage d'un geste, le soulagement d'un aveu, et l'aveu d'une mauvaise pensée puisque celle qui appelle est désespérée de savoir que l'homme dont elle a brisé le cœur s'est remis de la rupture. Pour le dire simplement, quitter quelqu'un, c'est déjà difficile. Mais ne plus le faire souffrir, c'est atroce.

Au second degré, « Hello » est le message qu'elle envoie à l'enfant qu'elle-même a été et qu'elle a perdu de vue depuis qu'elle est « passée de l'autre côté ».

Dans un cas, le refrain (qui est le moment de la chanson où Adele donne de la voix : *Hello from the other side/I must've called a thousand times to tell you/I'm sorry, for everything that I've done/But when I call you never seem to be home*) résonne comme le sous-texte du message qu'elle laisse sur le répondeur de sa victime.

Dans l'autre, on entend le cri du cœur d'une femme qui tente, par la mémoire, de sauver ce qui peut l'être.

Mais nul besoin d'aller si loin pour saisir la raison qui vaut aux non-anglophones (dont « Hello » résume le lexique) d'être bouleversés par une chanson dont le propos leur échappe complètement : il suffit, pour être ému, d'entendre que quelqu'un passe un appel et ne reçoit aucune réponse en retour. Le désarroi dont parle Adele, c'est l'expérience de l'absurde, ou la rencontre, inévitable, entre la détresse de l'individu et l'indifférence du monde.

L'absurde surgit du *choc* de questions *éperdues* (Qui suis-je ? Où vais-je ? etc.) et d'un silence *éternel* en retour. Nous parlons. Mais le réel se tait. Certains l'assument, les âmes courageuses qui « pensent clair et n'espèrent plus », comme dit Camus, et qui aiment ce monde sans l'espoir d'être aimées en retour.

D'autres, plus nombreux, terrifiés par l'absurde, se précipitent dans la *quête d'un sens* – c'est-à-dire le désir que le monde les aime un peu. Mais qui cherche un sens à l'existence désire passionnément se mentir à lui-même. Contrairement à ce qu'on croit, le « sens » n'est pas un remède à l'absurde, mais un symptôme de l'absurde qui le cache comme il peut. Le désir de sens est un refus de savoir. Ainsi, la détresse d'Adele et sa question sans réponse disent avant tout que le réel est indifférent à nos désirs, que nos bavardages recouvrent (et donnent à entendre) le silence qu'on redoute et la découverte épouvantable que le réel ne répondra jamais.

Hello ?

Le Salon parisien

Pourquoi aucun des candidats (ou presque) à l'élection présidentielle n'échappe-t-il au rite du Salon de l'agriculture ? Pourquoi l'étape est-elle obligée ? Pourquoi est-il impensable qu'un politique en campagne néglige de visiter la première ferme de France ? Au-delà des enjeux économiques et du débat sur les moyens de sortir les agriculteurs du marasme, c'est un *label* que les postulants sont venus chercher, une étiquette, ou un *certificat d'authenticité* qui séduit l'électeur, comme la traçabilité des produits rassure le consommateur.

Le Salon de l'agriculture permet la rédemption spectaculaire du politique. Comme les Indiens se purifient dans le Gange, nos politiques en campagne se lavent de leurs péchés dans le lisier, la paille, le lait encore chaud et l'eau bénite du vin bio. Ils expient leur altitude, se punissent d'être hautains en feignant d'écouter les paysans comme autant d'évangiles. Faire campagne au Salon, c'est mendier, en costume-cravate, l'onction de ceux qui (parce qu'ils ne portent pas de costume) sont perçus comme des gens honnêtes, des remèdes à l'hypocrisie, des antidotes à la duplicité ; bref, les dépositaires des vertus qui manquent, par définition, à tous nos impétrants.

Le mythe de l'authenticité agricole contre la fourberie citadine remonte à Jean-Jacques Rousseau, qui, le premier, transforme l'innocence primitive en arme politique, et qui lui donne le jour en opposant, au début de son discours « sur l'origine et les fondements de l'inégalité parmi les hommes », tous les livres « qui sont menteurs » à « la nature qui ne ment jamais[1] ». Cette drôle d'expression signifie, tout simplement, dans les termes de Rousseau, que « tout est bien sortant des mains de la Nature » et « tout dégénère dans les mains de l'homme ». Au commencement, l'homme n'est ni bon ni mauvais, mais il est innocent. Aucun calcul n'assèche son cœur. L'amour de soi n'est pas encore souillé par l'égoïsme. Et puis, pour son malheur, la ville et la société s'emparent de lui, l'amour-propre remplace l'amour de soi, l'hypocrisie succède à la sincérité, les faux-semblants de la politesse remplacent les élans vrais de la franchise. En un mot : le *paraître* a pris le pouvoir sur l'*être*. Alors de la nature en nous ne restent que la pitié, la candeur des enfants et la « sagesse rustique du laboureur » qui guérit des courtisans et de leurs dorures.

1. Jean-Jacques Rousseau, *Œuvres complètes*, t. III, *Discours sur les fondements de l'inégalité*, *op. cit.*, incipit. « Ô homme, de quelque contrée que tu sois, quelles que soient tes opinions, écoute. Voici ton histoire telle que j'ai cru la lire, non dans les livres de tes semblables qui sont menteurs, mais dans la nature qui ne ment jamais. »

Pour en revenir à la circonstance à laquelle ce jeune mythe s'applique, il est ouvertement contradictoire de célébrer la franchise et la sagesse paysannes tout en le faisant devant des caméras, et il n'y a pas plus d'authenticité au Salon de l'agriculture que dans n'importe quelle vitrine. Comme le garçon de café joue au garçon de café, l'agriculteur se déguise en l'idée qu'on se fait de l'agriculteur, le politique joue à l'homme simple qui célèbre les vraies valeurs, et le citadin joue à caresser les animaux qu'il mange ensuite.

Tout le monde joue un rôle ici, tout le monde fait semblant, même les veaux, vaches et gallinacés. Le Salon n'est pas un reflet de l'agriculture, mais l'agriculture mise en reflet. Le Salon de l'agriculture décrit la société du spectacle en mode authentique.

Les grands singes sont-ils des hommes comme les autres ?

Ils s'appellent Tommy et Kiko. Ce sont des chimpanzés qui vivent en cage, et ils ne seront pas libérés. Ainsi en a décidé (en juin 2017) une cour d'appel new-yorkaise, qui fait valoir, dans sa décision, que, « contrairement aux êtres humains, les chimpanzés n'ont aucun devoir, ne sont soumis à aucune responsabilité sociale et ne peuvent être tenus légalement pour responsables de leurs actes ».

À cela, l'avocat (et fondateur du mouvement pour les droits des non-humains) Steven Wise a répondu que dénier des droits humains aux chimpanzés (alors que leurs capacités cognitives sont exceptionnelles) est absurde, puisque les bébés – ou bien les gens dans le coma – disposent de tels droits, alors qu'ils n'ont pas les mêmes capacités cognitives et qu'ils sont, eux, dans l'incapacité de les exercer.

Or les juges ont eu la sagesse de répondre à cette observation que, à la différence des chimpanzés, les bébés et les gens dans le coma sont des humains. Et, surtout, que les remarquables capacités cognitives ou linguistiques des chimpanzés ne permettent pas qu'ils soient tenus pour responsables de leurs actions et donc jugés avant d'être (éventuellement) enfermés. Ce débat sur la libération des animaux est fondamental, parce que c'est la définition même de l'humanité qu'il engage. Sous l'alibi adorable de libérer quelques chimpanzés, Steven Wise déploie, en réalité, l'argumentaire du projet « Grands singes » qui remonte à 1993, et qui entend étendre *au-delà de l'humanité* la sphère de l'égalité : *Equality beyond humanity*.

Ce n'est pas absurde.

Après tout, pourquoi ne pas traiter comme nous des êtres vivants dont les capacités mentales sont si proches des nôtres ?

Seulement, si le critère est celui de la *capacité*, alors il faut aussi exclure de l'humanité ceux qui n'ont pas cette capacité. Le philosophe utilitariste Peter Singer (qui est à l'initiative du projet « Grands singes ») ne dit pas autre chose : « S'il nous faut choisir entre la vie d'un être humain et celle d'un autre animal, déclare-t-il, nous devons choisir celle de l'humain ; mais il peut y avoir des cas particuliers où l'inverse sera vrai, quand l'être humain en question ne possède pas les capacités d'un humain normal… Tuer un chimpanzé est pire que tuer un être humain qui, du fait d'un handicap mental congénital, n'est pas et ne sera jamais une personne[1]. » Les défenseurs des droits des non-humains ne vont pas si loin, et se contentent de mettre sur le même plan les chimpanzés et les

1. Peter Singer, *La Libération animale*, Payot, « Petite Bibliothèque Payot », 2012.

handicapés mentaux puisqu'ils sont, l'un et l'autre, incapables de se défendre, mais le problème est identique : sous prétexte de garantir des droits aux grands singes, on fait passer l'humanité *après la capacité*, on en exclut *de facto* les membres les moins productifs. En cette matière, l'intelligence ne doit pas être un critère.

Peut-on mettre sur le même plan les souffrances humaine et animale ?

En octobre 2014, l'association L214, encore largement inconnue, diffusa les images insoutenables d'un abattoir à Alès qui, sur ordre du maire, a été fermé immédiatement après la mise en ligne de cette vidéo. On y voit tour à tour des chevaux tués au couteau après avoir été assommés par un marteau perforant, des cochons gazés au gaz carbonique, saignés comme des porcs quand ils survivent à l'asphyxie, des moutons tués à la chaîne, en pleine conscience, puis vidés de leur sang et découpés, des vaches pendues par une patte, et égorgées…

Tout le monde doit voir ces images. Non par masochisme, mais pour mesurer la barbarie dont l'homme se rend coupable à l'égard de l'animal, le « plus étranger de nos semblables », comme dit Élisabeth de Fontenay[1].

Descartes, dans le *Discours de la méthode*[2], délivre le secret de notre indifférence : « C'est une chose

1. Élisabeth de Fontenay, *Le Silence des bêtes*, Fayard, 1998.
2. René Descartes, *Discours de la méthode* (1637), cinquième partie.

bien remarquable, écrit-il, qu'il n'y a point d'hommes si hébétés et si stupides, sans en excepter même les insensés, qu'ils ne soient capables d'arranger ensemble diverses paroles, et d'en composer un discours par lequel ils fassent entendre leurs pensées ; et qu'au contraire, il n'y a point d'autre animal, tant parfait et tant heureusement né qu'il puisse être, qui fasse le semblable [...]. Et ceci ne témoigne pas seulement que les bêtes ont moins de raison que les hommes, mais qu'elles n'en ont point du tout. »

Les animaux n'étant, à la différence de l'homme, doués ni de raison ni de sensibilité ne sont que des machines, certes admirables, mais qu'on peut allègrement désosser comme on désosse n'importe quelle mécanique : leurs « cris » ne sont que l'effet de dysfonctionnements dans leurs rouages, plutôt que l'expression d'une souffrance.

L'erreur serait de contrer Descartes en mettant sur le même plan la souffrance d'un animal et celle d'un homme, puisque à ce compte-là les abattoirs seraient comparables à des camps d'extermination : Alès n'est pas Auschwitz. Et il est moins grave de gazer des cochons que de gazer des humains. En revanche, explique Élisabeth de Fontenay, l'idée qu'il faut battre en brèche est celle selon laquelle « créditer l'animal de la capacité de souffrir, ce serait léser la majesté des souffrances humaines ».

La défense des animaux n'est pas une offense à l'homme.

Et nul ne tourne le dos à l'humanisme ni ne méconnaît la spécificité de l'homme dans la nature quand il tient la douleur animale pour ce qu'elle est : une horreur, et un crime.

On peut tuer un animal pour le manger, mais on ne peut pas, *on ne doit pas*, faire souffrir un animal pour le tuer.

Manger de la viande n'est pas un crime, s'en abstenir n'est pas une vertu

Après avoir diffusé les images insoutenables de l'abattoir d'Alès, l'association L214 diffuse à nouveau (en février 2016) des images atroces, mais, cette fois-ci, de l'abattoir du Vigan qui, comble d'ironie, est un établissement certifié « bio ». Et c'est la comédienne Hélène de Fougerolles (pour l'abattoir d'Alès) et la chanteuse Nili Hadida (pour l'abattoir de Vigan) qui concluent, l'une et l'autre, la diffusion de ces images par une profession de foi dont il faut dire qu'elle jette une ombre sur les images en question.

L'une et l'autre disent la même chose. Mais différemment.

Hélène de Fougerolles (en excellente comédienne) regarde soudain dans le vague puis, se ressaisissant, fixe la caméra d'un œil à la fois triste et souriant, mélancolique et déterminé, et déclare, avec tant de pudeur qu'elle donne le sentiment de retenir un cri : « Pour ma part, j'ai cessé de participer à la souffrance de ces animaux en cessant de les manger. »

Quant à Nili Hadida, qui n'est pas comédienne, si elle détourne aussi le regard, ce n'est pas pour injecter de la mélancolie dans son propos, mais pour lire, tout simplement, le texte qu'on lui montre : « En ce qui me concerne, je n'ai plus envie d'avoir quoi que ce soit à faire avec cette souffrance. C'est pour ça que les animaux, je ne les mange plus. »

Elles ont le droit, naturellement, d'être végétariennes. Mais pas de confondre les combats. La malhonnêteté est ici de mettre explicitement sur le même plan le fait de manger de la viande et le fait de torturer les animaux, comme si le premier était la cause du second, comme si on participait à l'ignoble supplice d'un mouton (qu'on jette sans ménagement dans une boîte à mort) en mangeant des côtelettes d'agneau. Comme si le gamin qui se régale d'un Big Mac était un peu responsable du type qui s'éclate à faire exploser le crâne des vaches. Le problème n'est pas qu'on mange de la viande, mais la façon dont on tue les animaux, ce qui n'est pas la même chose.

Et les propagandistes qui, imperceptiblement, font l'amalgame entre le carnivore et le tortionnaire spéculent, en réalité, sur l'indignation qu'inspirent ces images pour faire passer un *autre* message qui est sans rapport avec elles : « Ne mangez pas de viande ! »

Pourquoi pas, d'ailleurs ?

Mais il faut se souvenir alors, comme de conditions, qu'il n'y a aucun rapport entre torturer un animal et manger de la viande (sinon tous les prédateurs seraient des tortionnaires), qu'aucun animal omnivore n'est uniquement végétarien et que – pour cette raison – être végétarien quand on peut manger de la viande revient à récuser l'animal en l'Homme et à mettre l'homme sur un piédestal.

Le véganisme n'est pas un journalisme

L214 encore… Les autorités ont ordonné un vide sanitaire, après la diffusion en mai 2016, par l'association L214, des images atroces d'un élevage de poules en batterie au Gaec du Perrat. Un scandale qui fait suite aux images des abattoirs d'Alès et du Vigan.

Pourtant, il y a une différence entre les deux premières vidéos diffusées par L214 et cette dernière : alors que les vidéos des abattoirs se terminaient par l'invitation *explicite* à ne plus manger de viande (ce qui n'avait pourtant rien à voir avec les conditions d'abattage), celle-ci (qui, pour le coup, logiquement, devrait se conclure par l'invitation à ne plus manger d'œufs) ne va pas au bout de sa pensée, mais s'achève sur l'éloge lyrique d'un « autre regard sur les animaux ».

Est-ce dire que le but de L214 n'est pas de nous empêcher de manger des œufs en général, mais de nous renseigner sur ce qu'est l'élevage en batterie ? Si c'était le cas, tout irait bien. Seulement, même une poule, un peu avertie, s'apercevrait que, sous l'alibi de dénoncer à juste titre les conditions d'exploitation des animaux, le but est de nous inciter, sournoisement, *à ne consommer aucun produit issu des animaux ou de leur exploitation*, ce qui est tout à fait différent et que L214 prend soin de taire.

Par exemple, à trente secondes du début de la vidéo, on apprend, images à l'appui, que les cadavres des poules retardent la circulation des œufs, qui, du coup, sont mis en boîte au-delà de leur jour de ponte. Ce qui est un scandale sanitaire, qu'ils ont raison de dénoncer, et qui devrait définitivement nous dissuader d'acheter les œufs obtenus de cette manière.

Mais, à la fin de la vidéo, le registre a changé : L214 nous parle soudain de la « vie émotionnelle et des capacités intellectuelles complexes » des poules – ce qui n'a rien à voir et sert à nous dégoûter de manger des œufs *de manière générale* (qu'ils soient obtenus, ou non, en batterie).

Autrement dit, L214 glisse imperceptiblement du terrain de l'enquête vers celui de l'idéologie, et maquille en scandale sanitaire ce qui relève d'une position de principe que ses membres soutiendraient même si les poules étaient bien traitées. Sous le prétexte d'éveiller les consciences, le seul but de l'association est de créer du temps de cerveau disponible au *végétalisme* et de préparer le terrain à l'ingestion, jusqu'à la moelle, d'une doctrine qui proscrit toute consommation de viande, de poisson, de produits laitiers, d'œufs – et même de miel.

Et si Ingrid Desjours (l'écrivain qui présente la vidéo de l'élevage en batterie et parle au nom de L214) ne dit pas tout simplement « Ne mangez pas d'œufs », c'est d'abord parce que, contrairement au *végétarisme*, une telle position ne passerait pas auprès de l'opinion publique, mais surtout pour faire en sorte que les gens croient décider *par eux-mêmes* de ne plus manger d'œufs, alors que, sous des airs d'enquêteur objectif, L214 aura tout fait pour les orienter, insensiblement, vers cette conclusion. Obtenir ce qu'on n'a pas l'air de demander, voilà la stratégie. On appelle ça de la « manipulation ». L214 réclame la transparence, mais L214 avance masqué.

Pédagogie de l'humilité

Comment se fait-il que, dans *Kung Fu Panda,* le jeune Po (le « guerrier dragon »), dont le physique de panda (à première vue) ne le prédispose guère à la pratique des arts martiaux, finisse toujours par l'emporter sur ses adversaires, alors qu'ils sont tous plus forts que lui ?

Que ce soit Tai Lung (le léopard des neiges), Chen (le paon) ou Kai (le taureau), les ennemis de Po le surpassent en puissance, en rapidité et en maîtrise du kung-fu. Mais, à la différence de ses adversaires (dont l'un veut la gloire, le deuxième veut la vengeance et le troisième réclame la reconnaissance de ses pairs), Po ne désire que ce qu'il a. C'est ainsi, paradoxalement, qu'il les surclasse.

La meilleure façon de dépasser l'autre n'est pas de viser plus haut que lui, mais de se satisfaire des moyens dont on dispose. La plus haute sagesse (et la seule exigence) est précisément de consentir à ce qu'on est ! Et d'aimer mieux « les choses moyennes, comme dit Montaigne, que les éminentes[1] ».

1. Michel de Montaigne, *Essais*, livre III, chap. XIII.

Tant que Maître Shifu, le professeur, le petit panda roux, demande à Po d'acquérir les compétences et les capacités officielles du grand guerrier, son enseignement ne donne rien. Po est gros, lent, démesurément vorace et incroyablement mou.

Mais à la seconde où, en le voyant effectuer un grand écart facial pour attraper un gâteau en cachette, Shifu comprend que rien n'est impossible à celui dont on ne contrarie pas le caractère, le problème se résout de lui-même, et Shifu *réussit* à faire de Po le fameux « guerrier dragon ». L'éducation ne fonctionne qu'à l'instant où le maître, *pour transmettre ce qu'il sait*, transmet non pas un *contenu* (que l'élève pourrait rejeter comme une contrainte) mais une *méthode* (qui dissout les défauts de quelqu'un dans leur acceptation). Une pédagogie n'est réussie que si elle repose sur le consentement à soi-même et à ses vertus propres.

C'est tout le sens du « rouleau du dragon », dont Tai Lung espère qu'en mettant la patte dessus il lui donnera un pouvoir inégalé, mais qui, en réalité, n'est qu'une page vide où se reflète uniquement le visage de celui qui le regarde.

Telle est aussi la signification du troisième épisode de la franchise *Kung Fu Panda*, où Po lui-même est mis en situation d'enseignant, à qui des villageois demandent de les aider à devenir « comme lui »… alors qu'en réalité sa tâche est de les aider à devenir *comme eux* ! C'est d'eux-mêmes, et non de lui, que Po doit les faire accoucher pour qu'ils deviennent excellents.

C'est en étant fidèles à ce qu'ils peuvent qu'ils parviennent à se surpasser.

C'est en ayant l'humilité de leurs limites qu'ils les repoussent indéfiniment.

Le panda doit renoncer au tigre (comme la grenouille renonce au bœuf) pour entamer sa croissance.

L'Islam selon Malek Chebel

L'anthropologue des religions et psychanalyste algérien Malek Chebel est décédé le 12 novembre 2016 d'un cancer, à l'âge de 63 ans. Il était le héraut d'un « Islam des Lumières » – c'est-à-dire non seulement de l'Islam en dialogue avec la philosophie des Lumières, mais surtout de l'Islam qui *retrouve sa propre lumière*, sa lumière divine, que Chebel appelait la « puissance illuminative du Coran ». Or cette lumière est vespérale, parce que à la nuit tombante le monde est mordoré. Le réel s'offre à nous comme un métal précieux.

Chebel aimait citer Jacques Lacarrière, qui, dans *Sourates*, écrit que, dans le désert, « on ne passe du jour à la nuit (et de la nuit) au jour qu'après un lent rituel d'irisations, de chatoiements, ordonné comme un sacre d'anges ». Or, disait Chebel, le Coran est, comme le désert, « le lieu d'un incessant combat entre lumière et ombres, entre blancheur des pages et noirceur des encres ».

C'est de cette façon que Malek Chebel aimait l'Islam, sans en cacher les zones d'ombre. Il aimait l'Islam d'un « amour sans entraves », c'est-à-dire un amour lucide sur ses replis dévastateurs : « Le monde musulman, écrivait-il, est entré de plain-pied dans une phase de violence politique et de fanatisme. » Chebel haïssait l'intégrisme, n'avait pas de mots assez durs contre les kamikazes ou l'immonde excision. Chebel dénonçait l'involution de l'Islam en islamisme sous l'influence des Frères musulmans, et le fait que « le Maghreb, le monde arabe et l'Islam en général fussent foncièrement homophobes ». Mais Malek Chebel jetait du savoir sur le feu, et tempérait ses jugements par un amour démesuré.

Il aimait les bayadères comme il aimait les textes saints. Il parlait des prostituées d'Égypte au XIXe siècle avec la fougue d'un théologien. Il aimait (passionnément) la danse du ventre (ce moment où le corps, disait-il, est un ornement sans être une marchandise).

Il aimait les sons, les épices, les fragrances, les *couleurs* de l'Islam.

Il aimait que l'Islam eût donné à la sexualité ses lettres de noblesse. Il aimait ses poètes qui auraient renoncé à Dieu plus facilement qu'au vin, et qui, neuf siècles avant Casanova, célébraient les concubines et les éphèbes aux lèvres de miel.

Il aimait que l'Islam eût offert à l'humanité la mosaïque, la verrerie, la céramique, la parfumerie, l'hydraulique, l'alchimie, les chèques, les magasins, l'astrolabe.

Il aimait ces mots tirés de l'arabe et venus enrichir le français : « hasard », « lascar », « lilas », « nabab », « nénuphar ».

Il tenait la calligraphie islamique pour une revanche du dessin sur l'interdit de la représentation. En un mot, il était contre tous ceux qui, par inculture, magnifient ou noircissent l'Islam. Il aimait l'Islam comme il faut l'aimer : d'un amour généreux, mais intransigeant.

L'Islam de ceux qui l'aiment vraiment, c'est la lumière, la joie, l'érotisme et l'ivresse.

« Qu'est-ce que la tolérance ? »
(Bac philo)

Les intitulés de cette nature sont les sujets les plus difficiles à traiter. Comment faire surgir le problème d'une question qui ne le pose pas ?

En confrontant les lieux communs sur la notion qu'on explique. Or, sur la tolérance, il y en a deux : 1) la tolérance est une valeur, un principe avec lequel on ne doit pas transiger, et 2) la tolérance est (plus modestement) un laissez-faire, ou un laissez-passer. Et, dans la confrontation de ces deux idées reçues, se trouve, offerte, la matière d'une problématique : *la tolérance peut-elle, sans se nier, tolérer ce qui la contredit ?*

Pour dire que la tolérance est une valeur, il suffit de prendre l'exemple d'une chose qu'on a interdite au nom de la tolérance. Dieudonné, par exemple, ou bien le burkini (avec moins de succès). Et il est aisé de montrer, avec de tels exemples, que si la tolérance est une valeur à défendre, alors elle court le risque de se contredire en censurant tout ce qui est moins tolérant qu'elle… À cet instant du raisonnement, l'heure est venue de donner sa chance, en retour, à l'idée que la tolérance est un simple « laissez-faire », « laissez-passer », comme l'antidote à un principe qui se contredit.

Le problème est que si la tolérance tolère tout, elle doit aussi tolérer l'intolérable. Gagne-t-on en tolérance, par exemple, à vivre dans un monde où il n'est pas illégal de dire publiquement « Mort aux juifs » ou « Mort aux Arabes » ? Ce n'est pas certain.

Si l'on se résume : quand la tolérance interdit ce qui la contredit, elle se contredit elle-même, mais quand la tolérance tolère ce qui la contredit, elle se tire une balle dans le pied. Que choisir, dès lors, entre ces deux mauvaises façons de tolérer ? Les deux. Ou, plutôt, le conflit entre les deux. La tolérance elle-même impose de tolérer ces deux visions de la tolérance.

Qu'est-ce que la tolérance ? Un débat sans fin entre la défense d'un principe et le refus de toute défense. Entre la censure des intolérants, et l'acceptation des censeurs. Le signe que nous vivons dans un régime de libertés n'est pas la victoire d'une des deux visions de la tolérance sur l'autre, mais la persistance (et la résurrection sporadique) de l'affrontement qui les oppose. Défendre la tolérance consiste à critiquer la tolérance.

Le paradoxe du burkini

C'est au nom d'une « société ouverte » et du « respect des droits et des choix de chacun » que le Premier ministre canadien, Justin Trudeau, a défendu, en août 2016, la possibilité de porter le burkini sur les plages. Le burkini, pourtant, n'est pas seulement un droit (mais aussi, souvent, une contrainte) ni seulement un « choix » – dans la mesure où, dans les pays où il n'est pas l'exception mais la norme, il est plutôt rare qu'on voie également des femmes en string. Les paroles de Trudeau posent le problème suivant : défendre la liberté, est-ce aussi défendre la liberté de se soumettre ?

Oui. Car défendre les libertés, c'est défendre toutes les libertés.

Mais non. Car tolérer l'intolérance, c'est faire entrer le loup dans la bergerie.

Certains essaient d'échapper au dilemme en faisant valoir que le burkini est juste un vêtement comme les autres. C'est trop facile. Un burkini n'a rien de banal. Pour ne pas faire de jaloux, désignons par la crase « burkini » toute forme de cage qu'on met sur la tête des femmes, en France, en Arabie saoudite ou en Israël (chez les orthodoxes). Le « burkini », donc, n'est pas un vêtement comme les autres, pour une raison simple : jamais le principe de plaisir n'entre dans la décision de le porter.

On peut mettre une minijupe parce que c'est agréable, ou porter un manteau parce qu'il fait froid, contrairement au burkini qui, sur la plage, n'est ni agréable ni nécessaire, mais toujours incommode. Il est courant, d'ailleurs, pour justifier le port du burkini (ce qui est inutile), d'invoquer la « pudeur », la « décence », la « piété », l'« envie d'être tranquille » ou la « soumission à son mari ». Mais le plaisir, jamais. Et pour cause. Personne n'a envie de porter une robe de bure à la plage, pas plus que de mettre un pull de laine sous la canicule, à moins d'être fou à lier.

Pour autant, il n'y a dans ces remarques aucune raison de l'interdire. Au contraire.

Comment interdire, au nom de la liberté ? Ou, plus exactement, comment ne pas donner raison à celles qu'on empêche de se vêtir ainsi en les privant d'un tel droit ? Interdire un interdit revient à lui donner de la force. Donner aux femmes qui s'emprisonnent la *liberté* de le faire permet de garder la porte ouverte. Plutôt prendre le risque de sa présence qu'offrir aux associations qui défendent le burkini l'occasion de se présenter comme les victimes d'un racisme d'État. Les ennemis de la liberté prospèrent chaque fois que, pour lutter contre eux, on renonce à une liberté, fût-ce une liberté de se nuire. Chaque arrêté qui interdit le burkini est une victoire (et une prise de guerre) pour ses partisans. À l'inverse, chaque fois qu'on l'autorise, la République inflige une défaite cinglante au monde que les tenants du burkini appellent de leurs vœux. Bref, on ne censure pas la censure. Sinon, elle gagne du terrain. Et en matière de burkini, résister, c'est permettre.

(*En 2017, le burkini a cessé de faire polémique et disparu des plages. Pour une raison simple : il était autorisé. Le vêtement qui donnait l'occasion rêvée de passer pour une victime est redevenu ce qu'il était : un costume incommode, qu'à moins d'être masochiste personne ne porte.*)

Peut-on amputer la liberté ?

Elle a 18 ans, elle est ravissante, elle s'appelle Alexandra Khefren, et (*via* une agence d'escort-girls qui percevra 20 % de ses gains) elle a vendu, en avril 2017, sa virginité aux enchères. Résultat : pour 2,3 millions d'euros, un homme d'affaires de Hong Kong a pu passer une nuit avec la jeune fille, qui déclare, par ailleurs, qu'un homme qui donne tant d'argent est forcément « quelqu'un de bien ».

Qu'on approuve ou non les critères que se donne la jeune fille, la bizarrerie de cette histoire n'est pas tant la démarche de cette personne (qui se prostitue comme tant d'autres) que l'indignation qu'elle soulève.

On peut, naturellement, trouver choquant qu'une jeune fille déclare ainsi, publiquement, qu'elle donnera son corps au plus offrant. Et nul n'en voudrait pour son enfant. Néanmoins, n'en déplaise aux *choqués*, c'est légalement (puisqu'elle le fait en Allemagne) et en toute liberté qu'Alexandra Khefren, mieux connue sous le nom d'Ohana Raducu, inspirée par le film *Proposition indécente* (où Robert Redford offre un million d'euros pour passer la nuit avec Demi Moore), a décidé de vendre sa virginité. Certes, elle-même a dit qu'elle voulait, avec cet argent, payer ses études à Oxford et acheter une maison à ses parents. Mais sa décision n'en reste pas moins souveraine. Alexandra n'a jamais dit qu'elle n'avait pas le choix, juste qu'elle avait des *raisons de le faire*, ce qui est très différent. Alexandra n'est pas Fantine[1]. Elle n'est pas contrainte de louer son corps pour nourrir son enfant. Elle fait juste le calcul qu'en sacrifiant une virginité (à laquelle, manifestement, elle ne tient pas plus que ça), elle peut gagner de quoi réaliser son rêve et rendre sa famille heureuse. Rien ne l'oblige à le faire ! Alexandra est libre. Elle est bête, mais elle est libre. Son acte n'est pas gratuit (c'est le moins qu'on puisse dire), mais il lui appartient.

On est toujours déterminé à agir comme on le fait. Mais il y a une différence entre *avoir des raisons de faire quelque chose* (ce qui est le cas d'Alexandra, que nul ne force) et agir sous la contrainte (ce qui est le cas de bien des gens qu'on oblige à se prostituer). On ne peut pas défendre la liberté tout en s'indignant que X (ou Y) en fasse l'usage qui nous déplaît. La liberté n'est pas réductible à ce qu'il est souhaitable, à nos yeux, de dire ou de faire. Ainsi, du voile : quoi qu'on pense du fait de se couvrir la tête ou de cacher son corps (et même s'il n'est pas douteux que, comme pour la prostitution, certaines femmes soient contraintes de porter ces vêtements-là), nul n'est en mesure de contester la *liberté* de le faire, sous peine de

1. La mère de Cosette, qui en vient à se prostituer puis à vendre ses cheveux et ses dents.

nuire à la liberté elle-même. Et à ceux qui disent qu'on ne peut pas mettre sur le même plan la « décence » de porter le voile et l'indécence de se prostituer, d'autres répondent qu'il n'est pas moins indécent de cacher son corps que de le louer. La question n'est pas là. La liberté, malheureusement, est aussi la liberté de se cacher, de s'exhiber, de se soumettre ou de se vendre.

L'impasse de l'égoïsme

> « Dans le combat entre toi et le monde, seconde le monde. »
>
> Kafka[1]

Selon un sondage Ipsos dévoilé par *Le Figaro* en février 2017, les Français sont (et demeurent) l'un des peuples les plus pessimistes du monde, mais avec cette étonnante particularité : à en croire les sondeurs, « le Français est pessimiste sur le monde à venir et optimiste pour lui-même ». Ce qui est une autre façon de dire que le Français est prodigieusement égoïste. Car avant d'être une passion condamnable et qu'on présente (traditionnellement) comme un vice fatal au vivre-ensemble, l'égoïsme est une myopie doublée d'une hypnose…

De la même manière qu'un myope ne voit bien que de près, le bout de son nez constitue, pour l'égoïste, une frontière au-delà de laquelle ce qui existe (et

1. *Réflexions sur le péché, la souffrance, l'espérance et le vrai chemin*, éd. Payot et Rivages, coll. « Rivages Poche », Petite bibliothèque, 2001, p. 49.

ne le concerne pas) lui apparaît dans un flou total. Et à cette courte vue s'ajoute l'hypnose, c'est-à-dire la fascination pour ce qui *lui* arrive – aux dépens du reste qui, arrivant à d'autres, est noyé dans la brume.

Dès lors, seul importe à l'égoïste ce qui n'importe qu'à lui.

Si on vous demande de choisir, par exemple, entre la mort de votre chat bien-aimé et l'immersion totale du Japon (où vous ne connaissez personne), l'égoïste en vous n'hésitera pas longtemps... Périssent les autres, si mon animal survit. L'idée que « le Français est pessimiste sur le monde à venir et optimiste pour lui-même » est exactement le diagnostic d'un égoïste, à qui le monde entier apparaît dans une brume propice aux grandes inquiétudes, qu'il dissipe en se disant que sa petite vie (avec ses petites habitudes et ses petites barrières) le préserve du chaos pressenti. Pire : plus le monde va mal, mieux l'égoïste se porte, car la souffrance est un écrin merveilleux pour son propre confort, à l'image du type qui, comme vous et moi, jubile un peu de dévorer son Big Mac devant des images d'enfants affamés.

Le contraire de l'égoïsme n'est pas la générosité, mais le bon sens, tout simplement.

Celui qui croit que sa vie le préserve des dangers auxquels le monde est exposé se met littéralement le doigt dans l'œil. La vérité est qu'il y aura toujours un monde, longtemps après la disparition, corps et biens, de mon existence dérisoire. Le « moi » (que je protège de la pellicule de mon égoïsme) est une existence infime, partagée entre une naissance oubliée et une mort inconnue, qui est au monde ce qu'un grain de sable est à une plage.

Autrement dit, ce n'est pas l'altruisme qui commande, à rebours des Français, d'être pessimiste pour soi et optimiste pour le monde… C'est l'évidence ! Et s'il est bon, dans la vie, de penser aux autres avant de penser à soi, c'est juste que les autres seront encore là, quand, moi, j'aurai disparu depuis longtemps.

Humanspreading

« Faut savoir s'étendre
Sans se répandre. »

Serge Gainsbourg,
Pauvre Lola

Qui n'a jamais eu à subir cette incivilité maximale, et typiquement masculine, qui consiste à s'asseoir dans le métro en écartant les cuisses, au mépris total du voisin, pour y être plus à son aise ? Sur le papier, tout le monde est d'accord pour dire que la liberté des uns s'arrête là où commence celle des autres – sinon la vie en commun est impossible. En pratique, c'est une autre histoire. Et tout homme qui écarte les cuisses en posant ses fesses sur une banquette collective est un démenti vivant à cette règle élémentaire. Or (à l'image de New York, Séoul ou Tokyo) la municipalité de Madrid vient de lancer une campagne d'affichage dans le métro contre cette incivilité.

L'unique problème de ce noble combat réside dans le nom qu'il donne à cette pratique : *manspreading*, c'est-à-dire (littéralement) l'étalement de l'homme.

Pas de la femme. Comme si ce comportement était *essentiellement* masculin.

Nul ne conteste que 99 % des *manspreaders* soient effectivement des hommes. Mais il y a une différence entre le constat (que chacun peut faire) d'une écrasante majorité masculine et la tentation d'*essentialiser* ce geste. Que des siècles de domination masculine crétine s'expriment dans le *manspreading*, c'est une évidence. Qu'à cela s'ajoute l'envie pathétique de montrer qu'*on en a* (ou la crainte non moins pathétique de s'asseoir dessus), c'est vrai aussi. Tout cela explique, sans le justifier, que le masculin soit plus que l'autre sexe porté à s'asseoir en écartant les cuisses.

Mais cela ne fait pas de l'homme en soi un animal qui, par définition, s'assoit de cette manière, et cela n'empêche pas non plus que certaines femmes (plus rares) en fassent autant. Et, surtout, masculiniser le terme qui désigne un tel comportement, graver dans le marbre d'un mot la certitude que, par définition, il n'y a que les hommes qui se conduisent ainsi, relève, bizarrement, du sexisme. Lutter contre le *manspreading* est une nécessité démocratique. À cette nuance près qu'il faudrait l'appeler *humanspreading* !

Prenons un autre exemple : même si 99 % des enfants qui sont changés en voyage le sont par des femmes, n'est-il pas objectivement sexiste que les pancartes désignant les tables à langer représentent systématiquement des femmes (ou alors des hommes en jupe), et que les tables à langer ne soient disponibles que dans les toilettes des femmes ? De la même manière, 99 % des écartements de cuisses dans le métro sont l'œuvre des hommes, mais il n'est pas moins sexiste ni faux de réduire cette attitude au genre masculin, au risque d'enfermer un individu dans une essence imaginaire.

Que font les féministes ?

Dorsa Derakheshani a 19 ans, elle est grand maître international d'échecs, et elle a vu s'envoler tout espoir d'intégrer un jour l'équipe nationale iranienne après avoir participé, sans voile, au tournoi de Gibraltar. Rien de surprenant à cela.

Il faut rappeler qu'en Iran, les pères ont le droit d'épouser leur fille adoptive (dès l'âge de 13 ans), qu'une femme vaut la moitié d'un homme dans le droit à l'héritage, que les sanctions (en cas de crime commis sur une femme) sont divisées par deux, que le témoignage de deux femmes vaut celui d'un seul homme et que les femmes n'ont pas le droit d'être juges. Les femmes n'ont pas le droit non plus de chanter ni de danser. Elles ne peuvent pas exercer un métier ni voyager sans l'autorisation de leur mari. Enfin, l'adultère est réprimé par la lapidation, et l'indécence est punie de morsure. L'Iran d'aujourd'hui, c'est l'enfer des femmes.

Ce qui est plus étonnant, c'est que Dorsa Derakheshani ne soit pas aujourd'hui un symbole universel de la lutte pour les droits des femmes. Que font les féministes ?

Certaines affirment que (Dieu merci) l'Iran n'est pas la France et qu'on ne saurait les comparer. Or nul n'y prétend. Et pour cause : l'Iran est une théocratie gynophobe où les femmes sont traitées comme de la merde. Qui oserait établir le moindre parallèle entre les deux ?

Ce qu'il est possible de comparer, en revanche, c'est, d'un côté, la ferveur des « féministes » attachées à défendre (au nom de la liberté) le droit de porter le voile dans un pays qui ne l'interdit pas (la France) et, de l'autre, l'atonie, l'indifférence, le silence obstiné des mêmes féministes quand une Iranienne se voit interdire de pratiquer sa discipline parce qu'elle le fait tête nue. Faut-il être islamophobe, mépriser les musulmans et consentir à ce que leur religion soit défigurée pour accepter qu'une telle injustice soit infligée aux femmes au nom de l'islam ! Il est plus urgent de lutter pour le droit d'enlever le voile en Iran que pour le droit de le porter en France, mais l'un ne va pas sans l'autre.

Les femmes ont, partout dans le monde, le droit de se couvrir la tête. La servitude est licite quand elle est volontaire. Tout va bien. L'inverse, en revanche, leur est interdit dans de nombreux pays. Et quiconque défend le droit de porter le voile ici ne peut pas ne pas défendre le droit de l'enlever là-bas, sous peine de se contredire ouvertement et de reconnaître que, dans son esprit, la « liberté » n'était qu'un passe-droit.

Bref, même si l'un ne va pas sans l'autre, il est plus urgent de lutter pour le droit (toujours à conquérir) d'enlever le voile en Iran, que pour le droit (acquis) de le porter en France.

Miss France : en ligne de mire

C'est un événement « ringard » qui considère les femmes comme des « potiches ». Ainsi parlait Claire Serre-Combe, porte-parole de l'association Osez le féminisme, de l'élection de Miss France.

Elle a raison.

Bien sûr, les organisateurs font valoir que les filles sont présélectionnées selon des critères physiques, mais pas uniquement : l'élocution, le comportement et la culture générale, disent-ils, entrent aussi en jeu. Or l'élocution et le comportement sont des critères d'école primaire, ou maternelle ! Quant à la culture générale, l'épreuve (dont la note éliminatoire est de 6/40) consiste à poser des questions-quiz comme : « Que signifie CSA ? », « Qui a gagné le championnat d'Europe de foot ? », « Qui présente "Salut les terriens" ? » La plus difficile étant : « Qu'est-ce que le théorème de Pythagore [ce qu'on apprend en troisième] ? »

À la vérité, Miss France est triée selon la taille (plus de 1,70 mètre), les mœurs (ne pas être mariée ni avoir d'enfants, ni avoir posé même partiellement dénudée), et enfin l'âge (puisque, au-delà de 24 ans, vous n'êtes plus *Miss* France, mais *vieille* France). Le tout avant d'être évaluée par un public de mâles dont les références sont 1) les fesses, 2) les seins, 3) la région. Les mâles qui regardent l'élection de Miss France ne *regardent* pas, ils matent. Et les SMS qu'ils s'échangent portent rarement sur la *culture générale* et la « forte personnalité » d'une candidate dont on ne connaît que les courbes.

D'où vient la persistance d'un tel sexisme dans un monde aussi sensible que le nôtre à la question de l'égalité homme-femme ? Miss France (élue sur son physique) n'est pas un symbole, mais une *cible*. Miss France n'est pas l'image de la France (ce n'est pas Marianne) ni l'image des Françaises (qui ne se reconnaissent en rien dans cette icône ravissante et juvénile). Miss France est juste une très jolie fille, élue pour cette raison potiche en chef pour l'année qui vient, et qu'on va punir de sa beauté en présumant que sa silhouette est le paravent d'une cervelle d'oiseau.

Sous l'étrange survivance de cet apogée du sexisme à l'ère démocratique se pose la question, plus profonde, du statut de la beauté dans un monde égalitaire. Que faire de la beauté physique là où on a les mêmes droits ? Comment châtier l'injustice qu'aucune loi ne répare ? Comment rendre digeste l'inégalité native qui vaut à certains de naître plus beaux que d'autres ? En élisant, une fois par an – comme un totem et selon des critères dégradants –, la fille qu'on va pouvoir traiter d'andouille toute l'année, dont on va déduire la sottise de la beauté (comme Socrate déduisait son intelligence de sa propre laideur), à qui on va pouvoir dire « Sois belle et tais-toi ! » où qu'elle aille et quoi qu'elle dise. En démocratie, la beauté n'est tolérable que si on l'humilie.

Les fesses de Simone

A-t-on censuré les fesses de Simone de Beauvoir ?

La comédienne Camille Lockhart, qui joue (en février 2017) dans le spectacle *Les Correspondances amoureuses de Simone de Beauvoir*, reproche au groupe JC Decaux d'avoir retiré du métro et des colonnes Morris la photo devenue célèbre de Simone de Beauvoir prise en 1952 par le photographe Art Shay, où l'on voit la philosophe de dos, vêtue seulement de chaussures à talon, en train de se recoiffer devant sa glace.

Est-ce une femme libre qu'on regarde ? ou est-ce une femme-objet ?

Sous l'image d'une liberté joyeuse – d'un corps alangui qui assume tranquillement le désir qu'il inspire ou qu'il vient d'inspirer, on a aussi l'image d'une femme que l'œil photographique d'un homme a réduite à ses fesses.

Simone de Beauvoir étendait la liberté jusqu'à son corps et c'est magnifique, mais qui empêchera ceux qui regardent cette photo d'avoir une pensée de derrière ? Comment éviter, avec cette image, qu'un bel esprit ne soit enfermé, *par ses ennemis*, dans le visage fendu d'un postérieur ?

Alors faut-il montrer ces fesses (étant entendu qu'on ne regarde que ça) ?

Évidemment.

D'abord parce que la photo ne montre pas que ça. Mais surtout parce que, sous un régime de libertés, l'impudeur n'est pas de montrer un corps, mais de *cacher* un corps. Le niqab est plus obscène que la nudité. Et c'est d'autant plus vrai que, dans le camp des adversaires de la nudité, on trouve en général deux catégories de Tartuffes : des ultraféministes qui rappellent qu'être un objet de désir c'est encore être un objet, mais qui en concluent bêtement que montrer son corps c'est l'offrir aux prédateurs, et des intégristes épouvantés par les orifices qui, se reprochant d'avoir une érection devant ce genre d'image, préfèrent couvrir les femmes plutôt que penser à autre chose. Donc il n'y a pas photo : l'affiche ne doit pas être retirée.

Mais, *en même temps*, quand *L'Obs* avait fait sa une (il y a quelques années) avec cette image, certaines féministes avaient, à juste titre, aussitôt réclamé de voir les fesses de son directeur, Jean Daniel. Ce qui n'était pas si bête. Pourquoi, toujours, des fesses de femmes ? Pourquoi accorder au souvenir de Simone de Beauvoir ce qu'on avait, en son temps, refusé à Polnareff, qui avait montré ses fesses en 1972, sur l'affiche de son spectacle à l'Olympia, et avait été, à l'époque, condamné à payer 10 francs par affiche ?

Au-delà de Polnareff, qui montrera les fesses de Sartre ? le derrière de Derrida ? ou le cul de Kant (qui en avait un, lui aussi) ? Là est l'injustice. Non dans le fait qu'on montre les fesses adorables de Simone de Beauvoir, mais dans le fait qu'on les montre plus volontiers que des fesses d'homme, ou dans le fait que l'universalité (que Simone de Beauvoir appelait elle-même de ses vœux) se voit opposer cette persistante inégalité de traitement. Sans égalité devant la nudité, il n'y a pas de liberté.

Regardez-moi : je suis une photo trafiquée…

Depuis le 1er octobre 2017, le décret dit de « contrôle de Photoshop » est entré en application. Une silhouette affinée, un bouton effacé ? Une cicatrice (accrue ou) dissimulée ? Désormais, nous sommes informés. Si l'apparence du mannequin a été modifiée par un logiciel de traitement d'images, les photographies à usage commercial doivent désormais comporter la mention « photographie retouchée ».

Est-ce à dire qu'il n'y a plus tromperie sur la marchandise ? C'est, à l'origine, pour lutter contre l'anorexie que Marisol Touraine, alors ministre de la Santé, a pris cette initiative : « Il faut agir, disait-elle, sur l'image du corps dans la société pour éviter la promotion d'idéaux de beauté inaccessibles et prévenir l'anorexie chez les jeunes[1] », comme s'il y avait un lien entre les deux. Comme si, en matière d'anorexie, l'aveu qu'une photo est retouchée était de nature à décourager le mimétisme des jeunes filles ? Imagine-t-on que, devant la fille trop mince dont elle contemple l'image, l'anorexique se dise : « Comment ?

1. Décret du 4 mai 2017, initié par Marisol Touraine.

Cette personne n'est pas réelle ? Donc, je ne vais pas essayer de lui ressembler » ? L'enjeu de l'anorexie est-il de ressembler à quelqu'un *de chair et d'os* ? Quand on a décidé ou, plus exactement, quand on *est* décidé (dans un mouvement qui conjugue la résolution et l'impuissance) à s'infliger un tel régime, les filles trop minces auxquelles on prétend ressembler n'ont pas besoin d'exister ! « L'inaccessible beauté » dont se méfie tellement Marisol Touraine n'est que l'alibi d'un désir qui se suffit à lui-même.

Et au-delà de l'intention (qui est maladroite), la démarche en elle-même est contradictoire. Comment demander à une image de dire la vérité ? Est-ce qu'on gagne en clarté quand on dit « attention ! Photoshop » ? Si le but est de montrer la réalité des gens (et non la fiction qu'ils composent avec leur corps, et qu'on appelle une « photographie »), alors il faut aller plus loin : pourquoi s'en tenir à Photoshop ? À quand la mention qui prévient du maquillage, par exemple ? Le maquillage n'est pas moins artificiel que Photoshop. L'illusion ici n'est pas dans la photo elle-même (ni dans ses secrets de fabrication), mais dans le fait de croire qu'en révélant ses secrets, en déshabillant la photo, en levant un pan de voile sur la contrefaçon, on approche de la vérité, alors qu'il s'agit d'une mise en scène supplémentaire : ce n'est pas la vérité d'une image qu'on fait apparaître quand on dit d'une photo qu'elle est « retouchée ». C'est la même image à laquelle s'ajoute le filtre supplémentaire d'un aveu (« photo retouchée ») qui la blanchit sans la modifier.

Une image, c'est un oignon. Son vêtement ne cache rien.

« Je suis belle, ô mortels ! comme un rêve de pierre[1] »

À l'occasion de la visite (en janvier 2016) du président iranien Hassan Rohani au Capitole de Rome, le musée du Capitole a caché ses statues de Vénus pour (selon les autorités) « respecter la culture et la sensibilité iraniennes ». Que la demande émane des autorités iraniennes ou que cette décision soit le fait de la lâcheté des autorités italiennes, dans les deux cas, la pudibonderie est obscène.

De quoi témoigne la peur de la nudité, sinon d'une fascination pour la nudité ?

Quand le procureur Pinard, lors du procès de *Madame Bovary*, dénonce vertement les « poses lascives » de l'héroïne de Flaubert, on devine qu'il a adoré le livre, et sa plaidoirie sent la masturbation à plein nez[2] ! Mieux : quand Platon en personne, dans

1. Charles Baudelaire, « La beauté », *Les Fleurs du mal.*

2. « L'offense à la morale publique est dans les tableaux lascifs que je mettrai sous vos yeux, l'offense à la morale religieuse dans des images voluptueuses mêlées aux choses sacrées. J'arrive aux citations. Je serai court, car vous lirez le roman tout entier »,

La République, réclame (à deux reprises) la censure des poètes dont la lecture a pour effet de rendre les passions aimables, il célèbre, malgré lui, la force hypnotique de l'art et surtout des corps qu'il met en scène. Et, quand le sculpteur Pygmalion sculpte Galatée, c'est parce qu'il y met tout son cœur, tout son désir et l'amertume d'un célibataire misogyne (trompé par les femmes de Chypre) que la statue d'ivoire dont il est l'auteur finit par s'éveiller pour devenir une épouse servile et la mère de ses enfants[1].

Or, pour en revenir au très vertueux président iranien et à ses hôtes chochottes, l'histoire est identique puisque ce sont des *statues* (et non des êtres vivants) dont on a recouvert la nudité, confessant par là même leur puissance érotique, et une force de vie à laquelle, en qualité de statues, elles ne prétendent pas elles-mêmes. D'ailleurs, on ne les a pas recouvertes, on les a *enfermées*. On les a mises en enfer. On les a *coffrées* – comme si elles menaçaient de prendre vie et de se trémousser au passage de Hassan Rohani. Faut-il adorer la nudité pour redouter une telle sorcellerie ! Quel plus bel hommage au génie des sculpteurs et au corps d'une femme qu'une telle crainte ? Quel meilleur aveu qu'un tel enfermement ? Faut-il être hanté par le désir pour s'infliger de telles précautions…

Cette hantise porte un nom. L'impuissance.

Aucun homme ne peut cacher durablement la femme nue qu'il a dans la tête.

---

déclare notamment, suant de désir, celui qu'on appelait alors l'« avocat impérial ».

1. Ovide, *Métamorphoses* (v. Ier s. apr. J.-C.).

Le clitoris, ou l'organe de la civilisation

Étonnamment, c'est en 2017 que le clitoris a été pour la première fois correctement (et entièrement) représenté dans le manuel scolaire de sciences de la vie et de la Terre (SVT) des éditions Magnard, à destination des collégiens.

Révolution ? À l'heure où j'écris ce texte, les sept autres éditeurs scolaires (Belin, Bordas, Didier, Hachette, Nathan, lelivrescolaire et Hatier) ont, eux, conservé leurs dessins classiques avec un clitoris réduit à sa partie externe – ou (si j'ose dire) à sa portion congrue. Mais c'est un événement quand même, dont les conséquences *vertueuses* sont incalculables.

D'abord, c'est une victoire de l'égalité. Hommes et femmes sont (enfin) à la même enseigne. La pudique omerta jetée par les manuels scolaires sur ce trésor de l'anatomie féminine est inégalitaire.

Mais la représentation complète du clitoris dans un manuel scolaire pour élèves de quatrième est aussi, et surtout, une victoire de la liberté.

Car de quoi le clitoris est-il le nom ? D'un plaisir irresponsable.

D'un plaisir absolu, gratuit, individuel, que personne ne peut vous enlever, et qui est à lui-même sa propre fin, car il n'est pas corrélé à l'injonction (ou la crainte) de se reproduire.

Le clitoris est l'instrument d'un basculement de la reproduction vers l'érotisme qui, libérant les femmes de l'injonction d'être d'abord des génitrices, leur rend (à tous les sens du terme) la *jouissance de leur propre corps*. Pour cette raison, les 25 % d'adolescentes françaises qui ne savent pas qu'elles ont un clitoris et que, par cette grâce, leur corps abrite la possibilité d'un plaisir égoïste et illimité sont en grand danger de servitude.

Le clitoris est une arme. Une arme de *construction* massive et de confiance en soi. L'apprentissage du plaisir est une libération. Comment soumettre la femme qui sait posséder un tel pouvoir ? Qui marche avec plus d'assurance en cette vie ? Et comment ne pas comprendre, quand on sait s'en servir, que la recommandation d'être pudique, de cacher son corps ou son visage quand on est une femme, n'est pas dictée par la morale ou la sollicitude, mais par l'impuissance, la rancœur et le patriarcat ? Nous vivons une époque où des puceaux du Moyen Âge comme l'imam Shaker Elsayed[1] recommandent l'excision (c'est-à-dire l'ablation du clitoris externe) pour éviter l'« hypersexualité » chez les femmes, et reçoivent le docte soutien de Tariq Ramadan[2]. Or, quelle meilleure

1. L'imam Shaker Elsayed a plaidé, lors d'un sermon prononcé à Fairfax, en Virginie, l'excision en juin 2017.

2. Dans une séance de questions-réponses par Tariq Ramadan, vidéo postée sur YouTube le dimanche 2 juillet 2017.

réponse à cette barbarie militante que l'existence, l'apparition dans les manuels et l'usage abondant de ce que Brassens (qui était aussi mal placé que moi pour en parler) appelait un « incomparable instrument de plaisir » ?

Rien n'est plus tentant que de résister à la tentation

« Obscène » et « irresponsable » sont les mots qui reviennent le plus souvent chez les membres de la Manif pour tous pour qualifier une campagne de prévention contre le Sida, où l'on voit une série d'affiches avec deux hommes enlacés, sous des slogans comme « Coup de foudre, coup d'essai, coup d'un soir ».

D'ailleurs les gens qui ont vandalisé les affiches pour ne pas exposer nos enfants à leurs slogans licencieux se défendent de toute homophobie : « Ce qui nous gêne, disent-ils en substance, ce n'est pas le fait que deux hommes s'embrassent, mais qu'on dévalorise la sexualité en suggérant aux enfants qu'elle pourrait n'être que le *coup d'un soir*, c'est-à-dire une affaire sans importance au lieu d'être ce lien merveilleux qui cimente une relation durable et constructive. » Prenons-les au mot.

Puisque le problème n'est pas l'homosexualité mais une certaine sexualité, les tagueurs de cette campagne trouvent un allié de poids en la personne de Socrate lui-même. Dans *Le Banquet*, de Platon – ce texte magnifique (dont aucun membre de la Manif pour tous ne s'indigne, à ma connaissance, qu'il soit lu et enseigné à ces mêmes enfants qu'il faut protéger) –, le bel Alcibiade (un homme splendide et prompt à inspirer le désir à quiconque, homme ou femme, pose les yeux sur lui) raconte comment, contre toute attente, le vilain Socrate a repoussé ses avances. Trois soirs de suite (espérant chaque fois le « coup d'un soir »), Alcibiade l'a invité à dîner, puis à dormir chez lui, et, chaque fois, Socrate lui a tourné le dos pour s'endormir.

Ceux qui s'étonnent qu'un Apollon (comme Alcibiade) désire un crapaud à tête de bœuf (comme Socrate) doivent se souvenir que, de l'aveu d'Alcibiade lui-même, Socrate est, à l'intérieur, d'une beauté sans égale[1]. Le raisonnement d'Alcibiade est le suivant : si je couche avec Socrate, un peu de ma beauté passera en lui, et un peu de son intelligence passera en moi ; comme dirait Ségolène Royal, ce sera du gagnant-gagnant ! Or Socrate refuse. Car il faudrait être fou pour échanger de l'or contre du cuivre[2]. Ce serait préférer le *coup d'un soir* à la construction

---

1. Dans *Le Banquet*, de Platon, Alcibiade fait l'éloge de Socrate, dont l'apparente laideur est, à l'image des silènes, le paravent d'une inaltérable beauté.

2. « Tu vois sans doute en moi une beauté inimaginable et bien différente de la grâce que revêt ton aspect physique. Si donc, l'ayant aperçue, tu entreprends de la partager avec moi et d'échanger beauté contre beauté, le profit que tu comptes faire à mes dépens n'est pas mince ; à la place de l'apparence de la beauté, c'est la beauté véritable que tu entreprends d'acquérir, et, en réalité, tu as dans l'idée de troquer de l'or contre du cuivre. »

patiente d'un amour véritable où les deux regardent dans la même direction.

Tout comme les membres de la Manif pour tous (dont il est ici le saint patron), Socrate aime trop Alcibiade pour s'attacher à son corps périssable. Comme eux, Socrate préfère l'extase de la connaissance au vertige des orifices ! Comme eux, Socrate considère que deux hommes ont mieux à faire que faire l'amour ! Au lieu de verser dans les grognements animaux des hommes qui s'étreignent, l'amour doit dépasser les corps, pour s'attacher à ce qui ne périt pas.

C'est, du moins, sous ce motif que Socrate éconduisit Alcibiade. Et c'est ainsi qu'Alcibiade (sous la forme d'un râteau spectaculaire) reçut sa première leçon de philosophie. Ainsi est né l'amour *platonique* – dont le seul péché est de justifier que deux êtres qui s'aiment en viennent, au nom de l'amour, à *ne pas* faire l'amour.

La culture du viol

Dans un sondage réalisé en mars 2016 pour l'association Mémoire traumatique et victimologie, on apprend notamment qu'aux yeux d'un quart des Français le fait d'adopter une « attitude séductrice » déresponsabilise le violeur au motif que sa victime l'aurait « bien cherché ». Et un tiers des 18-24 ans assurent que « les femmes peuvent prendre du plaisir à être forcées lors d'une relation sexuelle ». Comment expliquer la persistance de tels clichés ?

À la différence des clichés racistes (dont la sottise fait à peu près l'unanimité), les clichés sur le viol ont l'inconvénient de mettre les bons sentiments en contradiction avec eux-mêmes. Un certain relativisme et une certaine idée de la libération sexuelle sont opposables, l'un et l'autre, à la défense des femmes. On a vu le relativisme (et la culture de l'excuse) à l'œuvre au moment des agressions de Cologne (en février 2016), qui, au lieu de susciter une réprobation unanime, ont donné lieu à un procès d'intention où toute mise en accusation de ce crime collectif passait elle-même au tribunal populaire pour islamophobie. Le relativisme est l'allié objectif des violeurs.

Et la libération sexuelle ne l'est pas moins. Comme l'écrit Marcela Iacub[1] : « Le viol n'est pas forcément une expérience traumatique pour les femmes », et « celles qui dénoncent la prostitution devraient se demander si elles ne seraient pas prêtes à laisser leurs principes de côté si on les payait, comme à la spectaculaire Nafissatou Diallo, 6 millions de dollars pour une pipe[2] ».

La même féministe avait déjà suggéré, en 2005, dans son *Antimanuel d'éducation sexuelle*, qu'on soulève la question du non-consentement des filles victimes de tournantes. Elle trouvait « absurde qu'on pénalisât le viol entre époux », ou faisait valoir que, de même qu'« on ne sort pas avec une rivière de diamants pour aller dans le métro à minuit, on doit éviter de se retrouver dans des situations risquées (c'est-à-dire en minijupe) » – ce qui est exactement l'argument du violeur.

Sous le prétexte de défendre une véritable libération sexuelle et de refuser aux femmes un rôle de victimes, le laxisme épouse la culpabilité et la défense des libertés culmine en loi du plus fort. C'est le dévoiement de l'idée juste qu'une femme n'est pas toujours une victime et un homme n'est pas toujours un agresseur en l'idée scandaleuse (et archi-fausse) selon laquelle les victimes seraient aussi, un peu, responsables des agressions qu'elles subissent. Aussi est-il

1. Dans l'émission « Répliques », sur France Culture, le 21 avril 2012.

2. Marcela Iacub, « Prostitutionnellement », *Libération*, 14 décembre 2012.

étonnant d'avoir à rappeler une évidence : quels que soient les circonstances, les cultures, les latitudes ou les caractères en présence, le viol est un crime absolu dont l'auteur est inexcusable, et dont la victime est innocente.

Cantat tueur

> « Vous m'avez fait honte. Je ne demande que le silence que les morts appellent. »
>
> Robert Badinter (1992)

En octobre 2017, le magazine *Les Inrockuptibles* a consacré un dossier, une interview (et sa couverture) à Bertrand Cantat, l'ancien chanteur de Noir Désir, condamné à huit ans de prison pour avoir tué Marie Trintignant. Ou plutôt : pour l'avoir massacrée à coups de poing – dix-neuf coups, dont quatre au visage. Et pour n'avoir appelé les secours qu'au petit matin.

Mais les coups, c'est cool. C'est trash. C'est rock and roll.

Et l'entretien est passionnant. On y apprend avec intérêt que l'assassin de Marie Trintignant a conçu son futur album entre la pampa chilienne et la banlieue de Berlin. On y découvre que le « fauve adulte » (*sic*) travaille en solitaire sur des lambeaux de textes d'où il tire des « ballades agitées de spasmes ». Car la cinquantaine passée, tout émerveille Bertrand Cantat : la campagne, une ville, une librairie… Il est sensible, Cantat. Moins que celle dont il a défoncé les os du crâne à coups de poing, mais lui-même n'a pas le sommeil tranquille. D'ailleurs, les siestes de Bertrand Cantat (car Cantat fait la sieste) sont entrecoupées de réveils douloureux. Et Bertrand Cantat n'arrive plus à écouter les albums de Nick Cave depuis qu'il a tué sa femme ; c'est trop violent pour lui. Ce qui tombe bien. Depuis sa tombe, Marie Trintignant ne les écoute pas non plus !

Bertrand Cantat (qui a purgé sa peine) doit pouvoir s'exprimer librement, bien sûr. C'est juste un peu tôt pour le faire. Il devrait être plus patient qu'il n'est. Tant que Marie Trintignant sera morte, tant qu'elle sera six pieds sous terre parce que son amant lui a ouvert le crâne avec ses poings bagués, Bertrand Cantat devrait se faire plus discret sur les petits tracas de la vie quotidienne, et les soucis que *la vie* lui réserve… Le jour de sa résurrection, ou du Jugement dernier, quand la victime embrassera son bourreau, ce sera une autre histoire.

Mais Cantat n'est pas le problème. Cantat, c'est le produit.

Le problème, en l'occurrence, c'est le fait de croire qu'on dérange quand on choque. Le problème, c'est que les rédacteurs d'un magazine putassier, qui met un meurtrier en couverture pour doper ses petites ventes, tiennent pour des censeurs les gens qui s'en indignent… Comme si, en donnant la parole à l'assassin, ils avaient secoué le cocotier, choqué le bourgeois, malmené les bons sentiments ! Or, ils n'ont rien secoué du tout. Ils ont juste donné à vomir. Ce n'est pas la Morale qui les condamne, ce sont les tripes. Ces gens-là n'ont pas heurté les convictions d'un vivant, ils ont craché sur une morte et, ce faisant, en offrant un écrin au tueur, ils ont blanchi son meurtre.

Quand la police tue

Le 6 décembre 2016 était le trentième anniversaire de l'assassinat de Malik Oussekine, qui a succombé (pendant les manifestations étudiantes qui avaient suivi le projet de loi Devaquet) sous les coups de matraque de deux policiers, alors qu'il revenait d'un concert. La mort de Malik Oussekine est un scandale absolu, comme les policiers mêmes en conviennent.

Malik Oussekine n'était pas un manifestant, mais un étudiant atteint d'insuffisance rénale, que deux « voltigeurs » (c'est le nom de ces policiers à moto chargés de *nettoyer* les queues de manifs) ont poursuivi dans une cage d'escalier pour le finir à coups de matraque. Sa mort est un crime commis par des policiers, qui n'ont pris que du sursis quatre ans plus tard. Sur la plaque apposée rue Monsieur-le-Prince en mémoire de Malik Oussekine, il est juste écrit qu'il a été *frappé à mort* (par qui ?). Et, le lendemain de cette histoire, le ministre délégué à la Sécurité, Robert Pandraud, a déclaré : « Si j'avais un fils sous dialyse, je l'empêcherais de faire le con dans la nuit. »

À l'indignité de cette plaque amnésique, qui oublie de rappeler que les tueurs sont des flics, s'ajoute désormais une seconde offense à la mémoire de Malik Oussekine : celle qui consiste à inscrire dans le sillage de ce crime objectif toute une série de tragédies où la responsabilité de la police, quoique engagée, n'est en rien comparable.

Nul ne minore la catastrophe des morts de Rémi Fraisse, Adama Traoré ou de Zyed et Bouna. La souffrance est identique. Mais (bien que ces morts aient toutes un lien avec la violence policière) les histoires ne sont pas les mêmes. Imaginons que le gendarme qui a lancé la grenade fatale à Rémi Fraisse n'ait (effectivement) pas respecté les sommations d'usage ni vérifié si personne ne se trouvait dans la zone explosive ; son incompétence ne prouve aucune envie de meurtre, et n'a rien à voir avec le massacre délibéré d'un homme dans une cage d'escalier.

De même, on ne peut pas mettre sur le même plan (en termes de responsabilité) le lynchage délibéré de Malik Oussekine et la course-poursuite qui a conduit, malheureusement, Zyed et Bouna dans le transformateur EDF où ils ont trouvé la mort.

Et (jusqu'à preuve du contraire, ce qui est possible) le plaquage ventral (qui est une technique infâme) qui a tué Adama Traoré n'était pas fait *pour* le tuer mais pour lui passer les menottes, contrairement aux coups de matraque qui ont achevé Malik Oussekine.

Ces gradations dans l'horreur et ces nuances dans le crime sont malheureusement essentielles : ceux qui, au mépris des faits, amalgament toutes ces morts, sont des ignorants ou des manipulateurs, qui jouent sur la tristesse pour donner l'illusion d'une continuité entre un crime objectif et des tragédies involontaires, afin de donner à penser, au mépris des morts eux-mêmes, que nous vivons dans un État policier – ce qui, même pendant l'état d'urgence, était faux.

L'injustice climatique

« On trouve dans le monde beaucoup d'injustices, écrit Camus, mais il en est une dont on ne parle jamais, qui est celle du climat[1]. » Et, pour le coup, c'est en nanti qu'il parle. En bambin qui connaît par cœur l'effet mer-soleil : « Quand on est au niveau de l'eau, écrit-il dans *Noces*, sur le fond blanc cru de la ville arabe, les corps déroulent une frise cuivrée. Et, à mesure qu'on avance dans le mois d'août et que le soleil grandit, le blanc des maisons se fait aveuglant et les peaux prennent alors une chaleur plus sombre. Comment ne pas s'identifier à ce dialogue de la pierre et de la chair à la mesure du soleil et des saisons ? Toute la matinée s'est passée en plongeons, en floraisons de rires parmi les gerbes d'eau, en longs coups de pagaie autour des cargos rouges et noirs[2]. »

De l'âge de 8 mois jusqu'à ses 17 ans, Albert Camus, qui était orphelin de père, a grandi à Alger, rue de Lyon, dans le quartier pauvre de Belcourt, à deux

---

1. Albert Camus, *L'Envers et l'Endroit* (1937), Gallimard, 1958, préface de 1958.

2. *Id.*, *Noces*, *op. cit.*, « L'été à Alger ».

pas d'une tonnellerie où travaillait son oncle, dans un appartement pauvre, sans journaux, sans musique, sans magazines, où il n'avait pas de table pour travailler, entre une grand-mère illettrée qui le fouettait avec un nerf de bœuf et une mère femme de ménage qui ne disait jamais rien. Ils étaient tellement démunis que Camus n'avait pas le droit de jouer au foot, de peur qu'il n'abîmât sa seule paire de chaussures. Et, pourtant, on ne trouve pas un atome de misérabilisme ou de complaisance dans le récit de son enfance.

Au contraire : Camus était (et n'a jamais cessé d'être) un enfant heureux. Car, contrairement à ce qui se passe à Paris (où l'éclaircie n'arrive que par hasard et de temps en temps), il faisait toujours beau en Algérie ! Camus est né « dans une misère que le soleil a préservée de l'envie » : Camus nageait dans une mer chaude avec des bouées de liège, flânait au soleil en regardant les pêcheurs tirer leur filet, Camus fabriquait des cerfs-volants en queue de morue et n'a jamais mordu dans un fruit sans que le jus lui coulât sur le menton. Bref, Camus porte en lui, comme un viatique, le souvenir persistant d'un *été invincible* qui l'aide à traverser chaque hiver de l'existence. « J'ai vécu comblé des biens de ce monde [...]. La pauvreté, dit-il, n'a jamais été un malheur pour moi : la lumière y répandait ses richesses[1]. »

Certains (c'est-à-dire les sartriens) disent que cette histoire de « beau temps » est une façon commode de faire passer les pauvres pour des nantis et les bourgeois citadins pour des gens à plaindre, afin de préserver

1. *Id.*, *L'Envers et l'Endroit*, *op. cit.*, préface de 1958.

l'ordre social. Pourtant, c'est tout le contraire ! Camus détestait la misère. Et l'a combattue toute sa vie. Mais il combattait la laideur autant que la misère. La grande trouvaille de Camus (et la raison pour laquelle il était moins fou que les autres), c'est que, même si la beauté ne se mange pas, elle nourrit tout autant celui qui la reçoit. L'homme a besoin de lumière comme il a besoin de pain. Et de liberté comme de justice.

La mort est toujours jeune[1]

Le Japonais Yasutaro Koide, né le 13 mars 1903, avait 112 ans. S'il était mort le jour de son anniversaire, il serait mort à 40 880 jours. On est contents pour lui. Sa longévité n'est qu'une performance. D'ailleurs, c'est ainsi qu'on en parle, et qu'on le célèbre.

Quand un centenaire finit par mourir, d'aucuns présentent ça comme une victoire sur la mort. On tombe en extase devant son âge, on l'évoque comme un bienheureux, chaque geste qu'il faisait est immédiatement consigné dans le grand livre de ses exploits.

À 100 ans, il montait encore à vélo, à 105 ans, il fumait une cigarette par jour, à 84 ans, il jouait au tennis, à 96 ans, il avait encore toutes ses dents ! On en parle comme d'un espoir, mais de quoi est-il l'espoir ?

De mourir plus vieux ? Meurt-on mieux quand on meurt plus vieux ?

Meurt-on moins quand on meurt plus tard ?

Comment tenir pour un *progrès* l'augmentation dérisoire de l'espérance de vie ? En quoi une telle prouesse change-t-elle quoi que ce soit au problème ?

---

1. *Penser la mort,* Vladimir Jankélévitch.

Est-ce qu'on l'emporte sur la mort quand on en retarde l'échéance ?

La longévité ne fait rien à l'affaire : quand on est mortel, on est mortel.

La vie n'est pas une affaire de quantité. Et chacun meurt pour la première fois même quand il meurt à 200 ans. La *durée* de la vie ne dépend pas du nombre d'années qu'on passe sur Terre, mais de la seule capacité à ne pas *perdre le temps dont on dispose*.

Ce n'est pas la vie qui est courte, ou longue, c'est nous qui sommes prodigues (ou avares) avec elle. Écoutez ce que répond Sénèque à tous ceux qui s'émerveillent de la hausse du nombre de centenaires : « Nous voyons que tu es parvenu au point ultime de l'existence humaine, tu portes la marque de la centième année ou plus : allons, rappelle ton âge pour en faire le décompte. Compte en le soustrayant à ce temps tout ce qu'un créancier, tout ce qu'une maîtresse, tout ce qu'un roi, tout ce qu'un client t'a arraché, tout comme un différend conjugal, la punition des esclaves, les allées et venues par la ville pour remplir des obligations ; ajoute les maladies que nous fabriquons de nos propres mains, ajoute aussi ce qui reste inutilisé : tu verras que tu as moins d'années que tu n'en comptes… tu comprendras que tu meures prématurément[1]. »

---

1. Sénèque, *De la brièveté de la vie* (49 apr. J.-C.).

« Comment se fait-il que la vie soit si courte,
et les journées si longues ? »
(Woody Allen)

Solstice d'été, les journées raccourcissent. Le 21 juin commence le déclin.

Du cœur le plus sombre de l'hiver aux journées racornies d'un printemps monotone, du fond de la grisaille, sous les barreaux de la pluie, nous avions, jusqu'à ce jour sinistre, la ressource de nous dire que ce serait (sinon mieux, en tout cas) « plus long, demain ». Or ça, c'est fini. Chaque journée, désormais, s'adosse à une journée de moindre durée.

Pendant l'hiver, nous étions faibles et nous manquions de lumière, mais la journée vaincue dégelait un peu le cœur. Désormais, nous sommes milliardaires en temps (et bientôt en *beau temps*) mais comme les rides s'accumulent ou comme les cheveux blanchissent, une telle abondance est immédiatement contrariée par la promesse de son incontrôlable dilapidation.

Le fil des saisons décrit la condition humaine, car, dans la vie, nous allons du printemps à l'hiver, mais aussi parce que chacune de nos journées est le résultat d'un compromis entre l'énergique pauvreté du matin et la profusion moribonde de l'après-midi. De fait, la question de savoir ce qu'on préfère (entre l'hiver dont les journées rallongent et l'été dont les journées raccourcissent) se décline de mille manières.

Vaut-il mieux avoir des soucis mais avec la promesse qu'ils s'arrangeront, ou n'en avoir aucun mais avec la certitude que ça va venir ?

En termes économiques : vaut-il mieux être dans la production d'une richesse émergente (malgré la pauvreté qui demeure), ou dans la redistribution d'une richesse qui décline (à une pauvreté qui prospère) ?

En termes existentiels : vaut-il mieux vivre dans l'inquiétude d'un corps en construction mais qui se renforce, ou dans l'angoisse d'un corps achevé mais qui vieillit ?

Que préfère-t-on ? Le matin froid du monde, ou la tiédeur un peu *passée* de son après-midi ? l'élan chétif de l'aube, ou la langueur dispendieuse des fins de journée ?

Pourquoi choisir ? Choisit-on entre le yin et le yang ? ou le jour et la nuit ? Nous sommes faits des deux. Vouloir l'énergie sans l'inquiétude, la vie sans la mort, ou l'abondance sans le déclin est un rêve d'unijambiste. « Nous sommes les êtres mitoyens d'un monde mitoyen[1] », dit Vladimir Jankélévitch,

---

1. Vladimir Jankélévitch et Béatrice Berlowitz, *Quelque part dans l'inachevé*, *op. cit.*, p. 90. « Nous sommes les êtres mitoyens d'un monde mitoyen, ancrés dans l'intermédiarité par notre corps : ce corps n'est pas un accident ni un simple obstacle, il est plutôt l'organe-obstacle. En tant qu'il fait écran et, par son

l'obstacle est notre condition, et c'est par l'entrave qu'un homme accède à la lumière.

épaisseur, intercepte la lumière, il nous empêche de voir ; en tant qu'il est organe, il canalise cette lumière et permet la vision. Bergson a génialement révélé cette tension, débrouillé ce débat de la négativité positive : c'est justement le *malgré* qui est un *parce que !* La vision n'est voyante que bornée dans son champ et dans sa portée. Et de même la connaissance n'est connaissante que par les formes qui la circonscrivent et par conséquent la nient ; ce qui l'empêche est dérisoirement ce qui conditionne sa réussite. Et en allant à la limite, la connaissance n'accéderait à la vérité absolue que dans l'étroitesse du brévissime clignotement intuitif. L'obstacle fait donc partie de l'énigme à déchiffrer, et cette énigme constitue en même temps une espérance. »

Les moulins à vent

> « De guiche.
> Sur le chapitre des moulins !
>
> Cyrano, *saluant.*
> Chapitre treize.
>
> De guiche.
> Car lorsqu'on les attaque, il arrive souvent…
>
> Cyrano.
> J'attaque donc des gens qui tournent à tout vent ? »
>
> Edmond Rostand,
> *Cyrano de Bergerac*

J'ai longtemps cru, pour avoir entendu Cyrano le dire au duc de Guiche, que l'épisode fameux des moulins à vent se trouvait au chapitre XIII de *Don Quichotte*. Or c'est au chapitre VIII. Ce qui n'a aucune importance ; l'histoire de *L'Ingénieux Hidalgo Don Quichotte de la Manche* est le plus célèbre des livres que plus personne ne lit.

Don Quichotte et Sancho trottent tranquillement dans la plaine de Montiel, sous une lumière qui, à cette heure de la matinée, les frappe de côté sans les fatiguer, quand soudain ils aperçoivent trente (ou quarante) moulins à vent – qu'il faut aujourd'hui se représenter comme des éoliennes : « Regarde, Sancho, s'émerveille don Quichotte, trente géants se montrent, avec qui je veux me battre pour leur ôter à tous la vie, et avec leurs dépouilles, nous commencerons à nous enrichir ! » Sancho a beau dire à son maître que ce sont juste des moulins dont les ailes font marcher la pierre (et ne sont pas des bras), don Quichotte, couvert de sa rondache, éperonne son cheval aux cris de : « Fuyez, couardes et viles créatures, c'est *un seul* chevalier qui vous attaque ! »

Les moulins ne répondent rien à cette menace, mais don Quichotte n'entend guère ce silence. Il a recouvert le silence des moulins du vacarme de son propre combat. Il n'a pas d'adversaire mais – comme un enfant feint d'être poursuivi par les objets ou les gens dont les allées et venues ne le concernent en rien – il donne la vie à des moulins qui n'en veulent pas.

Il n'y a pas d'âge pour être un enfant, ou pour chasser des moulins à vent.

De quoi la guerre à des moulins inoffensifs est-elle la métaphore ?

Du sentiment que (comme don Quichotte prend les ailes des moulins pour des bras armés), sous un mécanisme, il y a toujours une intention.

Du refus que la nécessité ne soit pas l'expression d'une volonté. Parce que, si les choses nous faisaient mal sans en avoir l'intention, alors nous serions dans l'affreuse position de celui qui souffre sans pouvoir accuser qui que ce soit.

Songez à la mondialisation, par exemple : qu'est-elle sinon un moulin à vent, c'est-à-dire un mécanisme impitoyable dont les grands bras vous envoient dans la boue ou (comme dit Cyrano) « dans les étoiles », et qui se moque de savoir qui est l'élu ou le réprouvé ?

Mais, comme la neutralité d'un tel mécanisme est encore plus insupportable que le mécanisme lui-même, on a voulu penser, tel don Quichotte qui voit des géants, qu'un tel système était la manœuvre d'une caste d'esprits fourbes attachés à nous laver le cerveau. Ce qui revient à lutter de travers. Tel est le syndrome de don Quichotte : le déni de la réalité prend la forme d'un décryptage de la réalité. L'aveugle est persuadé d'être clairvoyant, et croit mieux voir, et plus profondément, quand il hallucine des intentions sous des causes.

Pour finir, don Quichotte prend une aile en pleine tête, évidemment. Non parce que le moulin lui en veut, mais parce qu'il est idiot, dangereux et surtout contre-productif d'attaquer frontalement le moulin qu'on a pris pour un titan.

C'est armé de connaissance, et non de rêves, qu'il faut mener le combat.

REMERCIEMENTS

Merci (et c'est peu dire)

À Fabien Namias et Nicolas Escoulan, qui ont eu l'idée de ces chroniques,

À Adèle Van Reeth, qui en a subi la lecture,

À Jean-Luc Mélenchon, qui m'a offert tellement de sujets,

Et à Thomas Sotto, qui m'a donné la réplique comme on tend la main.

INDEX

B

C

D

E

F

G

M

Q

R

S

W

Z

A

D

E

F

G

H

I

J

M

Q

R

S

T

V

W

Z

Table

Du même auteur :

UN JEU D'ENFANT : LA PHILOSOPHIE, Fayard, 2007 ; Pocket, 2008.

L'ENDROIT DU DÉCOR, Gallimard, 2009.

LA DISSERTATION DE PHILO (dir.), t. I, Fayard, 2010 ; Le Livre de poche, 2011.

LE PHILOSOPHE DE SERVICE, ET AUTRES TEXTES, Gallimard, 2011.

LA DISSERTATION DE PHILO (dir.), t. II, Fayard, 2012 ; Le Livre de poche, 2014.

MATIÈRE PREMIÈRE, Gallimard, 2013.

DICTIONNAIRE AMOUREUX DE MARCEL PROUST, avec Jean-Paul Enthoven, Plon/Grasset, 2013.

LE SNOBISME, avec Adèle Van Reeth, Plon/France Culture, coll. « Questions de caractère », 2015.

ANAGRAMMES POUR LIRE DANS LES PENSÉES, avec Jacques Perry-Salkow, Actes Sud, 2016.

LITTLE BROTHER, Gallimard, 2017.

NOUVELLES MORALES PROVISOIRES, Éditions de l'Observatoire, 2019.

26/1770/0

PAPIER À BASE DE FIBRES CERTIFIÉES

Le Livre de Poche s'engage pour l'environnement en réduisant l'empreinte carbone de ses livres. Celle de cet exemplaire est de :
600 g éq. CO_2
Rendez-vous sur www.livredepoche-durable.fr

Composition réalisée par PCA

Achevé d'imprimer en janvier 2019 en Italie par
Grafica Veneta
Dépôt légal 1re publication : février 2019
LIBRAIRIE GÉNÉRALE FRANÇAISE
21, rue du Montparnasse – 75298 Paris Cedex 06